Althar Intensiv

Das Paradoxon leben

Joachim Wolffram

Impressum:
Joachim Wolffram
„Althar Intensiv – Das Paradoxon leben“
Wyk auf Föhr, Dezember 2021
1. Auflage 2021

Lektorat: Ina Martina Klein

joachim@wolffram.de www.wolffram.de
facebook.com/joachim.wolffram

Außerdem erhältlich von Joachim Wolffram:
Bände der Althar-Serie:

Band 1: „Althar – Der Kristall-Drache“
Band 2: „Althar – Der Neue Magier“
Band 3: „Althar – Richtung Utopia“
Band 4: „Althar – Das letzte Loslassen“
Band 5: „Althar – Opus Magnum“

Bände der „Althar Intensiv”-Serie:

„Althar Intensiv – Raum, Zeit, Verschleierung“
„Althar Intensiv – Das Unbewusste“

Bände der „Althar Surreal”-Serie:

„Althar Surreal – Der Luzide Träumer“

„Für Dich – Aufzeichnungen aus Deinen Leben“
„Der Freie Mensch“

Hinweise zu Audioaufnahmen und Workshops:

www.wolffram.de

Inhalt

Vorwort 5

1. Die gelebte Trinität 7

2. Falsche Identitäten und der Emotionalkörper 41

3. Grundlagen der Kultivierung des Lichtkörpers 80

4. Kultivieren des Lichtkörpers – Fortsetzung 109

5. Wie Kernüberzeugungen die erlebte Realität formen 144

6. Deine vier Tempel 183

7. Luzide Wahrnehmung 213

8. Lichtwelt und Gefühlsrealitäten 238

9. Das Christus-Bewusstsein einbringen 270

10. Der Gesang des Drachen 310

Vorwort

Der folgende Text ist die Übersetzung der Abschriften eines zehnwöchigen Althar-Intensiv-Workshops, der im Jahr 2020 mit 22 Teilnehmern aus der ganzen Welt stattgefunden hat. Die Treffen fanden an den letzten zehn Sonntagen des Jahres in englischer Sprache via Zoom statt.

Jede der wöchentlichen Zusammenkünfte dauerte etwa neunzig Minuten und bestand aus drei Segmenten. Während der ersten halben Stunde wurde das Gewahrsein kultiviert. Dann schloss sich Althar der Gruppe an, hielt einen Vortrag zu einem bestimmten Thema und leitete eine Bewusstseinsreise an, um seine Botschaften so erlebbar wie möglich zu machen. Die Sitzungen wurden mit einem typischerweise kurzen Frage-Antwort-Segment abgeschlossen. Sehr persönliche Fragen sowie der lockere Austausch unter den Teilnehmern werden hier nicht wiedergegeben.

Wo nötig, wurde die Grammatik oder der Satzbau gegenüber dem Original korrigiert und manchmal wurden ein paar Wörter geändert oder hinzugefügt, um eine Aussage klarer zu machen.

Im Englischen kann „you“ sowohl für die Anrede einer Einzelperson als auch einer Gruppe verwendet werden. In der Übersetzung wurde überwiegend die Form der Einzelperson gewählt, um den Stil beizubehalten, wie er auch in den anderen Althar-Büchern verwendet wird. Tatsächlich richtet sich Althar immer an den einzelnen Leser oder Hörer, auch wenn er zu einer Gruppe spricht. Die Anrede der Gruppe wurde vornehmlich bei der Begrüßung und Verabschiedung der Teilnehmer bei den Zusammenkünften gewählt.

Der Text ist zwar in Absätze aufgeteilt, aber es gab auch viele lange Pausen zwischen den einzelnen Sätzen eines Absatzes und auch innerhalb einzelner Sätze. Darüber hinaus wurde häufig spezielle Musik gespielt, um bestimmte Erfahrungen zu unterstützen. Da weder der Sprachrhythmus noch die Musik adäquat in einem Transkript wiedergegeben werden können, sind die Audioaufnahmen unter wolffram.de erhältlich.

*

Du solltest in Erwägung ziehen, diesen Text in einem sehr langsamen Tempo zu lesen – idealerweise ein Kapitel pro Woche.

*

1. Die gelebte Trinität

Wir beginnen mit der Kultivierung des Gewahrseins. Das werden wir zu Beginn jeder Zusammenkunft machen, denn die Kultivierung des Gewahrseins ist das Wichtigste, was ein Mensch auf dem Weg zur Erleuchtung tun kann. Auch wenn ich Wiederholungen nicht mag, werde ich das in allen zehn Zusammenkünften wiederholen. Wir werden also immer mit der Kultivierung des Gewahrseins beginnen. Das Ziel ist es, dich wirklich zum Meister in deinem eigenen physischen Haus zu machen – zum Meister deiner Emotionen, Gedanken und Gefühle.

Wenn man mit dem Kultivieren des Gewahrseins beginnt, ist es gut, eine aufrechte Körperhaltung einzunehmen, eine königliche Haltung, und in sich eine Atmosphäre der Heiligkeit zu spüren. Es *ist* heilig. Es ist etwas Heiliges, was du in diesem Augenblick tust. Du praktizierst das Höchste, was du als Mensch tun kannst, du näherst dich der Erleuchtung, und du bist entschlossen, alles loszulassen, was du für real hältst. Das ist eine wahrlich heilige Art der Existenz.

Es ist wichtig, den Körper zu nutzen, um dieses Vorhaben zu realisieren, denn der Körper und der Geist sind eng miteinander verbunden. Indem du deinen Körper in eine Haltung der Klarheit bringst, folgt dir der Geist. Eine Haltung der Klarheit bedeutet, dass du die Wirbelsäule aufrichtest, deinen Nacken streckst und dein Kinn ein wenig zurückziehst, was dir das Gefühl gibt, dass sich dein Scheitel in Richtung Himmel bewegt. Lass die Schultern fallen, entspanne sie und lass sie einfach fallen. Die Hände sollten geschlossen sein, d.h. die Finger sind nicht gespreizt, sondern sie berühren sich gegenseitig. Lege die rechte Hand in deinen Schoß und die linke Hand in deine rechte.

Okay, sehr wichtig sind auch die Augen. Die Augen sind weder ganz geschlossen noch sind sie ganz geöffnet. Sie sind zu drei Vierteln geschlossen und blicken in einem Winkel von etwa 45 Grad nach unten. Der Grund dafür ist, dass so noch etwas Licht durch deine Augen dringen kann und du nicht so leicht einschläfst. Auch bist du mit leicht geöffneten Augen nicht so anfällig dafür, in Träume abzudriften. Wenn du also deine Augen ein wenig geöffnet hast, wird es dir viel leichter fallen, gewahr zu bleiben. Der Mund ist geschlossen. Die Zunge berührt den Gaumen und deine oberen Schneidezähne. Du atmest durch die Nase, ein und aus.

Ich betone immer, dass die Kultivierung des Gewahrseins ein Nicht-Tun ist, das im Gegensatz zu allem steht, was du in deinem normalen Leben tust. Es geht also nicht darum, dich darin zu perfektionieren, es geht nicht darum, etwas zu erreichen, ganz im Gegenteil. Es geht darum, zu deinem natürlichen Zustand zurückzukehren, der in der Tat die Erleuchtung ist. Du kehrst in den natürlichen Zustand zurück, indem du aufhörst, auf alles zu reagieren und aufhörst, allem nachzujagen, was in dir auftaucht. Stattdessen bist du einfach nur präsent.

Sobald du diese Körperhaltung eingenommen hast, beginne damit, dir deines Körpers gewahr zu werden. Dabei ist es gut, mit deinen Füßen zu beginnen. Deine

Füße berühren den Boden, sie tragen ein gewisses Gewicht, also spüre das in deinen Füßen. Werde dir deiner Füße gewahr.

Wann immer du merkst, dass sich etwas zwischen dich und das Gewahrsein deiner Füße gezwängt hat – ein Gedanke, ein Geräusch, was auch immer –, dann komm zurück zum Gewahrsein deiner Füße.

Jetzt spüre auch deine Unterschenkel. Das sind Teile deines Körpers, die du normalerweise nie bewusst wahrnimmst, sie sind einfach da. Sie tragen dich die ganze Zeit, aber jetzt spüre sie. Du hast das vielleicht seit Jahren nicht mehr getan, es sei denn, du hattest einen Unfall oder Schmerzen im Unterschenkel. Werde dir ihrer jetzt gewahr.

Spüre deine Knie und atme dabei weiter durch deine Nase.

Spüre nun auch deine Oberschenkel.

Jetzt deine Pobacken. Spüre das Gewicht, das sie tragen.

Spüre deine Hände. Es ist viel einfacher, dein Gewahrsein in deine Hände zu legen als in deine Füße, nicht wahr? Wenn du zum Beispiel ein Musiker bist, hast du eine sehr feine Kontrolle über deine Hände, um Klavier oder Gitarre oder Flöte zu spielen. Die Hände scheinen dir sehr nahe zu sein.

Nun beziehe beide Arme in dein Körpergewahrsein mit ein. Es ist, als würdest du deinen Körper mit Bewusstsein füllen, beginnend bei deinen Füßen und langsam, langsam, bis zu deinem Scheitel.

Spüre deine Arme und deine Schultern. Ich betone immer die Schultern, weil diese typischerweise recht verspannt sind. Sei dir jetzt einfach deiner linken Schulter gewahr, der Muskeln, die von deinem Nacken zu deinem Arm gehen. Spüre diese Region, fühle tief in das Gewebe hinein.

Wenn du sensibel bist, kannst du spüren, wie das Gewebe darauf reagiert. Tatsächlich reagiert jeder Teil des Körpers, sobald du dein Gewahrsein darauf richtest, aber je näher die Region deinem Kopf ist, desto leichter wird es für dich, die Reaktionen zu spüren. Also, fühle in die linke Schulter, in die Muskeln und die Haut in diesem Bereich.

Wenn du dein Gewahrsein irgendwo in deinem Körper platzierst, antwortet der Körper. Er erkennt dich in gewisser Weise, denn der Körper ist dein Gefäß. Er ist dein Tempel in dieser Realität. Das ist eines der vielen Paradoxa, über die wir heute sprechen werden. Er ist dein Tempel.

Wie behandelst du deinen Körper? Indem du dein Gewahrsein auf deinen Körper richtest, fühlt sich der Körper von dir angenommen. Aber typischerweise kämpft der Mensch ständig mit seinem Körper. Er will ihm vorschreiben, was er zu essen hat, wie er zu verdauen hat, wie er sich zu bewegen hat. Es gibt so viel Kontrolle, so viel falsches Denken. Der lineare Verstand denkt, dass er diesen superkomplexen Organismus kontrollieren kann, nur weil er ein wenig über Chemie weiß. All das ist nicht notwendig. Der Körper ist dein Freund, aber du musst ihn dir dienen lassen. Wenn du dir deines Körpers gewahr wirst, stoppst du den Kampf, zumindest für einen Moment. Werde zufrieden und der Körper spiegelt das wider. Und umgekehrt, wenn sich der Körper entspannt, wird der Geist den Körper spiegeln. Das ist es, was Gewahrsein tut. Der Körper entspannt sich, und der Geist folgt dem Körper und entspannt sich ebenfalls.

Spüre nun in deine rechte Schulter. Manchmal spürst du, wie es dort etwas wärmer wird, aber auch das ist nur etwas zum Beobachten. Hier geht es nicht darum, Wunder zu vollbringen oder Spontanheilung oder so etwas. Erwarte rein gar nichts. Dennoch gibt es viele, viele Früchte des Gewahrseins deines Körpers, jenseits deiner Erwartungen und sie kommen auf ganz natürliche Art und Weise. Je weniger du dich einmischst, desto leichter werden sie kommen.

Gut. Fühle jetzt deinen Bauch, speziell deinen Unterbauch. Er bewegt sich vielleicht ein wenig. Wenn dein Atem tief ist, spürst du dort eine leichte Bewegung.

Bewege nun das Gewahrsein von deinem Bauch langsam weiter nach oben zum Solarplexus. Oh, was für ein Zentrum wir hier haben! Sei dir einfach deines Solarplexus gewahr. Es ist gut, dein Gewahrsein auch im Inneren deines Körpers zu platzieren, nicht nur außen, auf der Haut, sondern auch im Inneren.

Spüre alles, vom Solarplexus aus nach außen. Spüre deine Lunge. Spüre, wie der Atem in den Körper kommt, vielleicht ist er ein bisschen kühl.

Spüre nun deine Kehle, dann deine Zunge. Es gibt viele Verbindungen innerhalb des Körpers sowie zwischen dem Körper und dem Geist. Die Verbindung zwischen der Zunge und dem Geist ist eine sehr wichtige. Die Zunge wird zur Ruhe gebracht, wenn sie deine oberen Zähne berührt. Sie bewegt sich dann nicht mehr.

Wann immer du denkst, reagiert die Zunge mit winzigen Bewegungen, immer. Dasselbe gilt für die Augen. Aber das funktioniert auch umgekehrt. Wenn du dir deiner Zunge gewahr bist, entspannt sie sich und der Geist reagiert ebenfalls mit Entspannung. Spüre also deine Zunge. Entspanne deine Zunge.

Spüre jetzt deine Lippen, alle Muskeln, alle winzigen Muskeln, die deine Lippen umgeben. Entspanne sie einfach. Wie? Werde dir dieser Region gewahr, platziere dein Gewahrsein dort.

Jetzt die Nase. Buddha wurde erleuchtet, während er seinen Atem beobachtete. Speziell, wie der Atem den Bereich um seine Nase herum berührte, denn dort herrscht eine besonders starke Sensibilität. In gewisser Weise ist es leicht, sich dieser Region vollkommen gewahr zu sein, denn es gibt dort eine ständige Bewegung der Atemluft. Das Gewahrsein hat dadurch eine Stütze.

Spüre nun deinen Atem, sei dir deines Atems gewahr. Lass den Atem einfach kommen und gehen, ohne zu versuchen einzugreifen. Du willst weder tief noch flach atmen. Lass einfach jede Kontrolle los. Und das ist leichter gesagt als getan.

Sobald du dich an das Loslassen der Kontrolle gewöhnt hast, wirst du feststellen, dass das Einatmen vergleichsweise kurz und das Ausatmen lang ist. Du wirst auch bemerken, dass der Atem tiefer wird, tiefer in deinen Bauch geht und dass du weniger häufig atmest.

Alles wird effizienter, wenn du einfach ins Gewahrsein gehst, wenn du aufhörst, dich selbst zu bekämpfen, aufhörst, die Außenwelt zu bekämpfen.

Spüre nun deine Augen. Ich stelle fest, dass die meisten von euch die Augen geschlossen haben und das ist auch in Ordnung so, denn ich spreche und lenke euch sowieso ab. Aber wenn ihr alleine praktiziert, dann versucht, die Augen ein wenig offen zu halten.

Spüre nun deinen Scheitel. Jetzt deinen ganzen Kopf.

Wenn du aufrecht sitzt, entsteht eine vertikale Linie, die von dem Bereich zwischen deinen Genitalien und dem Anus, dem Perineum, durch die Wirbelsäule und durch den Schädel verläuft. Diese Linie ist eine Art Energiekanal. Es ist nicht nötig, sich aktiv mit diesem zu beschäftigen, aber es gibt einen Grund für die aufrechte Haltung, die wir am Anfang eingenommen haben: Die Energie kann dann ungehindert fließen. Du brauchst nichts aktiv zu tun, alles fließt von selbst. Wenn du in einer aufrechten Haltung sitzt, brauchst du auch keine Muskelenergie, um deinen Körper im Gleichgewicht zu halten. Du brauchst sie einfach nicht. Darum kannst du in dieser Haltung eine lange Zeit ununterbrochen sitzen, ohne dass der Körper schmerzt oder verkrampft.

Jetzt möchte ich, dass du dein Gewahrsein noch einmal in die Mitte deines Bauches bringst, drei Finger unterhalb deines Nabels in der Mitte deines Körpers, in die heilige Region, die *Hara* oder *Kikai Tanden* genannt wird.

Eines der Paradoxa ist, dass es nirgendwo in der Existenz ein Zentrum gibt, aber während der Mensch in diesem physischen Traum ist und glaubt, einen Körper zu haben, gibt es eine Art Körperzentrum, das hier im Hara ist. Wenn du hier verwurzelt bist, wenn du dein Gewahrsein hier platzierst, dann wirst du sehr stabil. Deine Emotionen kommen zur Ruhe, dein Verstand ist weit weg von diesem Zentrum. Alles wird still, intuitiv. Stelle dir in deinem Hara eine Art Licht in Größe eines Tennisballs vor und lass das Licht sich ausdehnen. Das Licht deines Hara kann sich über deinen Körper hinaus ausdehnen. Es kann dir eine enorme Stabilität verleihen.

In Online-Sitzungen dieser Art verbringe ich immer ziemlich viel Zeit mit dem Gewahrsein des Körpers, aber wenn du das allein machst, kannst du es auch schneller tun. Sobald du spürst, dass du dich körperlich und geistig stabilisiert hast, so wie jetzt – du bist geerdet, du bist in gewisser Weise konzentriert innerhalb deines körperlichen Ausdrucks –, dann lässt du die Konzentration auf den Körper los und schaltest auf Beobachtung um. Reines Gewahrsein, ohne etwas zu wollen, ohne eine Agenda, ohne jegliches Objekt des Gewahrseins.

Dafür brauchst du eine starke Entschlossenheit. Sobald du merkst, dass dein Gewahrsein – von was auch immer – abgelenkt wird, lässt du die Ablenkung los und kommst zurück zum reinen Gewahrsein.

Dadurch durchbrichst du den ewigen Kreislauf!

Das ist die fundamentale Nicht-Praxis, die der Mensch ausüben kann, um sein Leben zu verändern, um direkt, *unmittelbar*, in Richtung Erleuchtung vorzudringen. Im Moment des Loslassens hörst du auf, deine Muster auszuleben. Das ist wahre Freiheit.

Das Wesentliche bei dieser Nicht-Praxis ist: Beurteile dich nicht! Wenn du eine halbe Stunde lang übst, wirst du tausendmal merken, dass du abgelenkt warst. Aber das ist kein Problem! Kehre einfach zum Körpergewahrsein zurück, um dich wieder zu erden. Du wirst zum Beispiel bemerken, dass sich, wenn du deinen Gedanken, deinen inneren Filmen, folgst, deine Körperhaltung verändern wird. Dein Kopf wird nach vorne fallen, das Rückgrat wird krumm. Der Körper ist in ständiger Bewegung. Also nimmst du wieder die Körperhaltung der Klarheit ein und unterbrichst den Kreislauf des Denkens. Komme zurück in eine Haltung der Klarheit, und dann öffne dich wieder dem reinen Gewahrsein.

Wir haben intern lange mit einigen meiner Kollegen darüber diskutiert, was wir in diesem zehnwöchigen Programm tun sollten. Und ich sagte, das Schwierigste für so viele Menschen sei es, über ihren Verstand hinauszukommen. Es gibt viele Menschen, die noch nie die Erfahrung gemacht haben, jenseits ihres Verstandes gewesen zu sein. Aber über den Verstand hinauszugehen ist viel leichter gesagt als getan.

Wenn ein Mensch in seinem Verstand feststeckt, mag er die Weisheit, die er hört, anerkennen, aber sie bleibt auf einer konzeptionellen Ebene hängen. Nun, das ist besser als nichts. Aber erst, wenn man in der

Lage ist, über den Verstand hinauszugehen und die Weisheit, die hereinkommt, tatsächlich zu erfahren, kann sie ihre volle Macht entfalten. Dann erst werden die Illusionen erhellt.

Über den Verstand hinauszukommen ist nicht einfach, aber eine Voraussetzung dafür ist das, was wir gerade tun: in jedem Moment „Stopp! Genug!“ zu deinen Gedanken sagen zu können. „Ich kooperiere nicht mehr. In diesem Moment bin ich im reinen Gewahrsein!“ Selbst wenn Buddha daherkommt und mit dir reden will, sagst du: „Nicht jetzt, mein Freund.“ Wenn Althar vorbeikommt, verjagst du ihn. Wenn du das Gewahrsein kultivierst, dann gehe keine Kompromisse mit irgendeiner Unterbrechung ein!

Du hast vielleicht den Titel gesehen, den ich auf der Willkommensfolie platziert habe. Da stand „Althar Intense Online“, und darunter „Living the Paradox“. „Das Paradoxon leben“ ist die Überschrift für die kommenden zehn Wochen, und wir werden das Programm grob in zwei Hälften aufteilen. In den ersten fünf Sitzungen werden wir uns auf den Menschen konzentrieren, auf das menschliche Bewusstsein, auf das menschliche Gefäß, darauf, es zu dekonditionieren und auch zu desensibilisieren. Wir werden dir die Mittel geben, so dass du das auch allein tun kannst und dadurch auf die intensiven Energien des höheren Bewusstseins vorbereitet bist.

Dekonditionierung bedeutet auch, die Kernüberzeugungen zu lockern, an denen du als Mensch festhalten musst, wenn du mit anderen Menschen gemeinsame Erfahrungen machen möchtest. So brauchst du bestimmte Kernüberzeugungen, zum Beispiel bezüglich Zeit, Raum, Schwerkraft sowie die feste Überzeugung, überhaupt ein Mensch zu sein. Hättest du diese Kernüberzeugungen nicht, könntest du keine menschlichen Erfahrungen machen. Wir werden jedoch versuchen, diese Überzeugungen zu lockern.

In der zweiten Hälfte dieses Programms werden wir uns sozusagen auf die „andere Seite“ begeben und versuchen, dein Bewusstsein im Bereich jenseits der Trennung zu verankern, um dir so zu ermöglichen, auf beiden Seiten gleichzeitig zu leben.

Gut. Das ist die Gliederung unseres Programms. Ich werde für zwei Minuten still sein. Dann werden wir Musik hören und Althar wird sich uns anschließen. Sei in diesen zwei Minuten so präsent, wie du kannst, und komme nach jeder Ablenkung wieder in das reine Gewahrsein zurück.

*

Ich bin Althar, der Kristall-Drache.

Da bin ich wieder und es ist sehr schön, euch wiederzusehen, auch diejenigen von euch, die noch nicht bei einem Workshop oder bei einem der früheren Online-Treffen dabei waren. Wir kennen einander. Wir kennen uns und ihr kennt euch als Gruppe, denn wie ich so oft sage, kreisen die Menschen umeinander herum und früher oder später treffen sie sich wieder. Sie kreisen durch die Zeit, durch die verschiedenen Daseinsbereiche. Sie reisen in Gruppen und einige von ihnen haben das Versprechen abgegeben, den verkörperten Aufstieg zu realisieren. Und hier bist du also. Du bist unter denen, die den großen Wunsch haben, den verkörperten Aufstieg zu realisieren.

Dies ist also unser erstes „Althar Intense Online"-Programm. Und obwohl ich den Namen Althar trage, habe ich Joachim herausgefordert, einen anderen Namen zu verwenden, denn er wird, genau wie ihr, mehr und mehr die drei Ebenen verschmelzen, die aus der Perspektive der Trennung zu existieren scheinen: das Absolute, das Relative und das Dazwischen.

Ich, Althar, ich bin das „Dazwischen". Ich bin die Brücke im Bewusstsein, aber das ändert sich. Ich bin bereits mit Joachim verschmolzen und Aouwa ist nicht mehr weit entfernt. Es wird für ihn immer selbstverständlicher werden, als Eins zu handeln und nicht mehr zwischen den verschiedenen Ebenen zu unterscheiden. Das Gleiche gilt für dich. Du magst dich oft so fühlen, als wärst du nur ein Mensch, aber du hast andere Anteile, die bereits recht präsent sind, und wir werden heute versuchen, sie hereinzubringen. Auch wirst du das, was du glaubst zu sein, erweitern und in eine viel, viel größere Rolle wechseln, als du im Moment vielleicht für möglich hältst.

Joachim sagte am Anfang, dass es für einige eine große Hürde ist, ihren Verstand zu öffnen und über ihn hinauszugehen. Eine Möglichkeit, dies zu erreichen, ist mittels der Imagination. Nun, ich weise darauf hin, dass auch die Imagination Bestandteil der Trennung ist. Also, was auch immer du dir in deinem Inneren vorstellst, was auch immer du auf deinen inneren Bildschirm zauberst, ist in gewisser Weise immer noch Bestandteil der Trennung. Aber wir werden Illusionen benutzen, um Illusionen zu erhellen, verstehst du? Wir können Imaginationen hervorbringen, die dich in einen anderen Seinszustand bringen, so dass du schließlich über alle Vorstellungen, über alle falschen Bilder und über die Trennung an sich hinausgehen kannst.

Wir werden in den kommenden Wochen viele Erlebnisse haben, bei denen wir die Imagination nutzen werden, aber ich bitte dich jetzt schon, *nicht* an ihnen festzuhalten. Sei bereit, sie wieder loszulassen! Du kannst die damit verbundenen Gefühle bewahren, aber klammere dich nicht an die Umstände, die diese Gefühle scheinbar ausgelöst haben.

Wir werden jetzt mit einem Symbol beginnen, mit einer Metapher, die wir in der Imagination verwenden. Ich werde auf diese Metapher häufig zurückgreifen – es ist eine Kugel, auch genannt Sphäre. Wenn du auf das Zoom-Fenster schaust und Joachims kleines Video findest, wirst du eine Kugel sehen, deren Oberfläche voller Spiegel ist. Ich werde dieses Symbol gleich verwenden.

Jetzt ist es gut, wenn du deine Augen wieder schließt, so wie Joachim es tut.

Ich möchte, dass du dir jetzt eine Kugel vorstellst, aber ohne Spiegel auf der Oberfläche. Sagen wir, eine Kugel aus Leere inmitten der Leere. Sie hat also in Wirklichkeit keine Begrenzung, aber mit Hilfe deiner Vorstellung kannst du eine erzeugen. Diese Kugel in der Leere ist den Wesenheiten sehr ähnlich, die sich plötzlich in der Trennung wiederfanden. Sie wussten nicht, wer sie waren. Sie wussten rein gar nichts. Sie waren plötzlich einfach „da“, aber sie hatten das Verlangen, etwas zu sein. Dadurch haben sie diese imaginäre Hülle um sich herum erzeugt, die ich jetzt eine Sphäre nenne.

In ihrer Sphäre hatten sie auch Bewusstsein und reine Energie. Reine Energie ist ein kristallisierter Zustand des Bewusstseins, der auf die Intentionen des Bewusstseins reagiert.

Ich erinnere daran, dass das Bewusstsein zwei Hauptmerkmale hat: Es kann sich seiner selbst gewahr sein und es kann Intentionen haben. Und seine Intentionen werden sofort von der reinen Energie gespiegelt.

Nun, wenn eine Intention immer und immer wieder wiederholt wird, könnte man sagen, dass sie sich „verfestigt“. Sie verfestigt sich zu dem, was du eine Überzeugung oder einen Glaubenssatz nennst. Eine Überzeugung ist nichts anderes als eine Intention, die sich wie automatisch ständig wiederholt. Sie wiederholt sich wieder und wieder und wieder. Selbst wenn früher oder später die ursprüngliche Intention vergessen sein mag, so ist die daraus resultierende Überzeugung dennoch stabil geworden. In unserer Vorstellung und der Metapher, die ich verwende, wird dies durch einen Spiegel auf der Oberfläche der Kugel dargestellt. Jeder Spiegel repräsentiert also eine zu einer Überzeugung verfestigte Intention.

Alle Wesenheiten begannen als leere Sphären, die aber voller potenzieller Intentionen waren. Und in dem Wunsch zu wissen, wer sie waren, begannen sie, Intentionen und Überzeugungen hervorzubringen. Sie wollten ein Spiegelbild von sich selbst. Das ist es, was reine Energie hervorbringt. So erschufen sie all die Spiegel um sich herum und hielten sie für real! Das ist die wesentliche Erkenntnis: Sie hielten die Reflexionen der reinen Energie für real und identifizierten sich mit ihnen. Dadurch waren sie plötzlich „etwas“.

Wenn du diesen Mechanismus heute stoppen könntest, dann wärst du frei. Ende der Diskussion!

Aber leider ist das nicht so einfach, denn du hast, wie auch alle anderen Wesenheiten, bereits eine sehr, sehr lange Reise durch die Trennung hinter dir, und dabei habt ihr viele, viele, viele Glaubenssätze angehäuft. Im Laufe der Zeit hast du dadurch die ganze

Oberfläche deiner Sphäre mit Spiegeln gekachelt, die dir bis heute Bilder deiner Selbst zurückspiegeln.

Diese Spiegel sind in gewisser Weise Zwei-Wege-Spiegel. Das Bewusstsein im Inneren wird durch sie reflektiert, aber sie spiegeln auch, was von außen kommt. Außerdem kannst du von innen durch die Spiegel blicken, so dass du siehst, was „draußen" vor sich geht.

Nun stelle dir diese umherschwebenden Kugeln vor, die die Wesenheiten mit all ihren Glaubenssätzen repräsentieren. Sie wollen nur eines: Spiegelung. Sie wollen ein Spiegelbild von sich selbst, damit sie wissen, wer sie sind – und dazu wollen sie auch von den anderen gespiegelt werden, denn das stabilisiert das, was sie zu sein glauben. So verfestigen sie ihre Spiegelkugeln immer mehr, und sie nennen die Reflexionen *ich*. „Das bin ich! Das ist es, was ich bin!" Und so erschaffen sie Spiegel über Spiegel über Spiegel.

Wenn ich sage, dass ein Wesen in eine tiefere Dichte geht, könnte man es mit dem Hinzufügen weiterer Schichten von Spiegeln gleichsetzen. Dann hast du nicht mehr nur eine Schicht, wie eine Schale um dich herum, sondern du hast mehrere Schalen. Es wird immer dichter und dichter. Es ist wie bei den russischen Puppen: viele, viele Schichten, innerhalb von Schichten, innerhalb von Schichten.

Ein Mensch zu sein bedeutet, dass du dich auf dem untersten Spektrum des Bewusstseins inkarniert hast, im dichtesten Bewusstsein, das erfahrbar ist. Es sind also nicht nur ein paar Schichten, die du mal eben ablegst und dann, plötzlich, siehst du die Dinge, wie sie wirklich sind. So geht das leider nicht. Es gibt eine Vielzahl von Schichten und selbst ein einziger Spiegel verschwindet nicht einfach so. Darum ist das Loslassen keine einmalige Angelegenheit. Genau deshalb ist die Dekonditionierung so wichtig. Mit der Dekonditionierung fängst du an, die Spiegel aufzulösen, indem du sie nicht mehr validierst, nicht mehr als „real" anerkennst.

Nun schau dir dieses Konstrukt einer Spicgelsphäre an. Es ist sehr interessant. Es ist in vielerlei Hinsicht ein Paradoxon. Das Paradoxe ist, dass du das, was ich gerade sagte, auf einer konzeptionellen Ebene verstehst und dass du aus der Sphäre raus willst. Du willst über dieses Spiegelgefängnis hinausgehen. Gleichzeitig wünschst du dir, den verkörperten Aufstieg zu realisieren, d.h. du willst *jenseits* der Spiegelsphäre sein, aber trotzdem irgendwie *in* ihr.

Du willst gleichzeitig im Traum und außerhalb des Traums sein. Du willst im Wasser sein und das Wasser verlassen. Das ist in gewisser Weise eine paradoxe Situation, denn es funktioniert nicht wirklich. Und doch können wir es in gewisser Weise zum Funktionieren bringen, und zwar durch einen „halb träumenden" Zustand.

Gleichzeitig veranschaulicht diese Metapher, dass es nicht einfach ist, auszusteigen, denn wenn du die Intention hast, auszusteigen, die wahrhaftige Intention, und du deshalb etwas tun willst, um auszusteigen, was geschieht dann tatsächlich?

Gewöhnlich endet es damit, dass du nur einen weiteren Spiegel erschaffst – oder sogar eine weitere Schicht von Spiegeln. Dann nennst du dich vielleicht spirituell oder religiös oder was auch immer. Aber du tust es aus einem Mangel heraus. Du fühlst einen Mangel in dir und willst ihn kompensieren. Irgendetwas scheint zu *fehlen.* Darum *tust* du etwas, aber dadurch erschaffst du nur weitere Spiegel oder eine weitere Schicht von Spiegeln, und das kann durchaus einige Leben lang so weitergehen. Oh, du löst vielleicht ein paar Schichten auf, aber gleichzeitig erschaffst du neue. Du siehst dich als Christ, dann als Jude, dann als Esoteriker, als was auch immer – und so machst du weiter und weiter.

Du kannst diese Spiegel auch nicht zerstören, denn was passiert, wenn du einen Spiegel zerbrichst? Nun, dann hast du eine Menge Scherben, die dich weiterhin spiegeln. Das ist eine schwierige Situation.

Aber es gibt auch ein Paradoxon, auf das wir uns stützen werden: Du kannst in einem Augenblick aus der Trennung herauszappen. Das ist etwas, das schwer zu verstehen ist, aber du kannst es erleben. Es scheint unlogisch, aber es funktioniert! Du kannst dich augenblicklich aus deinem menschlichen Zustand herausbegeben, ihn von außen sehen und somit die Dinge sehen, wie sie wirklich sind, jenseits der Zeit. Früher oder später wirst du zwar wieder in dein menschliches Spiegelkabinett gezogen, aber wenn du wenigstens einmal einen solchen zeitlosen Augenblick jenseits der Trennung erlebt hast, dann hat das eine enorme Auswirkung auf dein Bewusstsein, auf dein Verständnis und auf deine Entschlossenheit. Das ist es, was ich einen „Augenblick der Erleuchtung“ nenne.

Ein Augenblick der Erleuchtung findet jenseits der Zeit statt. Dann könntest du fragen: „Nun, ist es möglich, in einem konstanten Zustand der Erleuchtung zu sein?“

Und ich sage: Ja, ja, im Prinzip schon. Aber es ist schwierig. Im Prinzip könntest du komponieren wie Mozart. Du nimmst ein Blatt Papier, du nimmst einen Bleistift und zeichnest diese kleinen schwarzen Punkte und plötzlich hast du eine Sinfonie komponiert. Und Mozart sagt: „Was ist daran denn schon besonders? Ich mache das doch auch die ganze Zeit.“

Mit anderen Worten: Von jenseits der Trennung betrachtet, gibt es überhaupt kein Problem, schließlich ist nichts innerhalb der Trennung wirklich „real“. Aber von innerhalb der Trennung, wo alles so „real“ erscheint, sieht es ganz anders aus.

Aber es gibt bestimmte Voraussetzungen, damit ständige Erleuchtung stattfinden kann. Während du dich innerhalb der Zeit befindest, hältst du nahezu zwanghaft an bestimmten Überzeugungen und Annahmen fest, beispielsweise, wie sich Erleuchtung auf dein Leben auswirken wird. Daher fordere ich dich auf, jede Erwartung daran loszulassen, wie sich deine Reise innerhalb der Zeit entfalten wird – denn letztlich spielt das überhaupt keine Rolle.

Du hast in jedem Moment die Möglichkeit, umzuschalten und einen Moment der Erleuchtung zu realisieren, einen Moment jenseits der Zeit.

Frag also nicht: „Wann wird meine permanente Erleuchtung stattfinden?“ Denke nicht einmal in diese Richtung, denn du drückst damit nur aus: „Nun, ich bin hier, auf einer Zeitlinie. Ich warte auf etwas, denn ich bin nicht zufrieden mit dem, was ist.“ Aber das erschafft nur einen weiteren Spiegel! Vergiss diese Überlegungen! Akzeptiere die Dinge, wie sie sind. Gehe in das Gewahrsein. Gehe in die Dekonditionierung und sei bereit, Momente der Erleuchtung jenseits der Zeit zu erleben. Und dann warte und schaue, was mit der Zeit kommt.

Ich weiß, das ist schwierig für den Menschen, der sich so sehr wünscht, einfach einen Schalter umzulegen und in einem ständigen Zustand der Erleuchtung zu sein. Aber so funktioniert es einfach nicht – und letztlich sollte das eine große Erleichterung für dich sein! Also, lass diese Hoffnung fahren und begnüge dich mit Momenten der Erleuchtung. Alles andere kommt von ganz allein.

Es ist keine Frage, wie alt du bist, was du in deinem Leben bisher gemacht hast oder wie viele Sprachen du sprichst, nichts dergleichen ist von Belang. Jeder kann Momente der Erleuchtung realisieren! Jeder kann es und wir werden es hier immer und immer wieder tun.

Einige könnten jetzt sagen: „Aber, Althar, in gewisser Weise findet das alles nur in meiner Vorstellung statt. Es ist nicht real.“ Und ich sage: „Ja, vielleicht. *Und wenn schon?“*

Alles in der Trennung ist falsch. Aber du hast ein bestimmtes Gefühl, wenn du dich in Richtung Befreiung bewegst, in Richtung weniger Illusionen, wenn du eine Öffnung des Bewusstseins spürst. Und wenn du bereit bist, alles loszulassen, egal, was du auch in deinen Momenten der Erleuchtung wahrnimmst, wenn du grundsätzlich bereit bist, alles loszulassen, dann akzeptierst du, dass alles in der Trennung nur eingebildet ist. Nutze dieses Verständnis als Werkzeug, um über den Verstand hinauszugehen und du wirst befreiende Erfahrungen machen, die dein tägliches Leben als Mensch transformieren werden. Und von dort aus gehst du in deinem Loslassen weiter, bis du zum letzten Loslassen kommst.

Es ist so einfach. Es gibt keinerlei Erwartung. Es gibt kein Dogma. Es gibt keinen Priester, keinen Guru, keine Religion, kein Garnichts. Es gibt nur dich. *Da bist nur du!* Und du bist es, der es tun muss. Niemand kann es für dich tun. Weder ich, Althar, noch sonst irgendjemand. *Du* musst loslassen. Und deshalb bestehen wir so sehr darauf, das Gewahrsein zu kultivieren, denn das ist das grundlegende Werkzeug. Ich kann es nicht für dich tun, aber ich kann dich herausfordern, es zu tun, ich kann dich herausfordern, all deine Vorstellungen loszulassen, und ich werde dich in diesen kommenden Wochen herausfordern. In jeder Zusammenkunft werde ich dich herausfordern. Das ist es, was ich tun kann.

Eigentlich ist es mir egal, wie du reagieren wirst. Im Idealfall erkennst du die Gelegenheit. Idealerweise hältst du dem Auge des Drachen stand, du stellst dich ihm. Idealerweise bist du bereit, ins Feuer zu gehen und zu sehen, was übrigbleibt, wenn alles niedergebrannt ist. Ich garantiere dir: Was übrigbleibt, ist das reinste Du, das du je erlebt hast.

Ich werde dich in diesen zehn Wochen also immer wieder herausfordern. Es ist deine Zeit und deine Gelegenheit, noch tiefer zu gehen, als du es jemals zuvor getan hast. Es ist deine Gelegenheit, die Weisheit, die du vielleicht noch auf der konzeptionellen Ebene hältst, in eine erlebte Wirklichkeit zu transformieren. Und nur dann wird sie zu wahrer Weisheit.

In gewisser Weise befinden wir uns gerade in einer Dimension jenseits deiner menschlichen Sphäre, deiner menschlich irdischen Sphäre. Und aus dieser Perspektive bitte ich dich jetzt, dir die Spiegelsphäre vorzustellen, die du deine jetzige menschliche Existenz nennst. Nimm dir einen Moment Zeit. Stelle dir diese Sphäre vor. Dabei gibt es kein richtig oder falsch. Vielleicht siehst du die Spiegel. Du könntest sogar Filme sehen, die in den Spiegeln spielen. Es liegt an dir. Nimm dir etwas Zeit und fühle sie. Sieh all die Facetten von dir, die dich spiegeln.

Gut. Während wir weitermachen, werde ich etwas Musik spielen, denn die Musik kann die Imagination beflügeln.

(*Musik spielt*)

Siehe deine „menschliche Existenz"-Sphäre, das „Du".

Nun tauche in diese Sphäre ein. Tauche nicht in deinen menschlichen Körper ein, sondern in die Sphäre, die du für dich hältst. Du könntest also sagen, du bist genau dort, wo dein menschlicher Körper gerade sitzt. Du siehst von hier aus nicht die Spiegelungen, die nach außen reflektiert werden, aber dennoch siehst du Spiegelungen deiner selbst. Du hast dein Zimmer nach deinem Geschmack dekoriert, du hast vielleicht Fotos hier oder dort stehen oder an der Wand hängen. Alles spiegelt dich wider.

Wirf einen Blick auf deinen physischen Körper. Der physische Körper ist das größte Spiegelkabinett von allen. Er spiegelt sich ständig, ständig selbst. Deine Augen sehen deine Arme und Beine und du schließt daraus: „Das ist mein Körper". Du fütterst ihn, du fühlst ihn. Du denkst, dass du mit ihm denkst. Er ist ein Spiegelkabinett, überall Spiegel.

All die Spiegel wirken maßgeblich durch deinen Wahrnehmungsprozess. Was auch immer du wahrnimmst, wurde von den Spiegeln zurückgeworfen und zuvor oftmals zwischen ihnen hin und her reflektiert. In gewisser Weise bist du wie ein Glassteinchen in einem Kaleidoskop: Du siehst dich überall, ständig.

Was an all dem ist real? All die falschen Identitäten, die du in diesem Leben erschaffen hast, sind nicht real, aber du brauchtest sie zum Überleben. Du brauchtest sie für soziale Interaktionen. Du brauchtest sie, um deinen Ambitionen zu folgen. Das ist keine Wertung. Das ist einfach die Dinge zu sehen, wie sie wirklich sind.

Während du in deiner persönlichen Sphäre schwebst und sie beobachtest, kannst du all das erkennen, du kannst all die Spiegel als Spiegel sehen. Und du kannst die Wahl treffen, dass du dich von ihnen befreien willst. Das heißt nicht, dass du sie zerstören oder vernichten sollst. Nein, das solltest du nicht tun, denn du willst dein Leben weiterführen. Aber du willst nicht mehr ihr Sklave sein. Stattdessen kannst du aufhören, ihre Spiegelungen immer und immer wieder als real anzuerkennen. Du kannst aufhören, dich danach zu sehnen, durch die Spiegelungen in deiner Existenz bestätigt zu werden.

Lass diese falschen Identitäten sich auflösen. Agiere weiter, aber als freier Mensch.

Bringe dein Gewahrsein, deine Präsenz, jetzt direkt neben deinen menschlichen Körper, innerhalb deiner menschlichen Sphäre. Schau dir all die Spiegel, Reflexionen, Glaubenssätze und Kernüberzeugungen an.

Nun dehne deine Präsenz nach außen hin aus. Einfach so. Sieh dieses Spiegelgebilde von außen, wie wir es zuvor getan haben – schlagartig. Frag nicht, wie, sondern tue es einfach, stell es dir vor. Siehst du, das ist es, was ich vorhin mit „Du kannst augenblicklich da rauskommen“ meinte. Und sobald du außerhalb deiner persönlichen Sphäre bist, bist du viel freier als vorher.

Nun expandiere weiter. Dehne dich aus! Was bedeutet es, sich auszudehnen? Nun, du bist formlos, also dehne deine Formlosigkeit aus. Lass dein Gewahrsein immer weiter werden.

Und während du das tust, siehst du vielleicht weitere Sphären, ähnlich deiner eigenen menschlichen Sphäre, denn natürlich hat jeder Mensch seine eigene Sphäre. Schau sie dir einfach an. Das ist wie ein riesiges Feld, ein riesiges Feld von Sphären. Da bist nicht nur du. Es gibt so viele Menschen.

Siehst du, ich sage, das Bewusstsein ist holographisch. Alle Menschen in ihren jeweiligen Sphären sehen den gleichen Film durch ihre persönlichen Spiegel und sie schließen daraus, dass sie alle zusammen im gleichen Daseinsbereich sind. Aber sind sie das wirklich? Sind sie das wirklich?

Sie sitzen in ihrer Sphäre und träumen von schöneren Spiegeln, größeren Spiegeln, bequemeren Spiegeln und träumen davon, etwas in der Zeit zu erreichen. Sie träumen sogar davon, frei zu werden, träumen von Erleuchtung. Und was auch immer sie tun, sie produzieren einfach nur mehr Spiegel und mehr Spiegel, bis sie irgendwann bereit sind, die Einfachheit zu akzeptieren. Bis sie bereit sind, die Einfachheit der grundlegenden Prinzipien des Bewusstseins zu akzeptieren – Intention und Reflexion –, a*ber ohne die Reflexion als real anzusehen,* sondern einfach als das, was sie ist: ein fabriziertes Spiegelbild.

Wenn du all diese anderen Menschen in ihren individuellen Sphären siehst, erkennst du, dass es zwischen dir und den anderen keine wirklichen Unterschiede gibt. Sie alle träumen vom Leben als Mensch. Es ist, als wären sie in einem Kokon. Man könnte sogar sagen, dass die gesamte Zweite Runde der Schöpfung in jeder einzelnen dieser Sphären stattfindet.

Metaphorisch gesprochen, erhöhe nun deine Schwingung, nimm auf feineren Ebenen wahr. Dehne dich mehr und mehr aus. Wenn du das tust, wirst du vielleicht andere Arten von Sphären sehen – oder dir vorstellen. Sphären von nicht-physischen Wesenheiten. Was siehst du? Sie sind auch in ihren Spiegeln und Spiegelungen gefangen. Vielleicht sind ihre

Sphären nicht so dicht wie die der Menschen, aber sie befinden sich auch innerhalb ihrer eigenen Spiegelkabinette.

Aber es ist der Mensch, der über seine Sphäre hinausgehen kann! Denn wenn du das Prinzip der Trennung in der dichtest möglichen Dichte verstanden hast, dann *weißt du, dass du weißt!* Dann *weißt* du, dass es kein Entkommen *innerhalb* der Trennung gibt. In gewisser Weise könntest du sagen, dass du dann die ganze Trennung erfahren hast! Du hast überall nachgeschaut, in allen Dichten, und bist zu der Erkenntnis gelangt, dass es innerhalb der Trennung keine Freiheit und keinen Frieden gibt, denn: *Trennung ist nicht real.*

Diese nicht-physischen Wesenheiten, nun, sie müssen noch ihre Illusionen ablegen. Einige von ihnen sind nahe bei den Menschen, um sie zu unterstützen, aber sie wissen, dass sie sich früher oder später auch inkarnieren werden. Einige von ihnen waren bereits inkarniert und sie warten hier auf ihre nächste Inkarnation. Aber lass dich niemals zu sehr von den Wesenheiten auf der anderen Seite beeinflussen, die behaupten, dir zu erklären, wie die Dinge funktionieren und dass du ihnen durch den nächsten Schritt der Evolution folgen sollst, vielleicht sogar in ihre Fußstapfen treten sollst. Frage dich: Führen sie dich über die Trennung hinaus oder nur in eine andere Erfahrung innerhalb der Trennung?

Du warst schon äonenlang im Nicht-Physischen unterwegs und gerade deshalb hast du dich inkarniert. Du hast dich nicht inkarniert, um irgendwann wieder ins Nicht-Physische zurückzukehren, sondern in gewisser Weise, um auf der „anderen Seite der Trennung“ wieder herauszukommen.

Jetzt expandiere noch mehr. Lass alle Äußerlichkeiten los. Sei einfach. Du bist jenseits des Raumes, du bist jenseits der Zeit. Und paradoxerweise ist dein wahres Selbst jenseits der Zeit bereits aufgestiegen.

Versuche nicht, dies mental zu verstehen! Versuche nicht, dies geistig zu sezieren! Du bist noch hier als Mensch, innerhalb der Zeit, in deiner menschlichen Erfahrung, und du denkst, du müsstest etwas tun oder du musst erleuchtet werden, damit dein wahres Selbst aufsteigen kann. Aber jenseits der Zeit ist dies bereits geschehen.

Also, verbinde dich mit deinem wahren Selbst. Sei in Kommunion mit deinem wahren Selbst. Fühle die Einfachheit, die Einfachheit, einfach zu sein. Fühle die Einfachheit des Seins in Soheit. Da ist nichts zu beweisen, nichts zu verteidigen. Sei auch in Kommunion mit deiner menschlichen Facette, die gerade auf einem Stuhl oder einer Couch sitzt. Es ist ähnlich wie zu Beginn der Zusammenkunft, als du deine verschiedenen Körperteile gleichzeitig gespürt hast, wie deine Füße und deinen Scheitel. Das ist jetzt auch nicht anders. Fühle dein wahres Selbst und fühle dein menschliches Selbst, deinen menschlichen Aspekt, und fühle alles dazwischen.

Das ist es, was ich eine Brücke im Bewusstsein nenne. Ich, Althar, nenne mich selbst eine Brücke im Bewusstsein. In diesem Moment bist auch du genau das. Diese Brücke im Bewusstsein entspricht einer

Gewissheit, die dich nie verlässt. Es ist die Gewissheit, dass Trennung nicht real ist und dass es einen Ausweg gibt und dass du in gewisser Weise schon draußen bist! Es ist die Gewissheit der Klarheit, des Mitgefühls mit dir selbst und der gesamten Existenz. Es ist eine Gewissheit von äußerster Stärke, denn du weißt, dass nichts dem reinen Bewusstsein standhalten kann.

Das Falsche kann sich im Licht der Wahrheit nicht behaupten. Es ist unmöglich.

Und das sind genau die Eigenschaften, die der Mensch oft mit einem Drachen verbindet: Klarheit, Stärke, Kompromisslosigkeit, Mitgefühl.

Bevor Joachim Kontakt mit mir aufnahm, hatte er ein solches Erlebnis. Er sah mich – oder sein Verstand übersetzte mich in entsprechende Bilder. Er sah mich irgendwo im Weltraum auf einer Art Berggipfel sitzen und warten. Warten und warten seit Äonen – so erschien es ihm. Bis ich dann irgendwann einfach meine Flügel ausbreitete und losflog. Und davon war er sehr beeindruckt, denn das Warten war ohne jede Anstrengung oder Dringlichkeit.

Zu diesem Zeitpunkt erkannte er nicht wirklich, dass ich jenseits der Zeit war, also war das, was für einen Menschen wie ein Äon erscheint, für mich zeitlos. Es ist nur ein Umschalten der Perspektive. Aber als die „Zeit" reif war, stieg ich metaphorisch herab. Und jetzt ist die Zeit für dich gekommen. Du bist eine Brücke im Bewusstsein. Sie hat keine Form, aber du kannst ihr eine symbolische Form geben. Es ist nicht wirklich wichtig, welche Form du wählst, aber für diese zehn Wochen würde die Wahl eines Drachens unsere Sprache viel einfacher machen. Wenn ich also von nun an von deinem Drachen spreche, beziehe ich mich auf das, was du jetzt gerade bist –, eine Brücke im Bewusstsein.

Deine Formlosigkeit umfasst das Absolute und das Relative. Gib deiner Formlosigkeit nun eine Form, die Form eines Drachen. Die Form ist fließend, sie kann sich verändern, sie ist sicherlich nicht statisch.

Nun kehre zurück in die Dichte deiner menschlichen Sphäre, kehre zurück ohne Angst, denn du weißt, wer du bist.

Sieh all diese Wesen, diese nicht-physischen Wesen, oh, sie sind voller Ehrfurcht. Nur wenige von ihnen verstehen, was gerade vor sich geht, aber die meisten können fühlen, dass etwas Besonderes passiert.

Finde jetzt deine menschliche Spiegelsphäre. Tauche direkt in sie ein und sieh deinen Menschen dort sitzen. Umhülle ihn, sei ganz um deinen Menschen herum und durchdringe ihn, sei in ihm und um ihn herum. Die Klarheit, das Mitgefühl, die Gewissheit – all das ist hier. Dazu braucht es keine Reflexionen, es braucht keine Wahrnehmung, denn all das ist nicht an Spiegel gebunden. Es ist einfach dein natürlicher Zustand.

Oh ja, dieser Drache wirft sein Licht auf viele Teile von dir, die du nicht allzu sehr magst, aber was soll's? Lass sie alle zum Vorschein kommen, friedlich. Siehst du, *du* bist es, der sie alle real macht. Jede Emotion, die du hast, kommt von dir. Es gibt niemanden, der dir vorschreibt, welche Emotionen du haben sollst. *Du* bist es! Du kannst all diese Aspekte und Geschehnisse loslassen, du kannst sie deinem Drachen übergeben. Und der Drache sieht sie einfach an und übersieht sie, denn sie sind nicht real.

Der Drache kümmert sich nicht um Illusionen und er kümmert sich auch nicht um deine Illusionen. Übergib sie ihm, und sie lösen sich in reine Energie auf.

Jetzt, wo wir hier sitzen, in diesem wunderbaren und multifunktionalen Symbol einer Kugel, stell dir auch dein wahres Selbst als eine leuchtende Kugel vor, wie eine Sonne. Eine Sonne, die jenseits des Raumes ist, so dass Dimensionen und Ausdehnung keine Rolle spielen. Sieh es als einen leuchtenden Ball aus Licht und lass es näherkommen.

Du siehst, das wahre Selbst hat keine Angst. Es ist nicht so, dass das wahre Selbst in die Trennung eintauchen würde, aber in deiner Imagination bringst du es hierher. Lass es näherkommen und näher und näher, vielleicht in der Größe einer Orange. Lass es durch deine Schädeldecke in deinen Körper eintreten. Sei dir deiner Schädeldecke gewahr und fühle, wie das wahre Selbst durch sie eintritt, langsam, langsam. Während es in deinen Körper eintritt, leuchtet sein Licht. Es ist das Licht des reinen Bewusstseins, des reinen Seins. Und wieder antwortet der Körper und entspannt sich. Lass diese Lichtkugel in deinen Brustkorb, in dein Herz sinken. Spüre es dort, spüre das Gewahrsein deines Körpers, spüre die Entspannung.

Lass es jetzt in deinen Bauch sinken.

Lass es jetzt wachsen. Lass dein wahres Selbst,

diesen Ball aus Licht – dieses reine Bewusstsein, das du bist – wachsen.

In gewisser Weise ist es eine Kugel ohne Begrenzung. Sie umhüllt dich und den Drachen. Erlaube ihnen zu verschmelzen. Lass die Unterscheidung zwischen Mensch, Drache und wahrem Selbst los.

Dies ist ein Moment gelebter Trinität.

Dies ist ein Moment, in dem du das Paradoxon lebst.

Jetzt lass all die Bilder los, die ich dir gegeben habe. Sei einfach mit dem Gefühl – nur dem Gefühl – der gelebten Trinität, die zum einen Du wird.

Was haben wir gerade getan? Wir haben lediglich die Einfachheit des Bewusstseins zu unseren Gunsten genutzt, beginnend mit dem Körper, den wir zur Ruhe gebracht haben. Dann hielten wir ein paar Intentionen, die gespiegelt wurden, so dass du sie fühlen konntest. Dann haben wir Gewissheit auf all deine Glaubenssätze angewandt und sie als das gesehen, was sie wirklich sind. Und plötzlich gibt es einen Moment, in dem sie einfach weg sind, einen Moment der Erleuchtung, einen Moment des Lebens des Paradoxons.

*

Ich habe gesagt, dass ich dich während dieser zehn Wochen herausfordern werde und die erste Herausforderung ist, dass du nicht versuchen sollst, die Erfahrung, die du gerade erlebt hast, in deinen Erinnerungen zu wiederholen. Du kannst sie erneut erleben, aber tue es „in echt“. Spiele nicht den Film deiner Erinnerung davon ab! Lass es frisch sein, immer, immer frisch.

Es wird Zeiten geben, in denen du in die gelebte Trinität gehen möchtest, aber es will dir nicht gelingen. Ich fordere dich heraus, dann nicht zu versuchen, es zu erzwingen. Komm stattdessen einfach zurück zur Kultivierung deines Gewahrseins, lass deine Intentionen los, lass deine Ambitionen los.

Erschaffe nicht eine Erinnerung, einen neuen Spiegel, aus der Erfahrung von gerade eben.

In gewisser Weise könnte man sagen, dass die kommenden zehn Wochen bereits in dieser ersten Zusammenkunft in destillierter Form enthalten sind. Allerdings werden wir noch viel tiefer gehen und versuchen, die Weisheit in deiner erlebten Realität zu verankern.

Ich weiß, dass du noch in diesem wunderbaren Gefühl bleiben möchtest, aber ich fordere dich heraus, mir zuzuhören. Anstatt etwas als „Hausaufgabe" zu bezeichnen, nenne ich es eine Herausforderung. Ich fordere dich also heraus, in den nächsten zehn Wochen jeden Tag dein Gewahrsein zu kultivieren. Idealerweise machst du das gleich nach dem Aufstehen. Nimm dir dreißig Minuten nur für dich. Finde keine Ausreden, tu es einfach! Der Trick dabei ist, dass du dich nicht beschweren kannst, dass du dafür keine Zeit hast. Steh einfach früher auf! Es ist so einfach, und ich verspreche dir, dass du für jede Minute, die du dein Gewahrsein kultivierst, zwei Minuten weniger Schlaf benötigst. Es ist also in jedem Fall ein guter

Deal. Und es ist die Basis, die Grundlage, um ein freier Mensch, ein freier Geist zu werden und den verkörperten Aufstieg zu realisieren.

Es gibt eine zweite Herausforderung, eine zweite Hausaufgabe, die ich dir ans Herz legen möchte. Mehrmals am Tag, wann immer es dir in den Sinn kommt, halte innerlich inne und prüfe deine Gefühlsrealität. Was tust du in diesem Augenblick, was fühlst du? Wie ist deine Körpersprache? Wo sind Spannungen in deinem Körper? Werde dir dessen einfach gewahr, für vier, fünf Sekunden, und mache dann mit dem weiter, was du zuvor getan hast. Mach es dir einfach zur Gewohnheit, dir dessen gewahr zu sein, was du den ganzen Tag über tust.

Mein aufrichtiges Bestreben ist es, dich zu inspirieren, immer wieder über alles hinauszugehen, immer weiter darüber hinaus. Ich, Althar, habe kein Interesse daran, einmal in der Woche ein reizendes Treffen abzuhalten, nur um eine nette Zeit zu verbringen, sich wohlzufühlen und die Dinge zu beschönigen. Das kannst du überall finden. Also, bitte, nutze unsere gemeinsame Zeit für dich selbst. Außerdem gehen wir gerade auf das Ende des Jahres zu und das ist eine wunderbare Zeit – es ist eine Zeit der Wiedergeburt.

Es ist eine große Ehre für mich, mit dir auf dieser Reise zu sein. Es ist ein lang gehegter Traum, den Joachim hatte, den ich hatte und den auch Althar der Atlanter hatte. Es ist der Traum vom Aufwachen aus dem Traum der Trennung.

Ich bin Althar. Ich werde nächsten Sonntag wieder bei dir sein, danke.

2. Falsche Identitäten und der Emotionalkörper

Fangen wir damit an, das Gewahrsein zu kultivieren. Beginne damit, eine königliche Körperhaltung einzunehmen, eine Haltung der Klarheit. Das heißt, du streckst die Wirbelsäule, streckst den Nacken, schiebst den Kopf ein wenig nach oben und ziehst das Kinn ein. Deine Wirbelsäule bildet eine gerade Linie. Weil du gerade sitzt, brauchst du keine Muskelkraft, um deine Haltung zu stabilisiercn. Also kann sich dein ganzer Oberkörper entspannen. Du kannst ihn ganz der Schwerkraft übergeben. So sitzt du auf natürliche Weise in der königlichen Haltung, ohne jegliche Anstrengung.

Die Finger sind geschlossen. Du kannst die Hände ineinander legen oder sie auf deine Beine legen, ganz wie du möchtest. Es ist sehr wichtig, dass die Augen zu drei Vierteln geschlossen sind. Lass sie ein wenig geöffnet, damit etwas Licht hereinkommt. Dadurch bleibst du wach und driftest nicht so leicht in deine Träume ab.

Gut. Der Mund ist geschlossen. Du atmest durch die Nase ein und aus.

Beobachte jetzt, wie der Atem in deine Nase eintritt. Er strömt in deinen Körper, in deine Lunge.

Wie immer betone ich, dass die Kultivierung des Gewahrseins ein Nicht-Tun ist. Das heißt, wir versuchen nicht, etwas zu erreichen oder zu perfektionieren – nicht deine Atmung, nicht deine Haltung, nicht deinen Geist, nichts. All das kommt ganz natürlich. Es ist ein Zurückkommen zum natürlichen Zustand, indem wir aufhören, etwas „zu machen". Und um mit dem Machen aufhören zu können, ist es zunächst hilfreich, einige Punkte zu haben, auf die man sich konzentrieren kann. Dadurch gelangt man in eine innere Haltung der Klarheit und Stabilität – und dann lassen wir auch das noch los, wir lassen einfach alles los.

Spüre nun deine beiden Füße und deine Unterschenkel gleichzeitig. Platziere dein Gewahrsein einfach in diesem Bereich. Vielleicht spürst du dort leichte Empfindungen, die Beschaffenheit deiner Socken zum Beispiel. Deine Füße könnten sich warm oder kalt anfühlen. Beobachte einfach. Beobachte einfach, was in diesem Bereich vor sich geht.

Nun beziehe deine Knie und deine Oberschenkel mit ein. Achte wieder auf die Empfindungen, die sich dort abspielen.

Beziehe dein Gesäß, deine Genitalien und deinen Anus mit ein. Auch wenn es seltsam klingt, versuche deinen Anus zu entspannen und beobachte, was mit dem Inneren deines Körpers passiert, wenn du das tust.

Beziehe deine Finger in dein Gewahrsein mit ein. Du kannst mit den Fingerspitzen beginnen, mit allen zehn Fingerspitzen gleichzeitig. Nicht die ganze Hand, nur die Fingerspitzen.

Gewahrsein ist eine schöne Sache. Es kann überall zur gleichen Zeit sein, es kann an einem einzigen Ort sein, es kann sich auf mehrere Teile konzentrieren – es ist sehr flexibel.

Erweitere dein Gewahrsein langsam von deinen Fingerspitzen aus und beziehe deine beiden Hände mit ein. Werde dir wieder der Empfindungen bewusst, die du hier spürst.

Eine Empfindung ist wie ein roher Impuls. Es kann ein Jucken sein, Hitze, ein Pulsieren, eine Berührung, ein leichter Schmerz. Bei Empfindungen sind noch keine Assoziationen im Spiel, sie sind noch roh. Sie sind noch nicht von anderen Teilen deines Bewusstseins verarbeitet worden. Wenn du in vollem Gewahrsein bist, kannst du dir deiner Empfindungen sehr bewusst werden und du wirst vielleicht bemerken, wie sich eine Empfindung in etwas anderes verwandelt, in eine Emotion oder ein Gefühl.

Schließe nun beide Arme in dein Gewahrsein ein.

Platziere dein Gewahrsein nun in deinem Bauch, dem Ort der Sicherheit, der Stabilität. Spüre, wie dein Unterbauch massiert wird, während du atmest. Das Zwerchfell bewegt sich und massiert leicht den ganzen Bauch.

Wenn du dich auf deinen Unterbauch konzentrierst, den Bereich deines Hara, dann beruhigt sich dein Geist. Alles wird ruhiger und langsamer. Stress verblasst, Hektik vergeht.

Beziehe nun deinen Brustkorb in dein Gewahrsein mit ein. Er ist ständig in Bewegung, während du atmest.

Spüre jetzt deinen Rücken, insbesondere die Haut auf deinem Rücken. Das ist ein sehr sensibler Bereich, das muss er auch sein. Du kannst hinter dir nicht sehen, also musst du „Fühler“ haben, die prüfen, was hinter deinem Rücken vor sich geht. Die Haut dort ist sehr empfindlich.

Spüre nun deine Kehle. In der Kehle gibt es so viele Blockaden. Wenn du dein Gewahrsein dorthin legst, entspannt sich alles, Spannungen lösen sich auf, dein Ausdruck wird natürlich, ungehindert.

Nun beziehe deine Schultern, deine Lippen und die Innenseite deiner Nase mit in dein Gewahrsein ein. Spüre, wie die Luft durch die Nase ein- und ausströmt.

Beziehe deine Augen mit ein. Spüre, was in den Muskeln rund um deine Augen vor sich geht.

Spüre nun die Haut deiner Stirn, speziell zwischen deinen Augenbrauen. Wenn du dir dieser Region gewahr wirst, entspannt sie sich, was eine unmittelbare Auswirkung auf deinen Geist und deine spirituelle Sicht hat.

Spüre nun deinen Scheitel.

Gut. Werde dir nun der Gesamtheit deines Körpers gewahr, vom Scheitel bis zu den Füßen, der Haut und dem Körperinneren.

Sobald du dir deiner Gesamtheit gewahr bist, wechsle zur reinen Beobachtung. Beobachte einfach, vergiss die verschiedenen Körperteile, Regionen, Muskeln und die Haut. Beobachte einfach, was vor sich geht, was auf deinem inneren Bildschirm erscheint.

In dem Moment, in dem du dir einer Beobachtung gewahr wirst, siehst du es als das, was es ist – und lässt es los.

Loslassen ist etwas Passives. Du stößt es nicht weg und du versuchst auch nicht, es zu unterdrücken. Du wirst dir der Beobachtung gewahr, aber du folgst ihr nicht. Du reagierst nicht auf sie und fügst ihr keinerlei Energie hinzu. Du trittst aus ihr heraus. Du bist der Beobachter, unberührt.

Du kannst beobachten, wie ein Reiz, der von irgendeiner Empfindung deines Körpers kommt, ein roher Impuls, plötzlich in eine Reihe von Assoziationen verwandelt wird. Er löst eine Art inneren Film aus und du bist versucht, in diesem Film mitmischen zu wollen und manchmal tust du das auch. Sobald du jedoch erkennst, dass dies geschehen ist, steigst du einfach aus dem Film aus, ohne über dich oder den Film zu urteilen.

Jetzt möchte ich, dass du dir wieder deines Atems gewahr wirst. Wenn die Einatmung in die Ausatmung übergeht, gibt es einen subtilen Impuls. Ebenso beim Übergang der Ausatmung in die Einatmung. Lass den Atem jetzt kommen und gehen, und spüre dabei so genau wie möglich all die Muskeln, die sich mit dem Impuls des Atemwechsels verändern. Sei sehr achtsam. Versuche, die Wendepunkte nicht zu verpassen.

Während du dich auf diese Impulse konzentrierst und versuchst, diese Momente zu erfassen, kannst du all die Gedanken sehen, die auftauchen und dir sagen, was du tun musst, um den nächsten Wendepunkt zu beobachten. Du spürst eine gewisse Spannung in dir aufkommen, obwohl der Versuch zu beobachten absolut passiv ist. Es erfordert keinerlei Aktivität. Du brauchst deinen Atem dafür nicht zu kontrollieren. Dennoch tauchen sofort all diese Gedanken auf, die dir erklären, wie du es „richtig" machst und dadurch entstehen feine Spannungen. Selbst wenn du also nichts aktiv tun möchtest, entsteht dennoch eine Art

Störung des natürlichen Rhythmus. Aber solltest du versuchen, deinen Atem aktiv zu kontrollieren oder zu „perfektionieren“, dann wird alles nur noch viel komplizierter.

Es ist eine sehr gute Übung, zu versuchen, sich dieser Wendepunkte in deinem Atem gewahr zu sein, denn dann spürst du all diese subtilen Mechanismen. Außerdem merkst du dann sehr leicht, wenn du zu träumen anfängst. „Oh, ich habe den Moment wieder verpasst, interessant, wo war ich?”

Das Gewahrsein zu kultivieren ist die Praxis Nummer eins. Es ist die Dekonditionierung. Es ist die Befreiung im Moment. Je eher du in der Lage bist, die Kette der Empfindungen und all das, was danach kommt – Assoziationen, Emotionen und all das andere – zu unterbrechen, desto leichter wird das Loslassen. Die Verhaltensmuster brechen auf.

Wenn du, aus welchem Grund auch immer, bereits in einem Zustand der Aufregung oder Wut sein solltest, dann ist es schwierig, sich zu beruhigen, weil bereits all die Chemikalien durch deinen Körper fließen und deine inneren Filme anheizen. Es dauert dann einfach eine gewisse Zeit, bis das abebbt. Währenddessen geht es darum, immer wieder ins Gewahrsein zu kommen, immer und immer wieder aus den Mustern herauszutreten – ohne sich dabei zu verurteilen, dass man doch wieder abgeschweift ist.

Das heutige Thema sind falsche Identitäten und der emotionale Körper. Wir werden Althar hereinbringen und er wird ein paar Worte dazu sagen.

*

Ich bin Althar, der Kristall-Drache.

Es ist mir eine große Freude, mit Euch zu diesem zweiten Treffen unseres zehnwöchigen Intensiv-Programms zusammenzukommen.

Wir haben in der letzten Zusammenkunft gesagt, dass wir in der ersten Hälfte dieser zehn Wochen einen tieferen Blick auf das menschliche Gefäß werfen werden und dass wir alle Glaubenssätze lockern wollen, an denen du in Bezug auf dieses Gefäß festhältst.

Wir werden also versuchen, das, was du bereits auf konzeptioneller Ebene weißt, in die Erfahrung zu bringen. In dieser Zusammenkunft werde ich also Dinge wiederholen, von denen du höchstwahrscheinlich schon gehört hast. Du hast vielleicht in den Althar-Büchern oder anderswo darüber gelesen. Dennoch geht es darum, dieses Wissen in die Erfahrung zu bringen, um dann über diese Glaubenssätze hinausgehen zu können.

Heute werden wir über Identifikationen sprechen. Der Mensch identifiziert sich auf vielen Ebenen. Die beiden wichtigsten sind die Identifikationen mit dem menschlichen Körper und mit dem, was ich den Emotionalkörper nenne.

Lass uns mit dem menschlichen Körper beginnen. Ich habe schon oft gesagt, dass Wesen durch das Annehmen eines menschlichen Körpers die Existenz in der größtmöglichen Dichte erfahren können. Um über die Trennung hinauszugehen, hielten wir es alle für notwendig, dass sich ein Wesen „im Fleisch“ verkörpert, denn nur in der dichtesten aller Dichten kann es sich abschließend selbst vergewissern, dass es in der

Trennung keine wahre Schöpfung zu finden gibt. Andernfalls bleibt immer ein Zweifel: „Vielleicht, wenn ich in diese extreme Dichte gegangen wäre, vielleicht hätte ich dann den Heiligen Gral gefunden?“ – oder wie auch immer man es bezeichnen möchte. Also mussten die Wesen auf die Erde kommen, um wirklich eine Chance zu haben, jenseits aller Zweifel Erleuchtung zu realisieren.

Allerdings ist das Inkarnieren wirklich schwierig, denn Bewusstsein und Materie müssen dafür irgendwie verschmelzen. Also mussten wir ein wenig nachhelfen, damit du schließlich zu der Überzeugung gelangt bist, ein Körper zu sein. Für einen Menschen wie dich fühlt es sich natürlich an, dich mit deinem menschlichen Körper, mit deinem menschlichen Ausdruck zu identifizieren. Aber jetzt ist es an der Zeit, diese Identifikation zu lockern. Also schau dir diesen Körper genauer an.

Was genau ist dieser Körper? Du wirst sofort sehen, dass du ihn nicht wirklich ergründen kannst.

Du hast dich vor ein paar Minuten mit deinem Atem beschäftigt, dem Atem, der in deine Lunge eintritt. Einige der Moleküle der Luft, die du gerade eingeatmet hast, werden zu Bestandteilen deines physischen Körpers. Andere Moleküle werden deinen physischen Körper verlassen, wenn du ausatmest. Ist also der Atem in deiner Lunge schon Teil deines Körpers oder bereits nicht mehr?

Wenn du keine Luft zum Atmen hättest, würde dein Körper sofort sterben. Also, ist die Luft, die du zum Überleben brauchst, die Luft um dich herum, ein Teil von dir? Was würdest du sagen?

Ganz ähnlich ist es auch mit den Zellen, die den Körper konstituieren. Es gibt davon so viele! Allein siebzig Milliarden deiner Zellen werden jeden Tag ausgetauscht, das heißt, sie sterben und werden durch neue ersetzt. Fühle das einen Moment lang. Siebzig Milliarden pro Tag. Das macht ungefähr achthunderttausend pro Sekunde. Spüre das! In deinem Körper gibt es ein ständiges Sterben und eine ständige Wiedergeburt. Ich bin mir ziemlich sicher, dass du diese Tode noch nie bemerkt hast. Nicht ein einziges Absterben einer Zelle hast du jemals bewusst miterlebt.

Der Körper befindet sich also in ständiger Veränderung, in einem ständigen Fluss. Er ist absolut vergänglich, unbeständig, und doch gibt es den natürlichen Impuls, zu glauben: „Das bin ich!" Und zu glauben „Das bin ich", bedeutet implizit, dass es etwas gibt, das „Nicht-Ich" ist.

Also, was weißt du tatsächlich über deinen Körper? Was weißt du wirklich über deinen Körper? Wenn du eine Hand bewegen möchtest, was tust du dann? Tauchst du dazu in dein Gehirn ein, triggerst ein paar Neuronen und fügst hier und da ein paar Chemikalien hinzu? Nein, sicher nicht. Du hast einfach die Intention, eine Hand zu bewegen, und dann setzt das Wunder des Bewusstseins ein. Es reflektiert die Intention, deine Hand in der physischen Realität zu bewegen, und deine Hand bewegt sich. Du weißt nicht, wie dein Körper das machst! Trotzdem nennst du ihn immer noch deinen Körper.

Das Gleiche gilt für deine Verdauung. Oh, du hast vielleicht gehört, dass der Magen bestimmte Chemikalien der Nahrung hinzufügt, die du geschluckt hast, aber hast du wirklich eine Ahnung, wie das funktioniert? Wie die Nährstoffe extrahiert und absorbiert werden? Machst du irgendetwas davon aktiv? Nein, tust du nicht. Der Körper macht das irgendwie für dich.

Die Verdauung ist auch sehr interessant, denn der ganze Verdauungstrakt ist eine Art Hohlraum in dir. Du nimmst etwas in deinen Mund. Dein Mund ist hohl. Dann fällt das Essen mehr oder weniger in deinen Magen und fällt beim Gesäß wieder heraus. Es gibt also einen Hohlraum in dir. Ist dieser Hohlraum ein Teil deines Körpers, oder würdest du sagen: „Nein, ist er nicht. Das bin *nicht* ich, obwohl es *in mir* ist."

Oder du könntest sagen, dass der Körper die Gesamtheit aller Zellen ist, die deine DNS enthalten. Aber dann musst du erkennen, dass es genauso viele Zellen in deinem Körper gibt, die *nicht* deine DNS enthalten und die in dieser Hinsicht definitiv *nicht* du sind. Doch ohne diese anderen Zellen würdest du keinen einzigen Moment überleben können.

Also, was ist der Körper tatsächlich? Das ist sehr schwer zu sagen. Letztlich ist „der Körper" nur ein Begriff, den man der Bequemlichkeit halber verwendet. Es ist praktisch, den Begriff des Körpers in deiner physischen Realität zu benutzen, zum Beispiel, wenn du einen Sitzplatz reservieren willst. Du brauchst einfach etwas Platz, damit deine physische Erscheinung irgendwo sitzen kann. Aber dennoch ist es wirklich schwierig zu sagen, was der Körper genau ist, denn er ist sehr schwer abzugrenzen und befindet sich darüber hinaus in einem Zustand ständigen Wandels. Nichts an deinem Körper ist konstant.

Es gibt eine weitere hochinteressante Identifikation, an der du festhältst. Du identifizierst dich mit dem, was ich den Emotionalkörper nenne. Joachim hat zu Beginn ein wenig über Empfindungen gesprochen, die du wahrnehmen kannst. Empfindungen sind all die rohen Impulse, die du durch deine physischen Sinnesorgane empfängst. Dann, am anderen Ende des Spektrums des Wahrnehmbaren, hast du Gefühle.

In meiner Terminologie sind Gefühle unpersönlich. Gefühle wie Schönheit, Frieden oder Liebe sind unpersönlich. Sie sind in gewisser Weise auch roh, denn sie sind unverzerrt und universell.

Und dann gibt es noch Emotionen. Emotionen sind persönlich. Emotionen beziehen sich immer auf das, was du gerade glaubst zu sein. Es kann ein Gefühl der Zufriedenheit sein, oder Ärger, Wut, Stolz, Sympathie, Scham... Das sind Emotionen. Und woher kommen die Emotionen? Sie werden von dem erschaffen, was du glaubst zu sein. Sie werden von den falschen Identitäten hervorgebracht, mit denen du dich identifizierst.

In der letzten Zusammenkunft haben wir über den Wunsch der Wesenheiten gesprochen, stabile Reflexionen ihrer selbst zu etablieren. Wenn du als Mensch inkarniert bist, entsprechen diese stabilen Reflektionen dem, was ich die falschen Identitäten nenne. Dies ist die Fassade, die du mit dir herumträgst. Die Fassade, die du glaubst zu sein oder von der du willst, dass andere glauben, dass du sie bist. Das ist es, was du anderen zeigst. Und weil diese Fassade nicht real ist, muss sie immer wieder und wieder neu etabliert werden.

Wenn jemand daherkommt und deine Fassade anerkennt, indem er sagt: „Ich mag, was du tust“ oder „Du siehst heute gut aus“ oder etwas in der Art, dann bist du zufrieden. Du bekommst emotionale Befriedigung und du neigst dazu, diese Person zu mögen. Und umgekehrt, wenn dich jemand zurückweist, deine Fassade ablehnt, dann wirst du vielleicht wütend oder traurig und du neigst dazu, diese Person nicht zu mögen.

Das ist der Ursprung der Emotionen. Emotionen treiben dich an. Das ist die Art, wie ich den Begriff Emotion verwende. Emotionen sind persönlich, im Gegensatz zu Gefühlen und Empfindungen.

Wenn ich sage „Fühle in dich hinein“, dann überprüfst du typischerweise nicht, ob du noch zwei Arme und zwei Beine hast, die Bestandteile deiner physischen Erscheinung sind. Nein, du gehst nach innen und überprüfst deinen emotionalen Zustand. Wie fühlst du dich gerade in diesem Moment? Was sind deine Emotionen? Bist du zufrieden? Bist du wütend? Bist du ruhig? Bist du friedvoll? Das ist es, womit du dich am meisten identifizierst, und das ist es, worum du dich am meisten kümmerst. Das ist der emotionale Körper.

Dein Emotionalkörper ist die Gesamtheit all deiner falschen Identitäten! Auf eine wirklich paradoxe Weise kannst du deinen Emotionalkörper nicht sehen, obwohl er für deine täglichen Erfahrungen viel relevanter ist als dein physischer Körper.

Es gibt viele Traditionen, die sich mit den verschiedenen subtilen Körpern beschäftigen, wie dem Emotionalkörper, dem Mentalkörper und all dem Rest. Ich neige dazu, nicht darauf einzugehen, denn dann kann es leicht zu einem Ehrgeiz werden, deine verschiedenen Körper zu optimieren, sie alle in Harmonie zu bringen und dergleichen. Und ich sage nicht, dass das falsch wäre – es kann sehr, sehr hilfreich sein. Aber an einem bestimmten Punkt ist es am besten, all diese Unterscheidungen einfach loszulassen. Die Magie des reinen Gewahrseins bringt sowieso alles in Harmonie, ohne dass du dich um die Details kümmern müsstest!

Nun, Wissen um die Details mag nicht schaden, aber es ist viel einfacher, sie loszulassen und der Natur ihren natürlichen Lauf zu lassen. Du wirst wieder in Harmonie kommen, ohne die Details zu kennen. Genauso wie du nicht weißt, wie sich dein Arm bewegt, brauchst du auch nichts über all die feinstofflichen Körper zu wissen und darüber, wie sie plötzlich mit sich selbst harmonieren. Du wirst dir einfach nur der Harmonie gewahr.

Allerdings mache ich mit dem Emotionalkörper in dieser Hinsicht eine Ausnahme, denn er ist ein sehr, sehr wesentlicher Bestandteil der menschlichen Erfahrung. Er ist es, wofür du dich abmühst und kämpfst. Er ist es, was du selbst glaubst zu sein. Er ist es, was dich als menschliches Wesen definiert!

In einer meiner früheren Botschaften sagte ich: „In dem Moment, in dem du deinen Emotionalkörper auflöst, hörst du auf, ein begrenzter Mensch zu sein.“ Du hörst auf, ein begrenzter Mensch zu sein, und – ganz offen gesagt – kannst du dann kaum noch als Mensch bezeichnet werden, denn dann hast du dich befreit. Ohne einen Emotionalkörper, ohne auf jeden Reiz, der von außen kommt, zu reagieren und ihn mit deiner persönlichen Geschichte, der Geschichte deiner falschen Identitäten, in Verbindung zu bringen, ohne all das, bist du frei zu handeln, wie du willst.

Das ist natürlich viel, viel leichter gesagt als getan.

Du neigst dazu, die falschen Identitäten zu verachten, die du mit dir herumträgst. Einige von ihnen kennst du vielleicht. Vielleicht sind einige von ihnen Überbleibsel aus deiner Teenagerzeit, sie können einer Angst entspringen, die du vielleicht verdrängt hast oder sie können von einer Erfahrung herrühren, die du als kleines Kind gemacht hast. Du weißt um diese Art falscher Identitäten, aber zumeist versuchst du, sie zu unterdrücken, sie wegzuschieben, sie nicht in den Vordergrund treten zu lassen. Und dann gibt es falsche Identitäten, die du magst. Du willst wie sie sein. Die spirituelle Person, die weise Person, die kreative Person – was auch immer es ist, das du sein möchtest –, und diese falschen Identitäten verhätschelst du.

Das ist einfach so und es ist sehr, sehr schwierig, darüber hinauszugehen.

*

Lasst uns den Emotionalkörper jetzt in Aktion sehen. Nun, was wäre, wenn ich sage: Am Ende dieses

Segments werden drei von euch ausgewählt, die jeweils drei Minuten lang ununterbrochen ihre höchste Weisheit zum Ausdruck bringen sollen. Was ihr sagt wird transkribiert, veröffentlicht und kann für alle Ewigkeit gelesen werden.

Was geht jetzt in dir vor? Du weißt nicht, ob du ausgewählt wirst, aber drei werden ausgewählt.

Beobachte, was genau jetzt in dir vor sich geht.

Das ist eine Situation, in der viele falschen Identitäten zum Vorschein kommen. Vielleicht hast du vor langer Zeit eine schlechte Erfahrung gemacht, z.B. als du als Kind aufgerufen wurdest und vor die Klasse treten musstest. Vielleicht musstest du singen und es hat nicht so gut funktioniert. Also hast du beschlossen: „Ich mag es nicht, etwas vor Publikum zu machen, Singen oder auch nur Sprechen!" Und als Konsequenz dieser schlechten Erfahrung und der daraus resultierenden Überzeugung, hast du fortwährend versucht zu vermeiden, überhaupt erst in eine solche Situation zu geraten. Vielleicht bist du dir dessen nicht einmal bewusst. Es ist ein Abwehrmuster, das in dir ausgelöst wird, sobald es auch nur eine kleine Chance gibt, dass du gebeten werden könntest, in der Öffentlichkeit zu sprechen. Es ist eine falsche Identität, die glaubt, dich beschützen zu müssen. Du hast also Situationen vermieden, wo dir das hätte passieren können. Du hast irgendeinen „rationalen" Grund erfunden, nicht dorthin zu gehen, ohne dabei die tieferliegende Ursache zu erkennen.

Diese falschen Identitäten, diese Aspekte, beeinflussen dich bis zum heutigen Tag, ohne dass du es weißt.

Ein anderer Aspekt in dir könnte sagen: „Nun, ich mag es, vor anderen zu sprechen. Es ist an der Zeit, dass ich meine Weisheit ausdrücke, damit sie jeder hören kann."

Aber ein dritter Aspekt kommt hinzu und sagt: „Ich würde das ja gerne machen, aber mein Englisch ist nicht so gut. Ich würde stottern und das ist nicht das, was ich vor anderen tun möchte."

In der Tat ist der Emotionalkörper hochkomplex. Es ist typischerweise nicht nur jeweils eine falsche Identität im Vordergrund. Vielmehr sind zu jeder Zeit eine große Anzahl falscher Identitäten aktiv – und viele von ihnen stehen in Konflikt miteinander. Die eine will dies, die andere will das. Abhängig von deiner eigenen Präsenz, abhängig von deiner eigenen Stabilität, ist es wirklich schwierig, in diesem Getümmel klar zu bleiben. Du kannst zwischen Angst und Wunsch schwanken, hin und her, die ganze Zeit.

Ihr alle kennt das aus eigenem Erleben und wahrscheinlich gefällt es euch nicht. Also bleibt die Frage: Wie kommen wir darüber hinaus? Wie kommen wir über die falschen Identitäten hinaus? Und das ist etwas, das man nicht auf die leichte Schulter nehmen sollte, denn was wir damit versuchen, ist so, als ob man ein Kartenhaus abbauen möchte, ohne dass es dabei zusammenbricht.

Jede Identifikation ist falsch! Das ist der Grund, warum ich den Begriff falsche Identität so betone. Weil alles, alles, alles in der Trennung vergänglich und unbeständig ist, macht es keinen Sinn zu sagen: „Ich identifiziere mich mit irgendetwas“, denn dieses Etwas, was es auch sein mag, verändert sich ständig.

Dennoch, solange du glaubst, in diesem physischen menschlichen Traum zu leben, brauchst du ein Gefäß, durch das du interagieren kannst. Du brauchst ein Gefäß, um zu überleben. Du willst Erleuchtung erfahren, aber du willst auch das „Darüberhinaus" erleben, ohne dabei zu sterben!

Du musst also sehr vorsichtig sein, wenn du die falschen Identitäten auflöst. Du kannst den Emotionalkörper nicht einfach ausmerzen und ganz offensichtlich reicht es nicht aus, nur über seine Mechanik Bescheid zu wissen. Aber sobald du über seine Mechanik Bescheid weißt, sobald du weißt, wie ein Sinnesreiz von einer falschen Identität in eine Emotion umgewandelt wird, die dich und das, was du glaubst zu sein, bestätigt oder ablehnt –, sobald du das alles weißt, kannst du dich langsam, langsam davon befreien.

Deshalb betone ich so sehr die Kultivierung des Gewahrseins, denn das ist der Eckpfeiler der Befreiung.

*

Lass uns jetzt eine kleine Erfahrung machen. Nicht so lang wie beim letzten Mal, aber lass uns eine kleine Erfahrung machen. Und wir spielen etwas Musik dazu.

(Musik spielt)

In der letzten Zusammenkunft habe ich die Metapher von der mit Spiegeln bedeckten Kugel verwendet und vom russischen Puppenprinzip gesprochen, um zu verdeutlichen, dass der Mensch viel mehr als nur eine einzige Oberflächenschicht hat. Stattdessen hat der Mensch viele, viele Schichten um sich herum. Eine dieser Schichten nenne ich den Emotionalkörper.

Nun stell dir vor, du befindest dich in einer Sphäre – einer Kugel –, wie wir sie in der letzten Zusammenkunft benutzt haben, aber jetzt ersetzen wir die Oberfläche aus Spiegeln mit bunten Gläsern, wie du sie zum Beispiel aus Kirchen kennst. Jedes Fenster stellt eine bestimmte Szene dar. In einer Kirche ist das typischerweise etwas rund um die Geburt Jesu oder seine Kreuzigung. Du hast wunderbare Szenen und schreckliche Szenen.

Nun, in deiner Sphäre hast du ebenfalls viele dieser Buntglasfenster. Sie alle stellen dich in verschiedenen Phasen deines Lebens dar. Es sind so viele Szenen! Man könnte sagen, dass jede Erfahrung, die du jemals gemacht hast, zu einem solchen Buntglasfenster wurde, die seither an der Oberfläche deines Emotionalkörpers haftet.

Manchmal wird eine größere Anzahl dieser Fenster zu dem kombiniert, was man eine falsche Identität oder eine Persona nennt. Aber es gibt viele, viele, viele Fenster, die mehr oder weniger isoliert sind. Sie repräsentieren Ereignisse, die an einem bestimmten Punkt in deinem Leben passiert sind. Es gibt auch einige Buntglasfenster, die aus einem vergangenen Leben resultieren. Diese entstanden aus Erfahrungen, die so traumatisch waren, dass du sie nicht einmal im Tod loslassen konntest. Also sind sie immer noch bei dir, ohne dass du dir ihrer bewusst bist.

Nun stell dir vor, dass du dich in dieser Kugel befindest, umgeben von all diesen Fenstern. In der Mitte dieser Kugel befindet sich ein Scheinwerfer, der ein helles Licht ausstrahlt. Wenn das Licht auf eines der Buntglasfenster fällt, wird die darin abgebildete Geschichte lebendig. Sie wird nachgespielt. Sie repräsentiert eine Szene aus deiner Vergangenheit und du fühlst wieder, was damals passiert ist. Sie ist wie eine Zeitblase. Es ist eine Geschichte, die in der Zeit eingefroren ist. Doch wenn du etwas Licht auf sie wirfst, wird sie wieder abgespielt. Sie wiederholt sich und du fühlst, was damals geschah.

Immer wenn ein Stimulus deine Sphäre trifft, bewegt sich der Scheinwerfer und beleuchtet ein Fenster, das du mit dem Stimulus assoziierst. Dein inneres Erleben verändert sich und mit dem Erleben kommen die Emotionen.

Vielleicht hast du dich über die Geburt deines Kindes gefreut, aber der Tod eines Verwandten war traumatisch. Vielleicht hattest du einen Unfall, der mit vielen Schmerzen verbunden war oder du hast irgendwann im Lotto gewonnen. Diese Geschichten können jederzeit wieder zum Leben erweckt werden.

Und da ist deine berufliche falsche Identität. Sie ist riesig, sie besteht aus vielen einzelnen Buntglasfenstern. Das ist die Persönlichkeit, die du annimmst, wenn du zur Arbeit gehst und mit Kunden oder Kollegen sprichst. Du erweckst diese Fenster zum Leben und du schaust auch durch sie hindurch, um zu prüfen, wie die anderen dich sehen. Du willst ihnen eine bestimmte Fassade zeigen, also hebst du sie hervor. Du bist sehr empfänglich dafür, was andere über dich denken. Bestätigen sie dich? Sehen sie dich so, wie du gesehen werden möchtest? Wenn ja, bist du in einer Emotion des Glücks oder der Zufriedenheit. Wenn sie dich ablehnen, wenn ein Kunde dich beispielsweise beschimpft, könnte es anders sein, denn du willst, dass deine Fassade bestätigt wird.

Aber weil du letztlich nur willst, dass irgendetwas an dir real ist, sind Anerkennung und Ablehnung im Grunde gleichwertig. Denn was wärst du, wenn niemand deine falschen Identitäten, deine wunderbaren Buntglasfenster, zur Kenntnis nähme und darauf *irgendwie* reagierte? Ein Wesen der zweiten Runde der Schöpfung will Spiegelungen von sich selbst. Es will ein Gefäß aus Spiegeln aufrechterhalten, um darin zu leben und um durch es zu erleben.

Der erste Schritt zur Erleuchtung besteht darin, dies als das zu sehen, was es ist und die Entscheidung zu treffen, nicht mehr Sklave irgendwelcher Reize zu sein, die von der scheinbaren Außenwelt kommen!

Oh ja, du brauchst auch weiterhin eine bestimmte Art von Fassade, um das menschliche Spiel zu spielen, *aber du hörst auf, es als real anzusehen!* Du hörst auf an „*Das* bin ich“ zu glauben, genauso wie du aufhörst zu glauben, dass du dein Körper bist, denn du hast keine Ahnung, was dein Körper tatsächlich ist. Du hast seine Vergänglichkeit durch und durch erlebt. Und das gilt sogar noch mehr für deinen emotionalen Zustand, denn der fluktuiert ständig! Aber wie könntest du etwas Vergängliches sein?

Wenn du ständig von außen getriggert wirst, bist du wie ein Punchingball. Im besten Fall bist du für eine Weile stabil, aber solange diese falschen Identitäten existieren, können sie jederzeit ausgelöst werden. Das ist es, was du „deine Knöpfe drücken“ nennst. Du fühlst dich wie ein freier Mensch, aber dann besuchst du deine Eltern und ganz egal, wie alt du bist, du fällst in eine andere Rolle und plötzlich verhältst du dich wieder wie ein Kind. Deine Verhaltensmuster sind so tief, tief in dir verankert.

Wenn du diesen Mechanismus verstehst, kannst du auch all die Muster sehen, dic du geschaffen hast, um entweder bestätigt zu werden – mit einem Klaps auf die Schulter oder durch einen anerkennenden Blick – oder um eine Ablehnung zu vermeiden. Das ist es, was dein tägliches Leben diktiert. Deine Muster sagen dir: „Geh dorthin, da ist es nett, da ist es gut, da ist es angenehm“ oder sie flüstern dir zu: „Geh nicht dorthin“, damit du das, was du als unangenehm einstufst, vermeiden kannst.

Nun, das ist das menschliche Spiel, das erlebt werden musste. Es geht also nicht darum, es zu verachten. Es musste so sein. Du musstest die falschen Identitäten auf dich nehmen, damit du irgendwann tief in deinem Inneren wirklich realisieren konntest, dass jede Identifikation falsch ist! Sie ist ein Schwindel. Sie ist nur Schein. Sie ist nicht real!

Jetzt bist du an diesem Punkt! Und weil du das realisiert hast, kannst du auch erkennen, dass all diese Buntglasfenster, die dein Leben und deine Lebenserfahrungen bestimmen, *von dir* festgehalten werden! Niemand sonst tut es für dich. *Du bist es!* Sie entspringen *deinen* Überzeugungen. *Du* bestätigst sie und *du* glaubst, dass sie real sind. *Das alles bist du!*

Das sollte eine große Erleichterung sein, denn weil *du* es bist, der dir das auferlegt, und nicht irgendeine höhere Macht, kannst *du* es auch auflösen!

Du kannst es auflösen oder du kannst damit bewusst spielen. Du kannst eine Fassade bewusst aufrechterhalten, aber was auch immer dieser Fassade widerfährt, nimmst du nicht mehr persönlich. Du magst Reize erleben, du magst mit einem Kunden interagieren, aber was auch immer passiert, beeinflusst dich nicht in der Tiefe. Deine Fassade ist jetzt nur noch eine Rolle, die du bewusst spielst. Du benötigst keinerlei Bestätigung mehr.

In der Metapher, die wir hier in der Imagination erleben, habe ich diesen Scheinwerfer erwähnt. Von ihm strahlt Licht aus, das auf die verschiedenen Buntglasfenster trifft. Es erweckt sie zum Leben und es scheint durch sie hindurch. Nun, was würdest du sagen, bist „du" in dieser Konstellation? Bist du der Scheinwerfer? Bist du das Licht? Wir wissen bereits, dass du nicht die Fenster bist, aber andererseits..., du erschaffst sie. Was ist dieses „du", womit könntest du dich identifizieren?

*

Nun, es gibt hier keine Einzelteile, mit denen du dich identifizieren könntest, denn das bist alles du. *All das bist du!* Der Scheinwerfer, das Licht, all die falschen Identitäten, all das bist du. Das ist der Traum, ein Mensch zu sein, und *du bist es, der ihn träumt.* Dies ist der *Inhalt* deines Traums. *Es ist dein Bewusstsein.*

Das Inkarnieren, das „Sein im Fleisch“, lässt dich so tief glauben, dass du *nicht* alles bist, sondern dass du nur ein Teil innerhalb von etwas Größerem bist –, obwohl du mit deinem wissenschaftlichen Verstand weißt, dass du deinen Körper nicht von dem isolieren kannst, was scheinbar „nicht dein Körper“ ist, denn alles ist miteinander verbunden. Obwohl du das weißt, glaubst du immer noch unbewusst, dass du ein Körper bist und du hältst an bestimmten emotionalen Zuständen und deinen falschen Identitäten fest. Du klammerst dich an sie.

Warum ist das so? Warum klammerst du dich an sie?

Es ist ganz einfach. Wenn alles, was du glaubst zu sein, verschwindet, kommt die tiefe Angst vor der Auslöschung an die Oberfläche, die Angst vor dem Sturz ins Nichts, vor dem Nichtsein. Die typischen Menschen können diese Angst nicht ertragen. Sie rennen weg. Sie hören von falschen Identitäten, sie denken darüber nach, sie nicken mit dem Kopf und gehen zurück zum Alltag –, aber sie handeln nicht danach. Sie identifizieren sich weiterhin mit ihren falschen Identitäten. Aber der Preis für die Identifikation ist die ständige Angst vor dem Tod!

Deshalb ist es wichtig, all das, was wir heute besprochen haben, langsam in die wahre Erfahrung zu bringen. In diesem Augenblick erlebst du diese Wahrheit, aber die Auflösung all deiner falschen Identitäten ist heikel, denn in dir wird eine existenzielle Angst aufkommen. Also, sei spielerisch. Überstürze nichts.

Kultiviere das Gewahrsein, aber versuche nicht, deine falschen Identitäten zu vernichten oder zu unterdrücken. Das funktioniert nicht, das hat nie funktioniert und das wird auch nie funktionieren! Es ist dein Gewahrsein und das Aufhören, die Dinge persönlich zu nehmen, das zum Erfolg führt. Was könnte für dein reines Bewusstsein schon persönlich sein? Was könnte persönlich sein?

Es ist alles deine Interpretation und du bist frei, zu interpretieren, wie du möchtest.

Was wir hier besprechen, ist sicherlich nicht für jedermann geeignet und es ist auch nicht für jedermann gedacht. Darum sei sehr ehrlich zu dir selbst, wenn ich dich frage: *Wie weit willst du wirklich gehen?*

Gehe es in jedem Fall langsam an. Gewöhne dich an die Wahrheit, an ihre Weite und an ihre Implikationen.

Um diesen Weg zu gehen, musst du den Glauben an das, was du glaubst zu sein, durch Wahrheit ersetzen, durch das, was du wirklich bist. Diese Wahrheit entspringt nicht der Trennung, nein. Sie entspringt der wahren Realität, und in den Momenten deiner Erleuchtung wirst du um diese Wahrheit wissen und sie in dir erden. Du wirst wissen, dass nichts, nichts, nichts dich beeinträchtigen kann.

Nichts kann dich in der wahren Realität beeinträchtigen. Oh sicher, du könntest im physischen Traum sterben – und das wirst du früher oder später auch, so wie alle deine Zellen ständig sterben. Aber was soll's? Es ist nicht wahrscheinlich, dass du in diesem Moment stirbst. Und du würdest es wohl nicht erzwingen wollen. Vielmehr siehst du, wenn du bewusster wirst, mehr Potenziale –, und zwar auch die unangenehmen. Darum wirst du typischerweise weniger Unfälle haben, einfach weil du bewusster bist. Das Leben wird viel einfacher.

Ohne einen Einblick in die wahre Realität kann dieses Verständnis von falschen Identitäten zu einer Quelle tiefer Frustration werden, denn was würdest du dann mit deinem Leben anfangen? „Quetsche alles aus dem Moment heraus", ist die übliche Antwort. „Genieße das Leben bis zum Äußersten." Klingt wunderbar, aber das hast du schon seit Äonen getan, bis du gefühlt hast: „Es reicht! Ich wiederhole immer nur die gleiche alte Geschichte" und dann hast du dich inkarniert.

Wechsle jetzt deine Perspektive. Sieh deine Sphäre aus Buntglasfenstern von außen und sei bei mir, außerhalb deines menschlichen Gefäßes, außerhalb deines menschlichen physischen und emotionalen Körpers.

*

Du bist genau zur richtigen Zeit am richtigen Ort. In diesem Augenblick erkennst du, dass du aus deiner menschlichen Sphäre einfach heraustreten kannst. Oh sicher, wenn du in den nur-menschlichen Modus zurückkehrst, wird es wieder schwierig. Aber du kennst jetzt die Mechanik, du kennst den Weg hinaus. Und du weißt, dass du nichts überstürzen musst.

Ich möchte dich an die Hausaufgaben-Herausforderung erinnern. Kultiviere dein Gewahrsein jeden Morgen nach dem Aufwachen. Dreißig Minuten. Und die besondere Herausforderung dabei ist, dein Gewahrsein wirklich zu kultivieren und nicht zu versuchen, das, was wir gerade gemacht haben, erneut zu erleben. Das kannst du den ganzen Rest deines Tages tun, aber während du dein Gewahrsein kultivierst, sei einfach nur sehr achtsam, was in deinem physischen Körper vor sich geht und wie die verschiedenen Reize Emotionen auslösen. Wenn du dir etwas gewahr wirst, *lass es los*. Lass es einfach los.

Und dann, ein paar Mal am Tag, hältst du einfach inne und wirst dir deines inneren Gefühlszustandes bewusst. Du könntest Namen für einige falsche Identitäten vergeben, die gerade aktiv sind – es ist nicht notwendig, aber du könntest. „Oh, da ist er oder sie wieder!“ Und dann unterbrichst du die Kooperation. Unterbrich sie einfach. „Genug! Ich sehe dich, aber ich gehe keine Kompromisse mehr mit den Emotionen ein, die du mir aufzwingen willst.“

Nächste Woche werden wir über die Kultivierung des Lichtkörpers sprechen. Dies wird ein weiterer Weg sein, um über den Emotionalkörper hinauszugehen. Diese Woche war also in gewisser Weise eine Vorbereitung. Nächste Woche werden wir mit der Kultivierung des Lichtkörpers einen Schritt weiter gehen.

Ich freue mich schon darauf! Wir sehen uns in einer Woche bei unserem nächsten Treffen – und wann immer du mich kontaktierst.

Ich bin Althar, der Kristall-Drache. Ich danke euch.

*

Joachim: Ein oder zwei von euch sind noch irgendwo weit weg…

Althar sagte, er würde drei von euch auswählen, um eine dreiminütige Rede über die höchste Weisheit zu halten, aber das war nicht ernst gemeint, es sei denn, jemand besteht darauf und sagt: „Gib mir diese drei Minuten!“ Wenn du das möchtest, dann vergiss nicht, deine Stummschaltung aufzuheben. Entweder tust du das oder du bist der Weise, der sagt, dass die höchste Weisheit bedeutet, überhaupt nicht zu reden! Oder vielleicht beides! Du kannst reden, ohne etwas zu sagen. Das passiert auch immer wieder.

Teilnehmer 1: Meine Frau sagt mir das oft!

Joachim: Ups!

Hat jemand Anmerkungen oder Fragen, die er teilen möchte? Haltet euch nicht zurück.

Teilnehmer 2: Nun, ich möchte heute Abend etwas beitragen. Ich befinde mich hier in einer sehr interessanten Konstellation. Ich bin im Haus meiner Freundin, die sich in den letzten Zügen dieser irdischen Erfahrung befindet.

Es ist wie ein Zirkus, viel mehr kann ich dazu nicht sagen.

Ich habe viertelstundenweise das Gewahrsein kultiviert, und ich muss sagen, es hat mir enorm geholfen, mich immer wieder daran zu erinnern, auszusteigen und einfach in der beobachtenden Position zu sein, anstatt in diesen Tornado von Emotionen und Forderungen und so weiter zu geraten. Also, ich drücke einfach meine Dankbarkeit für diesen Kurs mit allen aus, vielen Dank.

Joachim: Und weißt du, es kann wirklich eine große Hilfe für diejenigen sein, die gehen, einfach bei ihnen zu sein, ohne viel zu reden. Einfach in der Stille sein, die Stille zu teilen. Typischerweise wird derjenige, der stirbt, von denen, die trauern, zurückgehalten. Aber der Sterbende muss sowieso gehen, also ist das Trauern nicht allzu hilfreich. Wenn es aber dann jemanden gibt, der klar ist, und – falls der Sterbende dafür offen ist – der sagen kann: „Nun, wenn du das möchtest, kann ich bei dir sein, auch nachdem du gegangen bist. Denn im Geiste wirst du noch da sein und wir können uns gegenseitig spüren“, dann kann das eine enorme Hilfe sein.

Aber natürlich musst du abwägen, ob du darüber sprechen kannst. Auch für all die anderen „Begleiter“ kann es leichter werden, wenn sie spüren, dass da jemand ist, der nicht in den Drama-Modus verfällt und einfach die Tatsachen des Lebens akzeptiert.

Teilnehmer 2: Ja, das wird es. Es ist ganz erstaunlich, denn wir machen auch Nachtschichten und als ich an der Reihe war, habe ich mich nach meiner Schicht hingelegt. Ich wollte schlafen gehen, weil mein Körper müde war, aber ich konnte nicht. Und da ist sie dann in meinem Geist aufgetaucht und hat gesagt: „Zeig mir mal, wie das geht, komm, nimm meine Hand und zeig es mir.“ Also ging ich einfach wieder zu ihr und machte eine weitere Schicht. Ich saß einfach bei ihr, und sie war so friedlich. Es war wirklich erstaunlich, und alle Leute, die kommen, fühlen das. Sie wissen nicht, was es ist, aber sie fühlen es.

Joachim: Und es ist die einfachste Sache der Welt: einfach nur sein. Das ist vollkommen natürlich. Ja, das ist ein enormer Segen. Der Sterbeprozess ist auch eine Zeit, wo viele Menschen empfänglich sind. Nun, natürlich nicht alle, aber einige schon. Sie fühlen: „Oh, hier ist eine große Veränderung im Gange." Die meisten Menschen werden nicht allzu oft mit dem Tod konfrontiert, aber wenn sie selbst im Sterben liegen, erkennen sie, dass es einen anderen Weg gibt, an das Leben heranzugehen – selbst wenn man im Sterben liegt, kann man das Leben irgendwie angehen. Und es gibt große Lektionen, die man lernen kann, mit allen Beteiligten. Sterben ist immer eine Zäsur und auch eine Chance für einen Wendepunkt.

Teilnehmer 2: Danke.

Teilnehmer 1: Erzähle mir noch einmal von der Drei-Minuten-Aufgabe oder der Drei-Minuten-Einladung?

Joachim: Das war, um die Funktionsweise des Emotionalkörpers spürbar zu machen. Ich sagte, dass drei von euch ausgewählt werden, um eine dreiminütige Rede über eure höchste Weisheit zu halten. Und dann solltet ihr schauen, was in euch auf der emotionalen Ebene hochkommt.

Teilnehmer 1: Okay, darf ich?

Joachim: Klar, fang an. Oh, warte. Lass mich erst meine Stoppuhr starten. Jetzt bist du dran! Drei Minuten!

(*Gelächter*)

Teilnehmer 1: Übrigens, ich entschuldige mich, dass ich zu spät dran bin. Ich habe die Zeitzonenumstellung nicht mitbekommen. Ich habe es verpasst.

Joachim: (*kichert*) Das war die erste Minute!

Teilnehmer 1: Ich spiele jetzt freudig und dankbar in diesem Körper, auf eine Art und Weise, die in diesem ganzen Leben bisher ganz anders war. Ich erfreue mich daran, diese wunderbare, erstaunliche, alberne, verrückte Welt geschehen zu sehen. Ich habe die Fähigkeit entwickelt, die Idee zu verstehen und zu fühlen, dass es eine neue Welt gibt, neue Erden, die verfügbar sind. Und ich bin in der Lage, dorthin zu gehen, wenn ich es wähle, zu den neuen Erden. Ich erkenne die Anmut und Leichtigkeit des Erschaffens, der Intention, die sofort mein Zuhause wird – oder was auch immer ich wähle hervorzubringen. Ich verstehe die Möglichkeit dessen, ich verstehe die Logik, ich verstehe die Selbstverständlichkeit, wie es augenblicklich geschieht, wie Energie in mir zusammenkommt, um mein Was-auch-immer zu werden. Ich bin frei von jeglicher Agenda über die Liebe. Ich liebe, also, hallo, ich liebe dich, und es ist einfach, und es ist der einzige Weg zu gehen. Das war's.

Joachim: Danke!

Teilnehmer 1: Die einzigen Dinge, die für mich emotional hochkamen, waren einfach die Aufregung, die Begeisterung oder die Freude. Ich fühle es auf neuen Ebenen. Also, gern geschehen – und danke. Ich fühle es auf neuen Ebenen, die sich schon seit einiger Zeit entwickelt haben und in der letzten Woche oder so klarer artikuliert wurden. Ich denke, dass meine Erfahrung mit uns einen Beitrag dazu leistet.

Joachim: Danke sehr!

Teilnehmer 1: Gern geschehen, vielen Dank.

Joachim: Ich habe eine Frage. Gibt es jemanden, der irgendwelche spezifischen... Erwartungen ist der falsche Begriff... Wünsche für dieses Programm hat? Etwas, das ihr euch konkret davon erhofft? Oder seid ihr alle so offen, dass ihr einfach sehen werdet, was kommt?

Teilnehmer 2: Ich denke, das ist das Beste.

Joachim: Ja, es ist sicher am besten, offen zu sein, aber manchmal spürt man etwas in sich, das man nicht so richtig greifen kann, und vielleicht könnten wir es ansprechen – oder vielleicht auch nicht. Ich bin nur neugierig.

Teilnehmer 1: Es gibt da etwas, das ich teilen kann.

Joachim: Klar!

Teilnehmer 1: Was mich motiviert hat, mitzumachen, war, dass ich die ersten fünf Althar-Bücher gelesen habe. Das ist das Einzige, was ich jemals so der Reihe nach gemacht habe, und sobald ich das fünfte Buch weggelegt hatte, habe ich das erste wieder in die Hand genommen und alle fünf noch einmal durchgelesen. Als ich ein junger Bursche war, ein paar Wochen bevor ich mich fast umgebracht hätte, war meine Frage, wie das alles funktioniert. Und ich hatte das Gefühl, dass es in diesen fünf Bänden klarer formuliert wurde als alles, was ich je erlebt hatte, und ich beschloss, dass ich nie wieder etwas anderes lesen müsste! Und ich habe mich geirrt.

Bei diesem Programm ging es für mich einfach darum, meine Erfahrung zu vertiefen, wie das alles funktioniert, nicht nur ein Teil davon zu sein – das war ein Bonus – ich wollte einfach nur wissen, wie.

Joachim: Ja, und es geht tatsächlich darum, es zum Leben zu erwecken. Es ist eine Sache, das Verständnis zu haben. Ich denke, das ist die Voraussetzung, um die meisten Dinge loslassen zu können, aber dann muss man es auch *erleben*. Ansonsten ist es nur eine weitere, ich würde nicht sagen Theorie – vielleicht ist es mehr als eine Theorie –, aber es ist da oben im Mentalen und nicht wirklich real. Das ist es, worum es bei diesem Programm geht, die Weisheit zum Leben zu erwecken und sie durch eigenes Erleben zu bestätigen.

Teilnehmer 1: Ja. Das Bauchgefühl ist mein Kriterium. Ich wusste das beim ersten Buch, „Althar – Der Kristall-Drache", schon im ersten Kapitel oder so. Ich war berührt.

Teilnehmer 2: Für mich ist es immer noch ein Paradoxon... in dieser Realität zu funktionieren, besonders durch diese Erfahrung, die ich für mich selbst geschaffen habe. Es wird immer mehr zu einem Paradoxon. Aber wie werde ich von nun an funktionieren, wissend um diese Weite und gleichzeitig in ihr seiend? Das könnte eine Frage sein, mit der ich gerne spielen würde.

Joachim: Die Antwort ist „spielerisch". Aber wie kommt man dahin? (*lacht*) Spielerisch existieren.

Teilnehmer 3: Ich mache das jetzt seit elf Monaten, habe alle Bücher wieder und wieder gelesen und ich bewege mich immer noch in meinem emotionalen Körper mit der Erwartung, dass ich diese Stufe erreiche, über die Althar in den Büchern spricht, diese –

ich weiß nicht, was er sagt – erweiterten Sinne, wie jenseits der menschlichen Sinne, aber sie nicht als Ziel anzustreben. Ich habe das irgendwie verstanden, aber es war schwierig, nicht einfach andere Ideen zu haben. Die Ärzte sagen, dass ich ein Glaukom habe und ich merke, dass ich manchmal die Lichtkörperübung mache und ich merke, dass ein Teil von mir meine Augen testet, ob ich immer noch nicht so gut sehe oder so. Also schätze ich, dass ich diese Erwartungen habe. Nicht sehr oft, aber sie tauchen auf. Ich weiß nicht, ob du das ansprechen willst oder nicht.

Joachim: Das ist völlig normal. Ich würde sagen, du belügst dich selbst, wenn du sagst, du würdest nicht irgendetwas erwarten. Manchmal will man sich selbst bestätigen, indem man irgendwelche „magischen Licht-Heilungen“ macht. Funktioniert es oder nicht? Jeder versucht so etwas. Aber in dem Moment, in dem du es erkennst, lass es los. Es bringt dich nicht weiter oder schneller zu dem Punkt, an dem Heilung geschehen könnte.

Sei in jedem Fall ehrlich zu dir selbst. Wenn du merkst: „Oh, da ist dieser Teil von mir, der beweisen will, dass ich recht habe oder falsch liege oder nicht gut genug bin...“ In dem Moment, in dem du es bemerkst, höre auf, Kompromisse einzugehen! Kooperiere nicht mehr damit und gehe zurück zu den Grundlagen. Aber leugne nicht, dass diese Stimmen da sind und dass du es versucht hast. Ich denke, das ist absolut normal, insbesondere, wenn man wie du eine Krankheit hat. Immer, immer hast du gelernt, dass du etwas tun musst, um etwas zu bekommen und dann überprüfst du, ob du es schon hast oder nicht.

Aber sobald du merkst, dass du diesen Denkmustern folgst, lass sie los. Dann geht alles viel schneller.

Teilnehmer 3: Danke.

Teilnehmer 4: Ich frage mich, ob das noch jemand gefühlt hat. Nach der ersten Zusammenkunft mit Althar, in der ich war, nicht in dieser Serie, aber ein paar Wochen zuvor, hatte ich das Gefühl: Es ist vorbei, das Spiel ist aus. Ergibt das einen Sinn?

Joachim: Ja, absolut.

Teilnehmer 4: Hat noch jemand dieses Gefühl? Und jetzt muss ich mich entscheiden, wie ich spielen will.

Joachim: Game over, aber das Spiel geht weiter!

Teilnehmer 4: Der Traum. Hat sich noch jemand so gefühlt, als ob man tatsächlich eine Wahl hätte?

(Gelächter)

Cool, cool, es geht nicht nur mir so.

Joachim: Es ist immer wichtig, ehrlich zu sich selbst zu sein und sich keine neuen Illusionen zu erschaffen. Es ist ein besonderer Zustand, in dem du einfach weißt, dass du weißt. Wenn du dann in die menschliche Perspektive zurückkehrst, ist es aber nicht so einfach, wie man es gerne hätte. Allerdings wird es allmählich einfacher. Besonders dann, wenn man dabei nicht ungeduldig auf die Uhr oder den Kalender starrt. Ohne jegliches Drängen wird es einfacher.

Im physischen Daseinsbereich gibt es eine große Zeitverzögerung, eine Latenz. Die Dinge reflektieren dich, aber es dauert eine Weile, bis sie das tun, denn hier ist alles *so* langsam. Dessen muss man sich bewusst sein, dann kann man das Spiel fortsetzen.

Ich sage immer: Der einfachste Weg, deine Realität zu verändern, ist, das zu verändern, was du *in dir* selbst erschaffst. Wie bewertest du das, was zu dir kommt? Denn es sind die von dir erzeugten Gefühle, die dein Leben bestimmen.

Wenn du Meister deiner Gefühle bist, dann ist es ganz egal, was im Außen vor sich geht. Auf der anderen Seite, je mehr du dich befreist, desto mehr wird dir auch deine Freiheit gespiegelt und es wird noch einfacher. Es ist also das Gegenteil eines Teufelskreises! Es geht aufwärts und aufwärts, es wird leichter und leichter.

Auf der anderen Seite, wenn du depressiv wirst, wird auch das gespiegelt und es wird von Tag zu Tag schwieriger. Das ist die Mechanik der Trennung!

Teilnehmer 4: Das ist großartig! Dankeschön! Danke an alle.

Teilnehmer 1: Klingt eher nach einem Torus als nach etwas anderem.

Ich lese gerade zwei Freunden von mir, eigentlich Kunden, aus „Der Neue Magier vor". Wir lesen jeden Sonntagmorgen am Telefon und wir haben gerade Kapitel 9 beendet. Althar spricht von Blaupausen – und das war's. Für mich ist das wie, wow, lass mich meine Mindmaps herausholen, lass mich eine Blaupause erstellen, vorausgesetzt ich bin im Zustand des vollen Bewusstseins und des verkörperten Aufstiegs. Okay, wie sieht mein Leben aus? Und so war ich in der Lage, dir die Antwort zu geben, die ich dir vorhin gegeben habe, weil ich in den letzten Tagen eine Mindmap dazu gemacht habe. Das Wort Blaupause. Okay, ich kann eine Blaupause machen. Mein männliches Gehirn kann eine Blaupause machen.

Joachim: Um hier präzise zu sein, du möchtest eine Blaupause haben, um innerhalb der Trennung zu funktionieren, innerhalb dieses Traums. Du willst keine Blaupause für die Existenz *jenseits* der Trennung, denn dann bist du jenseits aller Blaupausen. Aber um das Paradoxon zu leben, brauchst du eine neue Blaupause. Jeder glaubt an die Realität seines Körpers, seines emotionalen Zustands, seines Verstands und an die Realität dessen, was er versteht, an seine Konzepte. Aber das ist *so* von gestern.

Wir brauchen eine Blaupause, die uns erlaubt, darüber hinaus zu gehen. Diese wird im Laufe des Weges erstellt und deshalb betont Althar – und das spüre ich so stark – immer wieder: *Es geht nicht nur um dich!*

Je weiter wir uns hier bewegen, je mehr wir uns dafür öffnen, desto einfacher wird es für alle anderen, denn es wird eine neue Blaupause geschaffen. Wenn ein „Neuling“ in Resonanz mit etwas gehen kann, das bereits existiert, dann macht es seine Entwicklung offensichtlich einfacher. Es ist wie beim Lernen von Mathematik. Vor zweitausend Jahren fummelten die Griechen noch mit Kreisen und Dreiecken herum. Heute lernt man das in der Grundschule. Aber damals war Geometrie eine große Herausforderung. Es ist viel einfacher, etwas zu lernen, das schon bekannt ist, als es selbst zu entdecken.

Das gleiche Prinzip haben wir hier. Wenn es, sagen wir, „Standards“ gibt, die es realisiert haben, eine Art Vorbilder, dann ist es viel einfacher für andere, diese Rolle ebenfalls zu spielen und sogar darüber hinaus zu gehen. Und das ist es, was wir tun. Also, Althar betont auch, dass es eigentlich nicht wirklich wichtig ist, ob du in diesem Leben ein voll verkörpertes, aufgestiegenes Wesen wirst. Es wäre großartig für dich, aber es ist nicht der Punkt. Es ist wirklich nicht der Punkt. Es geht um Momente der Erleuchtung. Und das ist eine große Erleichterung. Es ist sowieso ein großes Abenteuer, und, na ja, wenn du auscheckst, bevor du den verkörperten Aufstieg vollständig realisiert hast, kannst du dich immer noch in Soheit verbinden. Es mag ein bisschen anders sein, aber nicht *so* anders.

Teilnehmer 5: Wenn das Spiel vorbei ist und du das Gefühl hast, losgelassen zu haben, gibt es immer noch diesen Raum, den ich als eine Art Leere erlebe, wo die neue Blaupause noch nicht angekommen ist und wir sie erschaffen, während wir voranschreiten. Aber es fühlt sich auch ein bisschen – ich weiß nicht – verwirrt an und du weißt nicht, wer du bist. Es gibt keine Identität. Ich würde mich gerne in diesem Raum verbinden. Ich finde es manchmal schwierig, in meinem Nicht-Menschsein zu sein – oder wie ich dort nennen soll – und wie ich dann aus diesem Zustand der Identitätslosigkeit heraus funktioniere und mich von diesem Ort aus weiterbewege.

Joachim: Ich würde sagen, ich kenne diesen Ort sehr gut – um nicht zu sagen seit Jahrzehnten; das Eintreten in diese Schwärze, nennen wir es „Nichts“. Es war nicht wirklich beängstigend für mich. Nicht wirklich, niemals. Aber, ich fühle, dass es eine Zwischenzone ist. Es ist nicht wie diese Realität und es ist nicht wie das Darüberhinaus, es ist irgendwo dazwischen. Auf jeden Fall war es immer sehr entspannend, in diesem Zustand zu sein. Es passiert nicht viel, du bist einfach nur da. Der physische Körper kann sich wirklich entspannen und verjüngen, während du in diesem Zustand bist. Aber auch hier gibt es keine Möglichkeit, das „Voranschreiten" zu erzwingen. Denn falls du das versuchst, erschaffst du nur etwas anderes, einen neuen Spiegel. Das kann in gewisser Weise eine neue Erfahrung werden, aber es ist sicher nicht der Weg über die Trennung hinaus.

Was hat sich in meinem Fall getan? Ich finde mich dort nicht mehr sehr oft wieder. Dieser Zustand ist für mich verfügbar, aber ich lande einfach nicht mehr dort. Ich weiß nicht wirklich, warum. Etwas hat sich verändert, und jetzt bin ich im entgegengesetzten Zustand. Es ist nicht dunkel, es ist absolut hell. In gewisser Weise ist es dasselbe, es gibt nicht viel wahrzunehmen, es ist nur Helligkeit, aber es ist total voll. Es ist das Gegenteil von Abwesenheit, es ist absolute Fülle.

Nun, beides sind interessante Zustände, aber ich würde sagen, die Fülle bezieht sich mehr auf die wahre Realität und die Abwesenheit ist mehr die Zwischenzone, in der das Bewusstsein, das immer noch mit der Körperlichkeit verwoben ist, erkennt: „Oh, ich existiere immer noch, obwohl es nichts gibt, was mich als Subjekt bestätigt." Das ist ein merkwürdiger Zustand.

Wenn du keine persönlichen Absichten verfolgst, wird es sich früher oder später ändern. Wenn nicht, dann eben nicht!

Das Wichtigste ist, nicht den Wunsch zu kultivieren, an einem anderen Ort zu sein, als du gerade bist, ganz gleich, wo das ist – und sei es in der Leere. Du wünschst dir nicht, irgendwo anders hinzugehen. Du kannst aufhören, dich mit den Wünschen zu beschäftigen oder Kompromisse mit ihnen einzugehen. Das bringt dich in einen anderen Zustand oder Daseinsbereich. Aber es ist nicht so, dass du dich in irgendeiner Weise dorthin bewegst. Es ist durch das Nicht-Tun, durch das Nicht-Wollen, dass du dort ankommst.

Es ist ein Zurückkommen in den natürlichen Zustand. Ich wiederhole es immer und immer wieder. Es ist der Moment, in dem die Dinge einfach an ihren Platz fallen und sogar die Fragen und Antworten verschwinden, denn sie spielen keine Rolle mehr.

Teilnehmer 2: Ich nenne es die Leere.

Joachim: Ja, das ist der gängige Begriff und die meisten Menschen, die mit echter Meditation beginnen, erleben das. Ein einziger Moment ohne Reflexion und sie sind so geschockt, dass sie weglaufen. „Ich muss mich ablenken, damit ich eine Spiegelung von mir habe. Dann weiß ich wieder, dass ich noch existiere! Mit Meditation will ich nie wieder etwas zu tun haben."

Oder eine häufige Phrase ist: „Bei mir hat es nicht funktioniert. Ich habe es versucht, aber es hat bei mir nicht funktioniert." Klar, es funktioniert nicht, es gibt nichts, was „funktionieren könnte!"

Gut. Danke, dass ihr hier wart – bis nächste Woche!

3. Grundlagen der Kultivierung des Lichtkörpers

Lass uns mit der Kultivierung des Gewahrseins beginnen. Wie immer wiederhole ich das Wesentliche dieser Nicht-Praxis, denn es ist von größter Wichtigkeit, dass du die Essenz davon wirklich verstehst.

Nimm zunächst eine königliche Haltung ein! Du sitzt aufrecht. Eine gute Hilfe dafür ist, sich vorzustellen, dass ein Faden an deinem Scheitel befestigt ist und dich nach oben zieht. Du wirst nach oben gezogen, so dass sich dein ganzer Oberkörper streckt. Die Wirbelsäule streckt sich, der Nacken streckt sich.

Wenn du vom Scheitel aus nach oben gezogen wirst, dann geht dein Kinn automatisch ein bisschen nach innen, was den Nacken streckt und einen guten Energiefluss ermöglicht. Auch kannst du, wenn du dich streckst, alles andere entlang dieser Streckung entspannen und fallen lassen. Du kannst deine Schultern fallen lassen, auch deinen Bauch. Übergib all das einfach der Schwerkraft.

Wenn du in einer völlig aufrechten Haltung bist, benötigst du keine Muskelkraft, um sie zu halten. Du kannst für eine Ewigkeit einfach aufrecht sitzen! Diese königliche Haltung ist also auch sehr bequem und somit ideal, um das Gewahrsein zu kultivieren.

Die Augen sind zu drei Vierteln geschlossen, der Blick ist etwa fünfundvierzig Grad nach unten gerichtet, ohne dass du dich auf etwas konzentrierst. Die Energie des Blicks geht nach innen.

Deine Finger sind geschlossen. Es ist gut, eine Hand in die andere zu legen, denn dadurch erzeugst du einen geschlossenen Energiekreislauf.

Der Mund ist geschlossen. Die Zunge berührt die Rückseite deiner oberen Zähne. Du atmest durch die Nase ein und aus.

Ich wiederhole, dass wir mit der Kultivierung des Gewahrseins nichts Bestimmtes erreichen wollen, wie beispielsweise einen tiefen Zustand der Entspannung – und noch nicht einmal einen tiefen Zustand des Gewahrseins, nein. Es geht nur darum, sich des Moments gewahr zu sein. Du kommst lediglich in deinen natürlichen Zustand zurück. Abhängig von deiner Tagesform kann das an einem Tag sehr leicht und an einem anderen Tag sehr schwer sein. Aber das sollte dich nicht kümmern! Du beobachtest das einfach, und was auch immer in dir passiert, was auch immer du fühlst, du nimmst es einfach zur Kenntnis. Du beurteilst es nicht, du lässt dich nicht auf einen inneren Film ein, nein. Wessen auch immer du dir gewahr wirst, du lässt es einfach los, augenblicklich. Gut.

Werde dir nun deiner Füße gewahr. Richte dein Gewahrsein auf deine beiden Füße.

Während du das tust, kommt dein Atem weiterhin ganz natürlich.

Schließe nun deine beiden Beine in ihrer Gesamtheit in dein Gewahrsein ein.

Spüre nun, wie dein Körpergewicht auf dein Gesäß drückt.

Werde dir deiner beiden Hände gewahr.

Wenn du dir deiner Hände gewahr wirst, merkst du, wie sie sich entspannen. Wie sie aufhören, an irgendetwas festzuhalten.

Werde dir deiner Unterarme gewahr.

Und jetzt beziehe deinen Bauch mit ein. Spüre, wie er sich beim Atmen bewegt.

Spüre nun dein Zwerchfell. Beobachte es einfach. Es ist oft schwierig, die Atemmuskulatur, das Zwerchfell und alles, was mit der Atmung zusammenhängt, wirklich zu entspannen. Atmen bedeutet leben. Die meisten Menschen haben Angst vor dem Leben, deshalb haben sie in ihrer Atmung an vielen Stellen Blockaden. Wenn du dein Gewahrsein in diese Stellen legst, können sie sich entspannen. Die Blockaden schmelzen weg. Die Atmung wird natürlich und frei. Die Energie fließt, die Vitalität kommt zurück. All das hängt mit der Atmung zusammen.

Noch einmal, strecke deine Wirbelsäule, denn auch wenn du es am Anfang getan hast, wirst du feststellen, dass sich deine Körperhaltung inzwischen verändert hat. Sie ändert sich ständig. Mit jedem Atemzug ändert sich deine Haltung. Du neigst dazu, die etwas gebeugte Körperhaltung einzunehmen, die du den ganzen Tag über hast, also komm zurück in diese königliche Körperhaltung, in diese aufrechte Haltung, in die Haltung der Klarheit.

Spüre nun deine Herzregion. Das Herz ist ein Wunder. Es schlägt weiter und weiter und weiter. Niemand weiß wirklich, warum es schlägt oder warum es mit dem Schlagen angefangen hat. Wenn du dir deines Herzens gewahr wirst, kannst du es schlagen spüren. Vielleicht spürst du sogar das Blut in deinen Ohren rauschen. Und wenn du dir deiner Brustregion gewahr wirst, dann reagiert sogar das Herz. Es beruhigt sich.

Werde dir nun deiner Schultern gewahr.

Deiner Kehle.

Deiner Lippen.

Stelle dir vor, wie du zu einem kleinen Punkt des Gewahrseins wirst und um deine Lippen herumgehst, einmal ganz herum. Spüre dabei all die winzigen Muskel, die mit deinen Lippen verbunden sind. Spüre, wie diese Muskeln auf deine Emotionen reagieren, wie sie deine Emotionen ausdrücken und nach außen spiegeln.

Fühle nun speziell die Haut im Bereich unterhalb deiner Nase und oberhalb deiner Oberlippe. Das ist eine hochsensible Region. Du kannst hier mit deinem Gewahrsein hereinzoomen und auch den feinsten Atemzug wahrnehmen.

Spüre nun die Spitze deiner Nase.

Spüre nun deine Augen. Sie sind nicht geschlossen, sondern ein wenig geöffnet. Es ist so viel einfacher, gewahr zu bleiben, wach zu bleiben, wenn die Augen ein wenig geöffnet sind.

Fühle jetzt deine Ohren, beide Ohren.

Gehe mit deinem Gewahrsein von deinen Ohren in das Innere deines Schädels. Platziere dein Gewahrsein dort.

Spüre nun die Haut deines Kopfes, deine Stirn und deinen Scheitel.

Die menschliche Sprache ist eine sehr heikle Angelegenheit. Wir müssen Ausdrücke verwenden wie: „Platziere dein Gewahrsein hier oder dort" und es erweckt den Eindruck, dass du etwas nimmst und es dorthin bringst. Oder als ob du dich auf etwas fokussierst, indem du ein Vergrößerungsglas auf einen bestimmten Punkt oder Bereich deines Körpers hältst.

Aber im Grunde genommen ist das Gewahrsein immer schon da.

Das ist so ähnlich, als würdest du auf festem Boden stehen und nach Wasser suchen. Du fängst an, im Boden zu graben, und dann plötzlich, wenn du tief genug gegraben hast, sammelt sich Wasser in dem Loch. Das Wasser war also die ganze Zeit da, es war überall, du konntest es nur nicht sehen.

Genauso ist es mit dem Gewahrsein. Das Gewahrsein ist überall, aber du realisierst es nicht, weil du dich normalerweise auf sehr wenige Sinneseindrücke fokussierst. Wenn ich also sage: „Werde dir deiner Füße gewahr" –, nun, werde dir einfach des Gewahrseins gewahr, das bereits in deinen Füßen ist. Das Gewahrsein ist überall!

Es ist die Trennung, die einen glauben lässt, dass es eine Grenze um einen herum gibt und deshalb wird auch unterstellt, dass das Gewahrsein begrenzt ist.

Werde dir nun deines Blutes gewahr, überall in deinem Körper. Spüre, wie es durch deine Venen, durch deine Arterien und durch dein Herz pumpt.

Werde dir dieses Fließens, des Drucks, des Pumpens, der ganzen Bewegung in dir gewahr.

Interessanterweise bewegt sich dein Blut pausenlos, doch dein Gewahrsein bewegt sich nicht. Es bewegt sich überhaupt nicht. Man könnte also sagen, das Blut bewegt sich innerhalb deines Gewahrseins.

Nun dehne dein Gewahrsein über deinen Körper hinaus aus, etwa um 20, 30 oder 40 cm. Schließe diesen Bereich mit in dein Gewahrsein ein.

Dein Gewahrsein beinhaltet jetzt deinen ganzen Körper und geht auch noch über ihn hinaus. Irgendwann fühlt es sich so an, als ob dein Körper in gewisser Weise von deinem Gewahrsein „gehalten" wird. Es ist so, als würde dein Körper darin schweben.

Du spürst vielleicht einen Unterschied zwischen deinem Gewahrsein, das leicht ist, ohne jegliches Gewicht, und deinem Körper, der sehr dicht ist. Die Schwerkraft zieht ständig an ihm und die Muskeln sind aktiv, um den Körper aufrecht zu halten.

Aber dein Gewahrsein ist einfach nur da, ohne jede Anstrengung.

Halte jetzt dieses Gewahrsein. Ich werde für ein paar Minuten still sein. Wann immer du dich währenddessen abgelenkt fühlst von Gedanken, Reizen,

Geräuschen, Emotionen, Gefühlen... wann immer du das bemerkst, komm einfach zurück. Komm einfach zurück in das reine Gewahrsein.

Dies ist wirklich ein Zurückkommen zum natürlichen Zustand auf der Ebene des Körpers. Einfach sein, präsent sein, verfügbar sein.

*

Gut, wir werden jetzt den Althar-Titelsong spielen und Althar hereinholen. Dann werden wir einige Erfahrungen mit den Grundlagen der Lichtkörperübung machen.

(*Musik spielt*)

*

Ich bin Althar, der Kristall-Drache.

Es ist mir wieder eine große Freude, mit euch für dieses dritte Treffen des „Althar Intense Online“-Programms zusammenzukommen.

Heute komme ich nicht allein, sondern ein ganzer Drachenschwarm begleitet mich, was Joachim ein wenig überwältigt hat! Ich entschuldige mich dafür, aber wie dem auch sei, hier sind wir! Ein ganzer Schwarm von Drachen, und tatsächlich gehören diese Drachen zu euch. Für jeden von euch ist einer dabei. Eure Drachen sind heute mit dabei, um uns beim Besprechen des „Kultivierens des Lichtkörpers“ zu unterstützen. Ich sage immer, dass das Kultivieren des Lichtkörpers der höchsten Weisheit entspringt, der du in deinem menschlichen Leben begegnen kannst, der höchsten Weisheit. Denn sie erklärt das „Warum“ der Trennung, das „Wie“ der Trennung und auch, wie man über die Trennung hinausgeht.

Leider gibt es immer, immer, immer ein Problem mit der höchsten Weisheit. Das ist schon seit Ewigkeiten so. *Die höchste Weisheit ist von Natur aus von äußerster Einfachheit und Schlichtheit, und gerade deshalb wird sie von den Menschen so leicht abgelehnt!*

Sie hören davon und nicken mit dem Kopf, aber sie erkennen ihre Tiefe nicht. Vielleicht befassen sie sich etwas damit, aber weil ihnen das wahre Verständnis fehlt, verwerfen sie sie und suchen weiter. Sie versuchen es dann mit dem Nächstbesten, das ihnen unterkommt, und so drehen sie sich letztlich nur im Kreis.

Genau aus diesem Grund musste in fast jeder Tradition ein Schüler oder Adept Jahrzehnte warten, bis er initiiert wurde. Über die Zeit musste er zeigen, dass er offen genug, willens und fähig war, die höchste Weisheit zu empfangen und anzunehmen – voller Vertrauen, voller innerer Gewissheit.

Das Wissen um die Kultivierung des Lichtkörpers fällt genau in diese Kategorie. Ich werde dir die Grundlagen in wenigen Sätzen erklären, aber dann liegt es an dir, die Tiefe dieser Weisheit zu erkennen und sie anzuwenden. Nur du kannst sie in dein Leben bringen und sie zu einer erlebten Realität machen.

Manchmal benutze ich den Begriff „Lichtkörperübung", denn dieser ist nicht so sperrig wie „Kultivierung des Lichtkörpers", aber auch, wenn es nach einer Übung klingt, so ist es doch keine! Absolut nicht.

Vielmehr ist es ein Zurückkommen zu deinem natürlichen Zustand! Und dein natürlicher Zustand ist alles andere als eine Inkarnation in menschlicher Form aus Fleisch und Knochen.

Es ist das Zurückkommen zu deinem natürlichen Zustand! Und das ist dein Geburtsrecht! Es ist dein Geburtsrecht. Du musst es dir nicht verdienen, aber du musst es anwenden.

Wir werden sehr langsam in die Essenz dieser Übung eintauchen, damit du die verschiedenen Details und Aspekte wirklich erleben kannst. Um die Erfahrung zu verstärken, spielen wir jetzt etwas Musik, denn die Musik ist immer ein gutes Hilfsmittel, um den Verstand loszulassen und tief, tief in die Gefühle einzutauchen.

(Musik spielt)

Verbinde dich jetzt mit deinem Drachenaspekt! Verlagere dazu einfach dein Gewahrsein. Dein Drache ist genau hier bei mir, man könnte sagen, in einer besonderen Dimension, außerhalb des menschlichen Massenbewusstseins, aber dennoch nah bei deinem menschlichen Aspekt.

Also, tue es einfach. Werde dir zunächst deines menschlichen Aspekts gewahr. Dann erweitere dein Gewahrsein auf deinen Drachenaspekt.

Du spürst vielleicht die Leichtigkeit deines Drachenaspekts, ähnlich wie du sie vorhin gespürt hast, als du dein Gewahrsein kultiviert hast. Dein Drachenaspekt kann jede Form annehmen, die dir gefällt. Er kann die typische Form eines Drachen annehmen, muss es aber nicht.

Nun schaue von deinem Drachenaspekt aus auf deinen menschlichen Aspekt. Da wir jenseits der Zeit sind, kannst du dein Leben wie in einem abgewickelten Filmstreifen vor dir sehen. Du kannst in diesem speziellen Zeitfaden, den dein Mensch ausagiert und erlebt hat, vor und zurück gehen.

Finde jetzt einen Moment in deinem Faden aus Zeit, in dem du dich entschieden hast, einen Spaziergang in der Natur zu machen.

Das war eine sehr einfache Entscheidung, kein großer Wendepunkt, nichts Besonderes. Aber *warum* hast du dich entschieden, diesen Spaziergang in der Natur zu machen? Was war die Motivation dafür?

Vielleicht wolltest du die frische Luft fühlen, die Sonne auf deiner Haut oder die Verbundenheit mit der Natur fühlen. Vielleicht wolltest du die Bewegung deines Körpers fühlen. Oder du wolltest das Gefühl haben, ganz allein zu sein, ohne die üblichen Kämpfe um dich herum.

Das entscheidende Wort hier ist „fühlen". Du hast dir gewünscht, bestimmte Gefühle zu erleben. Letztlich bist du zu diesem Spaziergang in der Natur aufgebrochen, weil du erwartet hast, dadurch bestimmte Gefühle zu fühlen. Tatsächlich ist das der Kerngrund, warum ein Mensch – und sogar jedes Wesen innerhalb der Trennung – überhaupt etwas tut:

Der Mensch will bestimmte Gefühle erleben!

Im Grunde genommen ist das der *einzige* Motivationsfaktor, denn letztlich trifft das sogar auf die Aktivitäten zu, die du nur durchführst, um dein nacktes Überleben sicherzustellen. Wenn du genau hinschaust, sind auch diese mit Gefühlen verbunden. Du willst den Atem in der Lunge fühlen, also atmest du. Du willst Wärme fühlen, denn sonst würdest du an Kälte sterben. Du willst das Gefühl haben zu leben. Auch das schlichte Überleben ist somit mit Gefühlen verbunden. Ja, es mag dabei einen besonders starken Motivationsdruck geben, weil du unbedingt überleben willst, aber am Ende sind es die Gefühle, die dich antreiben. Wenn es nicht um die Gefühle ginge, würdest du einfach sterben. Du würdest nicht einmal spüren, dass du atmen musst. Du würdest nicht merken, dass dein Körper zu kalt wird.

Die Menschen in der westlichen Hemisphäre müssen sich normalerweise nicht allzu sehr um ihr nacktes

Überleben kümmern. Meistens tun sie Dinge, weil sie sie tun *können* oder sie gehen davon aus, dass sie sie tun *müssen*. Aber es geht dabei immer, immer um die erwarteten Gefühle. Gefühle, die sie entweder am Ende der Aktivität hoffen zu erleben oder sie erleben sie bereits, während sie etwas tun.

Also, schau dir deinen Faden aus Zeit genau an. Er entfaltet sich vor dir. Schau dir all die Aktivitäten der, sagen wir, letzten Woche an. Was hat dich motiviert, etwas zu tun? Welche Gefühle hast du jeweils erwartet? Hättest du irgendetwas davon getan, wenn es nicht um das Erleben von Gefühlen gegangen wäre?

*

Ich sagte, dass der Drache eine Brücke im Bewusstsein ist und in unserer ersten Zusammenkunft konntest du das erfahren. Wir haben diese Brücke mit reinem Bewusstsein verbunden, wurden uns des reinen Bewusstseins gewahr, das du bist. Aus der menschlichen Perspektive ist auch das Erfahren des reinen Bewusstseins mit einem Gefühl verbunden. Dieses Gefühl bezeichne ich mit Glückseligkeit. Du kannst gerne eine andere Bezeichnung dafür wählen, aber für unsere Diskussion werde ich den Begriff Glückseligkeit verwenden. Unter Glückseligkeit verstehe ich die Kombination aller angenehmen Gefühle, die ein Mensch empfinden kann, beispielsweise Liebe, Schönheit, Klarheit, Sicherheit und was immer du als angenehm empfindest.

Es ist wie das weiße Licht, das alle Farben enthält. Das ist Glückseligkeit! Du kannst dich damit verbinden. Fühle sie genau jetzt, während du mit deinem

Drachenaspekt verbunden bist. Die Glückseligkeit ist einfach da.

Jetzt gehen wir zum anderen Ende des Spektrums. Werde dir wieder deines menschlichen Aspekts, deines menschlichen Körpers gewahr.

Wo sind diese angenehmen Gefühle? Wo ist die Glückseligkeit? Wo ist sie hin? An einem Ende des Spektrums fühlst du die absolute Leichtigkeit und die Glückseligkeit, und am anderen Ende die Dichte und die Abwesenheit von Glückseligkeit.

Dieser Effekt basiert auf einem sehr einfachen Prinzip: Wenn du in größere Dichten gehst, wird ein Teil der Glückseligkeit verschleiert. Das ist die Auswirkung der Dichte. Sie verschleiert Teile von dir, so dass du in gewisser Weise mit dem zurechtkommen musst, was übrig bleibt! Das also passiert beim Eintauchen in die Dichte – und der Mensch lebt in der äußersten Dichte.

In der Althar-Hauptserie haben wir darüber gesprochen, wie dieses Eintauchen in physische Materie vor sich ging. Unter anderem wurde eine Kompression von einer Gruppe namens Uru durchgeführt. Und die Kompression war notwendig, denn Bewusstsein und Materie passen nicht wirklich gut zusammen. Daher musstest du in den Glauben versetzt werden: „Ich bin ein Körper!“, und deshalb war unter anderem diese extreme Kompression notwendig.

Um die Intensität der Kompression zu veranschaulichen, habe ich die Metapher einer umgekehrten Atomexplosion benutzt. Jeder von euch hat Aufzeichnungen von Atomexplosionen und die daraus resultierenden Atompilze gesehen. Eine solche Explosion ist ein gewaltiges, gigantisches Energiephänomen. Nun stell dir die Energie vor, die du benötigst, wenn du eine solche Explosion umkehren willst. Du willst den Atompilz nehmen und ihn dorthin zurück komprimieren, wo er herkommt. Und dann führe diesen Prozess mehrere Male durch. Nicht nur einmal, sondern ein paar Mal, eine ganze Serie davon. Das beschreibt in etwa, was nötig war, damit du vom reinen Bewusstsein in die Dichte des menschlichen Bereichs gelangen konntest. Und als du komprimiert wurdest, wurde mit der zunehmenden Dichte auch die Verschleierung immer extremer.

Die Menschen sind vielleicht die einzigen Wesen in der ganzen Schöpfung, die mehr oder weniger völlig vergessen haben, woher sie kommen – und zwar genau wegen der Verschleierung, die aus der Verdichtung resultiert. Ein gewöhnlicher Mensch befindet sich in so großer Dichte, er ist so sehr verschleiert, dass sein wahres Selbst, das reine Bewusstsein, einfach aus seinem Blickfeld verschwunden ist. Er kann es nicht mehr fühlen.

Aber in diesem Augenblick bist du mit deinem Drachenaspekt verbunden. Du hast Leben auf Leben auf Leben gelebt und du weißt, was es bedeutet, nicht zu wissen, woher du kommst. Ja, zwar hattest du diese spontanen Erinnerungen, aber du hattest keinen Beweis für ihre Richtigkeit, keine direkten Erfahrungen. Aber jetzt bist du hier! Du kannst eine Brücke vom reinen Bewusstsein zu deinem Menschsein schlagen, von Lichtheit zur äußersten Dichte.

Aber was passiert ganz generell, wenn du dich plötzlich in einer solch extremen Dichte wiederfindest? Zwar hast du vergessen, woher du gekommen bist, aber dennoch spürst du den Mangel an Glückseligkeit. Ganz allgemein fühlst du den Mangel an bestimmten Gefühlen! Sie sind einfach nicht da! Was tust du also? Was tust du?

Du versuchst, sie zu kompensieren. Aber da du inmitten der Trennung bist, glaubst du fest daran, ein Körper zu sein. Du glaubst, dass die Trennung real ist. Also, welches Gefühl auch immer du vermisst, du suchst es außerhalb von dir. Du versuchst, bestimmte Umstände im Außen herbeizuführen, so dass sie dann in dir ein bestimmtes Gefühl auslösen. So denkt ein Wesen, das die Trennung für real hält: „Ich fühle etwas... Oh, das wurde von außen ausgelöst! Es gab einen äußeren Stimulus für das Gefühl."

Du hörst Musik und sagst: „Oh, die Musik ist schön.“ Du siehst einen Sonnenuntergang und sagst: „Der Sonnenuntergang ist schön.“ Aber es ist nicht das Objekt oder das Phänomen, das schön ist. Das ist lediglich eine Interpretation deines Geistes! Die Musik und der Sonnenuntergang sind Erinnerungen an die Schönheit, die immer schon da ist. Erinnerungen!

Das ist auch der Grund, warum verschiedene Menschen unterschiedlich auf bestimmte Kunstwerke reagieren. Manche sagen, dass bestimmte Musik schön ist und andere mögen sie einfach nicht. *Aber wie könnte das sein, wenn das Objekt an sich Schönheit wäre?*

Aber wenn diese Menschen trotz unterschiedlicher Geschmäcker Schönheit in ihrem Inneren fühlen, dann fühlen sie dieselbe Schönheit. Es ist dieselbe Schönheit, aber sie wurden durch verschiedene Phänomene, die von außen kamen, daran erinnert.

Und das ist es, was der Mensch typischerweise glaubt. Er glaubt, dass *alles* von außen kommen muss und so sagt er sich: „Wenn ich mich erfüllt fühlen will, muss ich mich ständig, ständig, ständig um das Außen kümmern. Ich brauche die richtigen Umstände und dadurch die richtigen Reize, damit ich die Gefühle erleben kann, die ich mir wünsche. Wenn ich die Sonne auf meiner Haut spüren will, dann muss ich spazieren gehen, ich muss *nach draußen* gehen, ansonsten habe ich dieses Gefühl nicht. Ich will Schönheit fühlen, also muss ich schöne Musik hören oder ein schönes Gemälde betrachten. Ohne das Gemälde gibt es kein Gefühl der Schönheit!"

Aber weil wir in der Trennung sind, gibt es ein gewaltiges Problem: All diese Reize von außen sind unbeständig. Egal, was sie im Detail sind und was du zu ihrer Erhaltung unternimmst, die Reize werden vergehen, wie alles in der Trennung vergeht!

In einem Moment fühlst du Schönheit. Prima, aber der äußere Reiz wird verschwinden. Die Sonne wird untergehen. Gut, sie wird am nächsten Tag wieder aufgehen, aber vielleicht ist sie dann hinter Wolken verborgen. Du siehst die Sonne nicht, stattdessen gibt es Regen und Wind. Also, wo ist dann die Schönheit? Es *mangelt* dir am Gefühl der Schönheit, und du kannst nicht ohne weiteres die notwendigen äußeren Bedingungen für einen schönen Sonnenuntergang erschaffen.

Und jetzt kommen auch noch die falschen Identitäten ins Spiel... Oh, sie versuchen, die wahren Gefühle mit angenehmen Emotionen zu imitieren. Emotionen, die immer von persönlicher Natur sind.

Nimm das Gefühl der Liebe. Liebe ist ein wahres Gefühl, aber dann hast du die emotionale Liebe, die bedingte Liebe. Liebe, die auf eine bestimmte Person gerichtet ist. Nun, dann hast du ein Problem, denn diese „Liebe" ist bedingt durch „den anderen", was nur eine weitere Begrenzung, eine weitere Abhängigkeit schafft. Ja, der andere mag eine Erinnerung an die reine Liebe stimuliert haben. Aber dann wurde dieses Gefühl umgewandelt und verzerrt durch eine falsche Identität. Sie nahm es und verzerrte das wahre Gefühl der Liebe zu bedingter Liebe oder sogar nur zu bedingter Akzeptanz. Und du gibst dich dann damit als Ersatz für die wahre Liebe zufrieden.

Im Gegensatz dazu würde ein weiser Mensch sagen: „Ich bin Liebe! Ich mache keine Unterscheidungen. Ich bin Liebe, *egal was passiert!*"

Das geht über die Trennung hinaus. Sicher, für Menschen ist es schwierig, dies zu realisieren, aber trotzdem ist es wahr, und du weißt es.

Das Mantra der Trennung lautet: Genug ist nicht genug. Du gewöhnst dich an die Stimuli. Du gewöhnst dich an die Musikstücke, die du hörst und dann brauchst du es intensiver, du brauchst es lauter. Du brauchst mehr Musiksender. Alles muss größer, größer und größer werden. Mehr, mehr, mehr – es reicht nicht mehr aus. Das ist auch eine Desensibilisierung. Was dich heute stimuliert hat, wird morgen nicht mehr ausreichen, also musst du es verstärken oder es „verbessern".

Du tust, was immer du tust, weil du Gefühle erleben willst. Idealerweise wahre Gefühle, und wenn das nicht funktioniert, suchst du nach Ersatz durch Emotionen, die von deinen falschen Identitäten erzeugt werden.

Aber was wäre, wenn jedes Gefühl, das du dir jemals wünschen könntest, bereits da wäre? So, wie das Gewahrsein, das bereits da ist? Was wäre, wenn? Oh, das bedeutet nicht, dass du nicht mehr in der Natur spazieren gehen würdest, aber es bedeutet, dass du es als freier Mensch tätest, einfach, um es zu genießen. Und warum nicht die Sonne auf der Haut und die frische Luft in der Lunge erleben, wenn du es kannst? Aber was die Gefühle anbelangt, so sind sie bereits in dir, und du weißt es, und du kannst dir ihrer gewahr werden, wann immer du möchtest.

Also, hier haben wir die tiefste Wahrheit. Das ist wahre Weisheit, denn es ist eine Weisheit, die dich befähigt, über die Trennung hinauszugehen.

Hier kommt die Diagnose deines aktuellen Zustands: Du tust, was du tust, um Gefühle zu erleben. Innerhalb der Dichte, innerhalb der Verschleierung, hast du die Überzeugung, dass Trennung real ist. Deshalb gehst du ins scheinbare Außen, um die Gefühle, an denen es dir mangelt, zu stimulieren, sei es in Form von Emotionen oder manchmal in Form von wahren Gefühlen. Und du machst damit weiter und weiter und weiter, denn Trennung ist von Natur aus unbeständig. Also wirst du niemals zu wahrer Zufriedenheit und wahrer Erfüllung gelangen.

Nun, die Diagnose ist wichtig, um die richtige Therapie anzuwenden. Und die steht dir jederzeit und insbesondere jetzt zur Verfügung. In diesem Moment bist du mit der Glückseligkeit verbunden und es gibt keine Möglichkeit, dass die Glückseligkeit an sich jemals verschwindet, denn wie könnte man etwas aus dem reinen Bewusstsein heraustrennen, wenn es keine Trennung gibt?

Die verschiedenen Gefühle, die der Mensch innerhalb der Trennung begehrt, sind nicht wirklich verschwunden. Sie sind nur verschleiert. Sie sind immer noch da. Es ist wie mit dem Gewahrsein in deinem Körper. Wann hast du das letzte Mal deine Füße wahrgenommen, außer an diesen letzten Sonntagen, als wir das Gewahrsein kultiviert haben? Es mag schon eine ganze Weile her sein, aber das Gewahrsein ist immer da, du musst es nur anwenden.

Da du schon so viele Fortschritte in der Lockerung deines Glaubens an die Realität der Trennung gemacht hast, wird der Schleier für dich immer dünner und dünner. Manchmal öffnet sich der Schleier vollständig, so dass *du weißt, dass du weißt,* und manchmal dringt nur ein kleines bisschen Licht hindurch. Aber ganz gleich, wie stark die Verschleierung für dich gerade ist, die Gefühle sind immer da und du kannst dir ihrer gewahr werden! Genau darum geht es bei der Lichtkörperübung.

Somit haben wir die Diagnose und wir haben die Therapie. Wir wissen, dass wir uns jedem Gefühl, das wir uns wünschen, in uns gewahr werden können, ohne dass es dazu eines äußeren Reizes bedarf.

Es ist so einfach! Es ist so einfach, dass es leicht abgetan werden kann – und das wäre sehr schade.

In der Lichtkörperübung sprechen wir die drei Hauptebenen deiner menschlichen Erfahrung an: die mentale Ebene, die emotionale Ebene und die physische Ebene. Und auf jeder dieser Ebenen dominiert der Mangel an einem bestimmten Gefühl.

Auf der mentalen Ebene mangelt es dir an Klarheit und du versuchst, dies mit Kontrolle zu kompensieren.

Auf der emotionalen Ebene mangelt es dir an Liebe. Du versuchst, dies mit persönlicher Liebe oder bedingter Akzeptanz zu kompensieren.

Und wir haben die Ebene des Physischen. Hier mangelt es dir an Sicherheit. Eigentlich kannst du den Mangel an Sicherheit nicht kompensieren, ganz gleich, was du tust – *und das weißt du!* Du *weißt* es! Der Mangel an Sicherheit begleitet dich immer. Du weißt, dass dein Körper sterben wird. Also, wie könntest du das jemals kompensieren? Oh, du kannst dieses Wissen unterdrücken, du kannst es in die Zukunft verdrängen, du kannst es leugnen, du kannst dich selbst belügen – aber das tust du natürlich nicht, denn du bist schon so weit auf deinem Weg fortgeschritten. Du bist dir deines bevorstehenden Todes vollkommen bewusst. Auch deine Zellen wissen es und der Körper selbst weiß es.

Im Grunde genommen ist Sicherheit eine Frage des Überlebens, und das Gleiche gilt für den Emotionalkörper. Dort haben wir auch eine Frage des Überlebens. Jede falsche Identität will überleben. Deshalb gibt es all die Kämpfe in der Welt, all die Reibereien. Die falschen Identitäten krachen aufeinander. Sie wollen überleben, wollen die anderen unterdrücken. Nun, manchmal arbeiten sie vielleicht für eine Weile zusammen, okay, aber sie alle wissen, dass ihnen früher oder später der Tod bevorsteht.

Das Gleiche gilt für den Mentalkörper. Du kämpfst für deine Überzeugungen. Du kämpfst für dein Dogma. Du kämpfst für deine Erinnerungen. Du *willst,* dass sie wahr sind. Denn wenn deine Überzeugungen verschwinden, wenn sie sterben, was wird dann aus dir? Sie *sind* du, so denkst du. Wenn eine Überzeugung, die du über dich selbst hast, vergeht, ist das wie ein kleiner Tod und du fürchtest dich davor. Also kämpfen die Menschen für ihre Überzeugungen.

Wie dem auch sei, das Kernproblem auf der Ebene des Physischen ist folgendes: Du weißt, dass dein Körper sterben wird und du kannst den daraus resultierenden Mangel an Sicherheit nicht kompensieren. Nun, dennoch versuchen es die Menschen – auf alle möglichen Arten. Wenn sie noch jünger sind, versuchen sie es mit Muskeln, später mit Wissen, mit Geld, mit Wächtern, mit Schlössern, mit Häusern, mit Armeen, mit Polizeikräften. Menschen werden alles tun, nur um ihre Sicherheit zu schützen.

Sobald es um die Sicherheit geht, muss alles andere zurückstehen. Im Moment, während der Covid-Pandemie, steht die Sicherheit an erster Stelle. Alles andere ist irrelevant. „Wir müssen überleben!" Und doch weiß jeder, dass man durch jeden Bissen, den man zu sich nimmt, sterben kann. Irgendein Bissen muss nur in die falsche Röhre in deiner Kehle gelangen, und das war's. Dann spielt es keine Rolle, was du getan hast, um dich zu schützen oder wie alt du bist oder wie wissend oder wie weise: Du würdest trotzdem ersticken. Sicherheit lässt sich einfach nicht kompensieren.

Trotzdem ist das Gefühl der Sicherheit verfügbar, denn es ist ein Bestandteil der Glückseligkeit. Und genau jetzt wollen wir uns dem Gefühl von Sicherheit gewahr werden. Der einfachste Weg, das Gefühl von Sicherheit zu fühlen, ist, wenn du dich zuerst an eine unsichere Situation erinnerst, die du erlebt hast. Es kann eine gefährliche Situation in einem Auto, in einem Flugzeug oder in einer Achterbahn gewesen sein. Oder vielleicht bist du mal im Meer geschwommen und plötzlich ging dir die Kraft aus, so dass du Angst hattest, es nicht mehr zurück ans Ufer zu schaffen. Das fühlte sich unsicher an.

Im Gegensatz dazu ist jetzt, in diesem Hier-und-Jetzt-Moment, alles sicher. Alles ist einfach sicher. Fühle das! Fühle die Sicherheit. Nichts bedroht dich in diesem Moment. Es gibt genug Luft zum Atmen und der Boden ist stabil.

Nun stell dir einen Dimmer vor, mit dem man die Intensität einer Lampe verändern kannst. Einen solchen Dimmer nutzen wir als Hilfsmittel, um die Intensität eines wahrgenommenen Gefühls zu erhöhen. Er wirkt exponentiell, damit wir uns der reinen Glückseligkeit annähern können – und der musst du dich stellen können. Du musst in der Lage sein, der Intensität der reinen Glückseligkeit standzuhalten. Wenn du die Gefühle im Inneren, wie Sicherheit, nur ein bisschen intensivierst, wird dich das nicht allzu weit bringen. Also gehen wir es exponentiell an! Wenn du den Dimmer um eine Stufe drehst, verzehnfacht sich die Intensität des Gefühls von Sicherheit.

Frag nicht, wie das funktioniert, erlaube es einfach.

Jetzt benutze deinen Dimmer und drehe ihn um eine Stufe. Sicherheit mal zehn. Sie ist überall um dich herum. Sie ist in deinem Körper. Dein physischer Körper reagiert darauf, dein emotionaler Körper reagiert darauf, dein mentaler Körper reagiert darauf. Hier ist Sicherheit. „Ich bin sicher!"

Hier begegnen wir einem weiteren Paradoxon. Ich sage immer, dass wir nicht versuchen, etwas zu tun, wir versuchen nicht, etwas zu pushen. Dennoch benutzen wir diesen Dimmer, der natürlich in gewisser Weise genau das tut. Nun, nennen wir es die Ausnahme. Aber du musst sehr vorsichtig sein! Wenn du eine klare Ansage von innen bekommst, die sagt „genug Intensität", dann lass es gut sein. Siehst du, das ist das Unterscheidungsvermögen, das du haben musst. Wenn es zu intensiv wird, zwingst du dich nicht, noch weiterzugehen. Aber solange es angenehm ist – und sogar ein bisschen darüber hinaus, ohne dich dadurch zu pulverisieren –, dann ist das in Ordnung.

Also, Sicherheit: Drehe den Dimmer noch einmal um eine Stufe. Jetzt haben wir Sicherheit mal hundert. Werde dir dessen gewahr. Sicherheit ist allgegenwärtig.

Als Mensch beurteilst du jede Begegnung, die du hast, in Bezug auf dein Überleben. Du gehst die Straße entlang und triffst einen Hund. Du prüfst sofort: Ist der Hund eine Bedrohung? Du gehst in den Park und siehst eine Gruppe junger Leute. Du fragst dich sofort: Ist das eine Bedrohung oder nicht? Bedrohen die meine Sicherheit? Steht mein Überleben auf dem Spiel? Das machst du ständig und überall! Ist es okay, dieses Essen zu essen oder würde ich daran sterben? Aber *jetzt* gibt es Sicherheit, äußerste Sicherheit. Kein Hund in der Nähe und auch kein Essen, nur das Gefühl von Sicherheit.

Und wenn du magst, drehe den Dimmer ein drittes Mal, Sicherheit mal zehn, das heißt, tausendmal die Intensität des Gefühls von Sicherheit, bezogen auf unseren Ausgangspunkt.

Wann hast du dich das letzte Mal wirklich sicher gefühlt, ich meine wirklich sicher? Das ist schon sehr, sehr lange her.

In diesem Moment bist du dir deiner selbst gewahr als Mensch, als Drache und als reines Bewusstsein, das du wahrhaftig bist und das alles verbindet. In diesem Moment kannst du die Gewissheit fühlen, dass du ungeboren bist. *Ungeboren!* Du bist *nie* geboren worden! *Und was ungeboren ist, kann nicht sterben!* Das kann es einfach nicht. Oh, du kannst deinen physischen Traum verlassen, aber was soll's? Du bist ungeboren! Wie könnte der Tod eine Bedrohung für das Ungeborene sein? Der Tod ist eine Illusion, ein schlechter Scherz. Er ist wie ein Hund, der den Mond anbellt.

Solange du glaubst, dass du ein physischer Körper bist, kannst du den Mangel an Sicherheit nicht kompensieren. In dem Moment aber, in dem du über diesen Glauben hinausgehst, in dem Moment, in dem du über die Trennung hinausgehst, ist Sicherheit eine Selbstverständlichkeit! Dazu ist weder ein Stimulus erforderlich noch Mauern noch Muskeln noch Wachen. Warum für Sicherheit Aufwand treiben?

Wenn du dich sicher fühlst, strahlst du das aus. Es strahlt um dich herum aus, nicht nur zwanzig Zentimeter, wie wir es vor einer Stunde besprochen haben. Nein, es strahlt auf die gesamte Existenz aus! Sogar der Hund, der sich dir nähert, fühlt Sicherheit. Er spürt es einfach. Jeder spürt es. Und selbst wenn dich jemand anderes bedroht, weißt du, dass du es nicht persönlich zu nehmen brauchst. Es geht nicht um dich, ganz sicher nicht.

Die Kultivierung des Lichtkörpers ist die höchste Weisheit, der du jemals begegnen kannst, wegen ihrer Einfachheit und der Wahrheit, der sie entspringt. Lehne sie nicht ab. Habe Vertrauen! Probiere es aus! Probiere es für dich aus, wende es an. Öffne dich dafür.

Warum sprechen wir von einem Licht*körper*? Nun, in dem Moment, in dem du dir deiner Glückseligkeit gewahr wirst, dieser angeborenen Qualität deines reinen Bewusstseins, wenn du dir deines wahren Selbst gewahr wirst und die Intention hast, einen Lichtkörper zu haben, überall um dich herum, rund um deinen physischen Körper, dann ist er da. Und das wird das Gefäß sein, das du bewohnst, wenn du auf dem Planeten bleibst, während du in die volle Erleuchtung gehst.

Du könntest in dieser Übung auch ohne Lichtkörper auskommen und nur die Gefühle nutzen, aber wir verwenden hier auch den Lichtkörper, um dein neues Gefäß vorzubereiten, damit du bleiben kannst. Der physische Körper ahmt nach, was um ihn herum ist und freut sich. „Jetzt bin ich in Sicherheit!"

Wir werden in der nächsten Zusammenkunft die Lichtkörperübung vertiefen und auch in den kommenden Treffen weiter darauf eingehen, denn es gibt viele, viele weitere Ebenen, in die wir eintauchen können.

Anstatt einen langen Diskurs zu führen und alle Details der Lichtkörperübung zu sezieren, ist es besser, die einzelnen Facetten nach und nach vorzustellen und selbst zu erleben, um sie so in erlebte Weisheit zu transformieren.

Jetzt werde ich euch verlassen. Was die Drachen anbelangt, die mit mir gekommen sind – das liegt an euch und an ihnen. Sie können sich dir nähern und du kannst dir deines Drachen weiter gewahr sein. Das ist deine Entscheidung.

Oh, natürlich, hier kommt noch eine Erinnerung an die Hausaufgaben!

Teile die halbe Stunde auf, die du dir idealerweise jeden Morgen für dich nimmst. Nutze die ersten fünfzehn Minuten für die Kultivierung des Gewahrseins – und wenn ich das sage, dann meine ich genau das. Gehe nirgendwo hin, nicht in den Zustand der Glückseligkeit, nicht zu einem Drachen. Sei einfach nur gewahr. Das ist die Dekonditionierung. Und dann mache fünfzehn Minuten die Lichtkörperübung. Beginne mit Sicherheit. Du kannst weiter gehen, wenn du die Bücher gelesen hast, aber ansonsten bleibe bei dem Gefühl der Sicherheit. Du wirst enorme Auswirkungen auf deinen physischen Körper und auf deinen emotionalen Körper feststellen, denn alle Muster, die du auf der emotionalen Ebene geschaffen hast, um Feedback und Bestätigung zu erhalten, können sich auflösen, denn das Gefühl, das du durch sie anstrebst, ist bereits da. Dies ist der einfachste Weg, den Emotionalkörper zu klären und zu vereinfachen.

Ich bin Althar, der Kristall-Drache, und es war mir wieder einmal eine Ehre, diese tiefste Weisheit, derer ich mir gewahr bin, mit euch zu teilen. Wir sehen uns nächste Woche wieder.

*

Joachim: So, da sind wir wieder. Sind alle noch da? Gut!

Es ist Zeit für Austausch – oder Fragen und Antworten.

Teilnehmer 1: Ich habe eine Frage. Die Frage tauchte gerade auf, während Althar sprach, und es geht darum, dass er sagte: „Der Körper wird sterben." Aber ist es nicht so, dass, wenn wir das Gewahrsein kultivieren und in den Zustand der Glückseligkeit eintreten, dies automatisch den Lichtkörper konfiguriert, in dem der körperliche Aufstieg möglich ist?

Joachim: Stimmt, ja. Ich habe das aus der Perspektive des normalen Menschen gesagt, der an die Trennung glaubt, und der sich selbst für einen Körper hält und der weiterhin nach außen schaut, um sich zu spiegeln. Wenn sich *das* ändern würde, nun, dann würde sich *alles* ändern. Aber wir müssen ehrlich zu uns selbst sein. Es ist nicht so einfach, den Glauben an die Trennung loszulassen. Er ist tief, tief, tief im Inneren verankert. Wenn du die Lichtkörperübung machst und die Intensität verstärkst, spürst du die ganze Angst vor dem Tod hochkommen.

Irgendwann spürst du – sogar auf der zellulären Ebene – den ganzen Widerstand gegen dieses Loslassen der Idee, dass ich körperlich bin. Das kommt von tief, tief innen. Deshalb machen wir diese Übung langsam und steigern die Intensität langsam. Und das ist keine einmalige Sache. Es dauert eine Weile, und niemand kann sagen, wie lange es für eine bestimmte Person dauern wird.

Aber es stimmt, der Körper ist ein Traumkonzept, und er ist genau so real, wie du ihn für real hältst.

Teilnehmer 1: Danke.

Teilnehmer 2: Haben wir das programmiert – die tiefen Gefühle, diese Tiefe, von der du sprichst, tief im Inneren, ist es das, was du in den Büchern als „Blaupause“ bezeichnest und haben wir dieser Blaupause vorher zugestimmt? Sie beinhaltet alles Mögliche, ob es nun Krankheiten sind oder etwas anderes, und wir ändern jetzt die Blaupause? Kannst du etwas darüber erzählen?

Joachim: Das sind zwei verschiedene Dinge.

Es gibt wahre Gefühle, die Teil des natürlichen Bewusstseinszustandes sind und ein Mensch mag das mit Glückseligkeit benennen, was ein etwas hochgestochener Begriff ist, aber aus menschlicher Sicht macht er Sinn. Das ist jenseits jeder Blaupause, es ist einfach eine Gegebenheit.

Und dann bestimmen die Blaupausen, wie die verschiedenen Wesenheiten ihr Leben erleben können, wie sie ihr Leben erfahren können. Zum Beispiel bestimmt deine DNS, ob du zwei oder acht Beine hast, richtig? Das gibt dir also den Rahmen für deine Erfahrungen. Dieser Rahmen erlaubt dir auch, über deinen Glauben, ein Mensch zu sein, hinauszugehen. Und das ist es, was wir ins Leben bringen. Wir erschaffen sozusagen die Blaupause, um über das begrenzte menschliche Gefäß hinauszugehen!

Okay?

Teilnehmer 2: Okay. Danke dir.

4. Kultivieren des Lichtkörpers – Fortsetzung

Beginnen wir damit, das Gewahrsein zu kultivieren. Nimm dafür zuerst die königliche Haltung ein, die Haltung des Meisters. Du möchtest der Meister in deinem physischen Körper sein, der Meister über deine Emotionen, deine Gedanken und deine Gefühle. Also, nimm diese Haltung ein.

Die Wirbelsäule ist gestreckt und, wie ich schon beim letzten Mal sagte, ist es sehr hilfreich, sich einen Faden vorzustellen, der an deinem Scheitel befestigt ist und dich nach oben zieht. Er zieht dich nach oben und alles andere entlang der dadurch entstehenden Vertikalen in deinem Körper kannst du einfach fallen lassen. Wenn du dann ganz aufrecht sitzt, brauchst du keinerlei Muskelkraft, um diese Position beizubehalten. Es ist eine sehr entspannende Haltung.

Die Augen sind zu drei Vierteln geschlossen. Der Blick deiner Augen ruht vor dir, aber die Energie des Blicks geht nach innen. Du fokussierst nichts mit deinen Augen.

Der Mund ist geschlossen. Die Spitze deiner Zunge berührt die Rückseite deiner oberen Zähne. Du atmest durch die Nase ein und aus. Du atmest so, dass du dich selbst nicht hörst.

Der ganze Sinn der Kultivierung des Gewahrseins ist es, zum natürlichen Zustand zurückzukehren. „Natürlich“ bedeutet, nicht zu versuchen, etwas erreichen zu wollen. Nicht zu versuchen, in irgendeiner Weise besonders, besser oder was auch immer zu sein. Stattdessen lass einfach alles los und sei dir allem gewahr, was deine Wahrnehmung dir präsentiert.

Heute beginnen wir damit, einfach den Atem zu beobachten. Sei dir einfach gewahr, wie dein Atem kommt und geht.

Wenn du dir deines Atems gewahr wirst, hat das enorme Auswirkungen auf alle Aspekte deines Körpers, auf deinen physischen Körper, auf deinen emotionalen Körper und auf deinen mentalen Körper.

Wo auch immer du dein Gewahrsein platzierst, setzt eine Entspannung ein. Und wenn sich die Atmung entspannt, entspannt sich nicht nur der physische Körper, sondern auch der Emotionalkörper und der Mentalkörper.

Jeder emotionale Zustand wird von einer speziellen Art der Atmung begleitet. Wenn du gestresst bist, kann dein Atem so sein (*macht flache, schnelle Atemzüge*) und wenn du sehr entspannt bist, nimmst du deinen Atem gar nicht wahr.

Der Atem strömt ein und aus. Du spürst, wie sich dein Brustkorb bewegt, wie sich dein Bauch bewegt.

Zurück zu deiner Atmung zu kommen, ist der einfachste Weg, um sofort ruhig zu werden. Das gilt auch im Alltag. Die Atmung ist immer bei dir, immer, immer. Wenn sie nicht mehr da ist, hast du ein Problem. Aber solange du lebst, ist die Atmung bei dir und sobald du dir ihrer gewahr wirst, verändert sich sofort der Zustand deines gesamten Körpers.

Werde dir gewahr, wie sich die Haltung deiner Wirbelsäule verändert, während du atmest. Es gibt immer eine leichte Bewegung in deiner Wirbelsäule, auch wenn du aufrecht sitzt. Normalerweise befindest du dich tagsüber nicht in einer aufrechten Position. Du sitzt an deinem Schreibtisch, du arbeitest oder du gehst irgendwo hin. Du bist nicht in einer aufrechten Körperhaltung, also passen sich die Muskeln in deinem Körper entsprechend an. Die Wirbelsäule aufrecht zu halten, fühlt sich also etwas unnatürlich an. Solange du dich noch an diese Haltung gewöhnst, musst du dem „normalen" Tonus der Muskeln widerstehen. Aber das ändert sich. Nach einer Weile normalisieren sich die Muskeln und dann ist es viel angenehmer, über einen längeren Zeitraum aufrecht zu sitzen.

Erweitere nun dein Gewahrsein über die Atmung hinaus und spüre zusätzlich deinen Bauch. Spüre die Gesamtheit deines Bauches und spüre, wie die Atmung ihn sanft massiert.

Werde dir nun deiner beiden Beine gewahr. Spüre einfach ihre Existenz.

Eine Frage kam auf: Was bedeutet es, sich etwas im Körper gewahr zu werden? Nun, du wirst dir dessen einfach gewahr. Du bemerkst, was dort vor sich geht. Da gibt es kein Geheimwissen, es geht nicht einmal um Gefühle in irgendeiner Form – es geht einfach nur darum, sich dessen gewahr zu werden, was dort vor sich geht.

Es geht um Verfeinerung deines Gewahrseins, so dass jeder Reiz, der durch deinen Körper aufgenommen wird, in dein Gewahrsein kommt. Und je feiner dein Gewahrsein ist, desto leichter ist es, alle Reaktionen loszulassen, alle Kettenreaktionen, die einem gegebenen Reiz folgen.

In dieser Hinsicht ist die Kultivierung des Gewahrseins also nicht spektakulär. Es sind keine Drachen involviert, auch keine unmittelbaren „Erleuchtungs-Überlegungen“. Es ist einfach die grundlegende Basis, um sich der Erleuchtung zu nähern. Du musst der Meister in deinem Haus sein! Andernfalls, wenn jeder Reiz, der daherkommt, dich aus dem Gleichgewicht bringt und dich in einen inneren Film zwingt – nun, dann hast du ein Problem!

Dies ist also die grundlegende Praxis, um dich zu dekonditionieren: Sobald du dir einer Konditionierung gewahr wirst, agierst du sie nicht mehr aus. Das ist alles! Durch dieses einfache Nicht-Tun wirst du eine enorme Befreiung spüren, eine enorme Befreiung, denn du trittst aus deinen Mustern heraus. Das ist ein wunderbares Gefühl.

Aber diese Effekte sind Nebenprodukte! Während du dein Gewahrsein kultivierst, ziehst du nichts davon in Betracht. Du beobachtest lediglich, was vor sich geht und sobald du dir etwas gewahr wirst, lässt du los!

Beziehe nun deine Arme und Hände in dein Gewahrsein mit ein. In den Fingern kannst du gut spüren, ob sie warm oder kalt sind! Du kannst spüren, wie sich die Finger gegenseitig berühren.

Schließe nun deine Schultern und deinen Kopf in seiner Gesamtheit in dein Gewahrsein mit ein. Du hast jetzt ein Gewahrsein deines gesamten Körpers.

Jetzt, wo du dieses fokussierte Gewahrsein deines Körpers etabliert hast, lässt du den Fokus auf den Körper los. Du lässt sogar die Vorstellung von deinem Körper los.

Sei dir einfach gewahr, was in und um dich herum passiert.

In dem Moment, in dem du merkst, dass du abgelenkt wirst, durch deine Gedanken oder wodurch auch immer, kommst du einfach zurück. Komme zuerst in das Gewahrsein deines Körpers zurück, justiere deine Körperhaltung neu. Nimm die Haltung des Meisters ein und dann öffne dich wieder der Beobachtung.

Ab und zu gibt es vielleicht eine sehr lästige Emotion, die dich ständig begleitet. Vielleicht ist schon morgens beim Aufstehen eine Art, sagen wir mal, Unruhe in dir, die du nicht genau benennen kannst. Du weißt nicht, woher sie kommt, und du spürst sie auch, während du diese Nicht-Praxis des Kultivierens des Gewahrseins machst. Und so sehr du die lästige Emotion auch loslassen möchtest, sie bleibt einfach da.

In einem solchen Fall könntest du einen kleinen Trick ausprobieren. Weil du so daran gewöhnt bist, ein Mensch zu sein, hast du eine Richtung in deinen Sinneswahrnehmungen. Du hast ein „Vorne“ und ein „Hinten“. Dennoch kannst du dich energetisch in deinem Körper umdrehen. Also, auch wenn dein Kopf, sagen wir, nach Norden gerichtet ist, könntest du innerlich nach Süden schauen. Probiere das jetzt einfach mal aus. Ändere die Richtung deines Gewahrseins. Schaue nach hinten in deinen Kopf hinein. Erwarte nicht, dass du etwas siehst, sondern fühle. Wie fühlt sich das an?

Es ist ein bisschen so, als ob man mit seinem rechten Fuß einen linken Schuh anzieht. Es fühlt sich falsch an, aber nach einer Weile wird es ganz natürlich. Du bist extrem flexibel in deiner Wahrnehmung und deinem Gewahrsein. Du kannst dich beliebig ausrichten! Beispielsweise kannst du nach links schauen, durch dein linkes Ohr hindurch. Probiere es einfach aus. Wende dich energetisch, innerlich, in diese Richtung und öffne dich in diese Richtung.

Schaue nun durch dein rechtes Ohr. Ändere wieder deine Perspektive.

Wenn es eine „störende" Emotion gibt, dann kommt sie oft aus einer bestimmten Richtung, sagen wir von hinten links, dort spürst du sie. Dann wende dich innerlich in diese Richtung. Drehe dich dorthin und öffne dich für das Gewahrsein dessen, was dort vor sich geht – ohne jede Wertung und ohne irgendwie einzugreifen. In gewisser Weise lädst du dadurch die Emotion ein. Normalerweise wird eine unangenehme Emotion unterdrückt. Du lenkst dich ab, so dass du sie nicht mehr wahrnimmst. Früher oder später ändern sich dann die Umstände und die Emotion ist scheinbar weg. Aber sie ist nie wirklich weg, sie ist nur unterdrückt und wird wiederkommen.

Wende dich also in einem solchen Szenario innerlich in die Richtung, in der du die Emotion fühlst. Öffne dich für sie. Und dann, wie wir es mit dem Dimmer in der Lichtkörperübung machen, versuche die Intensität der Emotion zu erhöhen, auch wenn sie unangenehm ist. Sagen wir, es ist eine Angst – dann steigere die Angst! Du kannst sie steigern und steigern. Manchmal kann es passieren, dass du dadurch eine spontane Intuition hast, eine Gewissheit, woher die Angst kommt. Es könnte das Ergebnis eines Vorfalls aus diesem oder einem anderen Leben sein. Es spielt keine Rolle. Oftmals reicht es aus, sie als das zu sehen, was sie ist, um sie ganz loslassen zu können.

Manchmal gibt es auch keine Einsicht in die Ursache. Aber wenn du die Intensität des unangenehmen Gefühls erhöhst, zum Beispiel der Angst, dann wird dir irgendwann klar: Du bist es, der dir das antut! Du bist es, der die Angst in dir hervorbringt und steuern kann.

Und wenn du das steuern kann, ist es dann nicht etwas idiotisch, an der Angst festzuhalten? Also kannst du sie auch loslassen. Selbst wenn dadurch das beängstigende Gefühl nicht sofort verschwindet, so verliert es doch seine Lästigkeit und hat dich nicht mehr so sehr im Griff. Jetzt wird es schwächer und löst sich allmählich auf, weil du es nicht mehr ernst nimmst.

Es ist wichtig, dass du mit deinem Gewahrsein nicht hinter festgefahrenen Energien, vergangenen Ereignissen oder falschen Identitäten herjagst, zum Beispiel in deinem Emotionalkörper. Tu das nicht! Alles wird zu dir kommen. Du bist nur der Beobachter. Meistens tust du nichts anderes, als zu beobachten, was vor sich geht, ohne dabei etwas mit dem Wahrgenommenen zu assoziieren.

In der buddhistischen Tradition gibt es ein tiefes Verständnis für die verschiedenen Bewusstseinszustände, die sogenannten Samadhi-Zustände. Der Buddha hat ausführlich über sie gesprochen. Die Inder mögen es, alles in verschiedene Stufen einzuteilen, und so kam der Buddha auf acht verschiedene Zustände des *Samadhi*, wobei der achte der tiefste Zustand jenseits von allem ist. Der wichtigste Zustand allerdings, so der Buddha, ist der, den er den vierten Zustand nannte. Das ist das, was wir jetzt gerade tun. Er erkannte – genau wie du in deinen Momenten der Erleuchtung –, dass all die höheren glückseligen Samadhi-Zustände vergehen, sobald du in den menschlichen Zustand zurückkehrst. Aber der vierte Zustand, wo man im offenen Gewahrsein ist, erlaubt die Dekonditionierung! Deshalb wurde es in der buddhistischen Tradition die Hauptpraxis. Das ist es, was den Menschen heilt und das ist es, was – nun, Heilung impliziert, dass der Mensch krank ist, nein, er ist nicht so krank –, aber die Praxis erlaubt dem Menschen, all seine falschen Überzeugungen, seine Illusionen loszulassen. Und wenn er das tut, werden die höheren Bewusstseinszustände ganz automatisch für ihn verfügbar.

Ich wiederhole also: Bei der Kultivierung des Gewahrseins geht es nicht um Gefühle, nicht darum, etwas zu erschaffen, nicht darum, etwas zu erreichen. Es geht nur darum: das Gewahrsein zu kultivieren. Werde der Meister in deinem eigenen Haus. Werde flexibel, und von dort aus kann alles andere auf natürliche Weise geschehen. Es ist sehr schwierig, die höheren Zustände zu meistern, sagen wir, die Lichtkörperübung, und sie in dein normales Leben zu bringen, solange dein Gewahrsein sehr fragil ist.

Gut. Ich werde etwas Musik spielen, und wir werden Althar hereinbringen.

*

Ich bin Althar, der Kristall-Drache!

Ich komme wieder einmal mit einem ganzen Schwarm von Drachen, die eure Drachenaspekte sind. Du wirst vielleicht spüren, dass, obwohl eine Woche vergangen ist, es ist, als wären wir nie weg gewesen. Und wir machen genau dort weiter, wo wir in dem, was du deine „letzte Woche" nennst, aufgehört haben!

Also bitte, noch einmal, versetze dich in deinen Drachenaspekt. Werde dir einfach deines Drachenaspekts gewahr, verschiebe deine Perspektive.

Komm zu mir als Drache und setze dich neben mich. Komm zu mir in diese wunderbare Dimension, die der menschlichen Sphäre noch so nahe ist, dass wir noch wahrnehmen können, was dort vor sich geht, und doch sind wir auch sehr nahe an dem, was als wahre Realität bezeichnet wird. Mach es dir in deiner Drachenform bequem, wie auch immer du sie konkret ausgestaltest, und sitze hier direkt neben mir. Wir werden kurz rekapitulieren, was wir bei unserer letzten Zusammenkunft besprochen haben.

Während wir hier sitzen, kannst du in gewisser Weise „von hinter dir" die Intensität der wahren Realität, des reinen Bewusstseins, spüren. Es ist hier. Und am anderen Ende des Bewusstseinsspektrums fühlst du deine menschliche Fassade, deinen menschlichen physischen Körper.

Wir haben gesagt, dass, wenn ein Wesen aus dem reinen Bewusstsein oder den weniger dichten Varianten des Bewusstseins in die tieferen Dichten vordringt, eine Verschleierung einsetzt. Mit zunehmender Verschleierung verliert das Wesen seine natürliche Fähigkeit, sich der Glückseligkeit gewahr zu sein, die Teil seines natürlichen Zustands ist.

Du selbst bist so, so, so sehr in die Dichte vorgedrungen, dass du dich sogar inkarniert hast. Das ist die höchstmögliche Dichte überhaupt, in der ein Wesen existieren kann. Die Verschleierung ist in diesem Zustand extrem. Und um dich überhaupt dorthin zu bringen, mussten wir entsprechend extreme Maßnahmen anwenden, wie die äußerst intensive Kompression sowie Hypnose.

Aus der Perspektive eines Wesens, das in einem menschlichen Körper inkarniert ist, erscheint zumeist alles verschleiert. All die Gefühle, all die wahren Gefühle, die Teil der Glückseligkeit sind, sind irgendwie verschwunden – oder sie scheinen verschwunden zu sein –, denn letztlich kann nichts aus dem Bewusstsein herausgetrennt werden. Die wahren Gefühle sind also immer noch da, aber die Verschleierung verhindert, dass ein Mensch sie fühlt. Darüber hinaus lässt die Verschleierung den Menschen völlig „vergessen", woher er kommt. Er hat sein wahres Selbst und seine wahre Realität völlig vergessen.

Er weiß einfach nichts mehr von sich selbst, also fängt er an, sich verschiedene Identitäten zuzulegen, indem er sich in verschiedenen Umgebungen spiegelt. Auf diese Weise kompensiert er den ihm innewohnenden Mangel an Gefühlen. Er kompensiert sie mit dem, was ich „Emotionen" nenne, die immer persönlich sind. Auf diese Weise erschafft er all diese falschen Identitäten und kämpft für ihren Erhalt. Die falschen Identitäten sind das, was der Mensch glaubt zu sein. Die falschen Identitäten sorgen für angenehme Emotionen, falls sie von anderen akzeptiert werden. Wenn sie von anderen abgelehnt werden, sorgen sie für unangenehme Emotionen. Alles, einfach alles, dreht sich um diese falschen Identitäten.

Im Grunde genommen hat der Mensch, genau wie jedes andere Wesen in der Zweiten Runde der Schöpfung, nur einen motivierenden Faktor: Es ist der Wunsch, wieder die Gefühle zu fühlen, deren Mangel sie spüren. Der Mensch möchte diesen Mangel an Gefühlen kompensieren. Das ist also der Zustand des Menschen.

Nun wollen wir unseren Diskurs über die Lichtkörperübung fortsetzen. Um den Lichtkörper zu verstehen, müssen wir zunächst noch einmal deinen physischen Körper betrachten. Dafür ist es sehr vorteilhaft, dass du in deinem Drachenaspekt hier bist, so dass du von außen wirklich tief in deinen physischen Aspekt hineinschauen kannst.

Der menschliche Körper besteht aus Milliarden und Abermilliarden von Zellen. Darüber hinaus besteht er aus einer enormen Menge miteinander verbundener Glaubenssätze, die sich durch Spiegelung ständig selbst bestätigen. Sobald du dich inkarnierst, wird Gewissheit durch Wahrnehmung ersetzt. Was immer du wahrnimmst, ist verzerrt und bedarf daher der Interpretation. Nichts ist klar, wenn du als Mensch inkarniert bist.

Der Körper besteht aus Materie, aber niemand weiß, was Materie wirklich ist. Dennoch hat Materie ein Gewicht, das auf dir lastet und alles in extremer Zeitlupe geschehen lässt. Weiterhin spiegelt die Materie dich wider, so dass du glaubst: „Dieser Körper bin ich!" Du isst sogar Materie, um deinen physischen Körper zu erhalten.

Also, der physische Körper eines Menschen und jeder biologischen Lebensform ist sehr, sehr komplex. Man könnte sagen, er ist die komplizierteste, komplexeste Aggregation oder Formation innerhalb des Bewusstseins. Er ist so komplex, dass man zurecht darüber staunen kann, was die Trennung hervorzubringen vermag. Sie kann einen derartigen Organismus erschaffen. Sie kann ein solches Ding hervorbringen, das man einen biologischen Körper nennt. Hinzu kommt dann noch das menschliche Gehirn, das eine völlig neue Dimension der Erfahrung bietet. Und zu guter Letzt kommt dann das inkarnierte Bewusstsein auch noch zu der Überzeugung, dass es als ein getrenntes Stück Materie innerhalb der Trennung existiert. Es ist unglaublich, einfach unglaublich.

Betrachte im Gegensatz dazu den Lichtkörper. Ich sagte, der Lichtkörper wird auf der Ebene deines wahren Selbst erschaffen, indem du einfach die Intention hast, einen Lichtkörper zu haben. *Das ist alles!* Eine einzige Intention, im Gegensatz zu Myriaden und Myriaden von Glaubenssätzen, Spiegelungen und einzelnen Intention, die den physischen Körper konstituieren. Der Lichtkörper ist also so viel einfacher als der physische Körper. Und er ist so viel mehr *du!* Du! *Unverzerrt, rein, unverfälscht: du!* Einfach *du.*

Der Lichtkörper ist eine Projektion rund um deinen physischen Körper. Der Lichtkörper ist auf natürliche Weise voller Glückseligkeit, denn er ist mit deinem wahren Selbst verbunden, das sich, sagen wir, in einer Art Glückszustand befindet. Dadurch, und weil sich dein Glaube an die Trennung immer mehr lockert, wird es für dich zunehmend leichter, dir der Gefühle, die im Lichtkörper vorhanden sind, wieder gewahr zu werden. Denn, wie du sagen würdest, der Schleier lichtet sich. Das ist die Magie des Lichtkörpers.

Wenn du dieses Prinzip realisierst, brauchst du keine äußeren Reize mehr, um ein bestimmtes Gefühl zu fühlen. Wenn du es wirklich bis aufs Mark erkennst, befreist du dich! Du befreist dich selbst! Du brauchst keine Verhaltensmuster deiner falschen Identitäten mehr auszuleben, um dir etwas Anerkennung zu verschaffen oder um negative Erfahrungen zu vermeiden. Das ist nicht mehr nötig, denn alles ist bereits hier, in der Einfachheit deines Lichtkörpers.

Im Verlauf des verkörperten Aufstiegs werden der Lichtkörper und der physische Körper verschmelzen. Es ist wichtig, das nicht zu wörtlich zu nehmen, denn wir sind hier tief, tief im Surrealen. Wir haben gesagt, dass der Körper sowieso nicht real ist. Es sind all die Glaubenssätze, die ihn an seinem Platz halten. Der Lichtkörper ist ein bisschen realer, denn er besteht nur aus einer einzigen Intention.

Wenn ich also sage „der Lichtkörper und der physische Körper werden verschmelzen“, dann magst du das als eine Vereinfachung der Illusion deines Körpers ansehen, eine Vereinfachung. Du wirst immer noch eine physische Erfahrung haben sowie eine physische Erscheinung. Letztere erlaubt es dir, dich mit deinen Mitmenschen zu verbinden, Anteil zu nehmen und zu kommunizieren. Das ist der ganze Sinn, warum du auf dem Planeten bleibst.

Gleichzeitig *weißt* du einfach, dass du nicht dein physischer Körper, sondern der Lichtkörper bist, der nicht wirklich hier ist, auch wenn er hierher projiziert wird. Dieses Wissen ist es, was dich von Moment zu Moment befreit. Und wenn das geschieht, dann ist der verkörperte Aufstieg verwirklicht. Das ist es, wohin wir gehen. Dahin gehen wir.

Okay, jetzt lass uns die Lichtkörperübung weiter vertiefen. Dazu werde ich noch einmal etwas Musik spielen, um die Erfahrung zu intensivieren.

(Musik spielt)

Auch jetzt solltest du eine königliche Haltung einnehmen, denn was du tun wirst, ist heilig. Es ist wirklich, wirklich heilig. Ehre das, ehre diese Heiligkeit. Letzte Woche habe ich gesagt, dass es leicht ist, die höchste Weisheit abzulehnen, weswegen in so vielen Traditionen die angehenden Eingeweihten Jahre und Jahrzehnte brauchten, bevor sie der höchsten Weisheit ausgesetzt wurden.

Aber für diese Behutsamkeit gibt es noch einen weiteren Grund, und der gilt auch für die Lichtkörperübung: In dem Moment, in dem du der höchsten Weisheit ausgesetzt bist, kommt eine ungeheure Angst auf. Und diese Angst ist zweifach. Zum einen ist es die Angst vor dem biologischen Tod, die tief in jeder deiner Zellen verankert ist. Zum anderen gibt es auf der Ebene deines wahren Selbst die Angst vor Auslöschung. Letztere ist der Grund, warum die Reise durch die Trennung so lange gedauert hat.

Es gab immer einen Grund, die Trennung nicht loszulassen, aber der stärkste Grund war und ist diese existenzielle Angst. Natürlich zeigt sie sich nicht immer als Angst, denn je nach deinem Zustand, je nachdem, für wen du dich gerade hältst, überspielst du sie mit einer Ausrede. Zum Beispiel magst du plötzlich denken, dass all dies Erleuchtungsgerede nichts für dich ist oder du musst unbedingt vor der Realisierung noch ein gaaaanz wichtiges Projekt abschließen. Also gibst du diese spirituelle Nicht-Praxis urplötzlich auf. Es gibt viele, viele weitere Arten, die Angst zu überspielen. Du sagst vielleicht: „Dieser Meister kennt die Wahrheit nicht“, „Er ist nichts für mich, weil er mir nicht genügend Anerkennung gibt“ oder „Was er vorschlägt, ist zu einfach“. Aber ganz gleich, welcher Pseudogrund auch gewählt wird, letztlich entstammen all diese Ausreden der Angst vor dem Tod und der Angst vor der Auslöschung. Wenn wir die Lichtkörperübung machen und du die Gefühle in dir intensivierst, wird diese Angst früher oder später auftauchen – insbesondere dann, wenn du die Lichtkörperübung alleine machst.

Deshalb ist es wichtig, dass du darauf vorbereitet bist. Nichts ist falsch an dieser Angst, sie ist absolut normal. Du bist darauf konditioniert zu glauben, dass du ein Mensch in einem physischen Körper bist, und dein physischer Körper, dein physisches Gefäß, ist dazu gemacht, zu überleben. Sobald du also daran gehst, den fundamentalen Glauben an die Trennung loszulassen, ist natürlich alles, was du für „dich" hältst, von Auslöschung bedroht, denn das illusorische „du" ist aus Trennung gemacht. *Alles, was du glaubst zu sein, ist aus Trennung gemacht!* Angst ist also ganz natürlich.

Darüber hinaus gibt es auf einer anderen Ebene schwierige Vorfälle, die in deinen verschiedenen Leben passiert sind. Beispielsweise traumatische Todeserfahrungen oder Zerfallserfahrungen auf der Ebene der Gesellschaft oder der Gruppe, in der du lebtest, des Stammes, der Nation, des Landes, der Familie. All das wurde durch die DNS, die Baupläne und durch deine Sozialisation an dich weitergegeben. All das ist in dir. Und wenn das Licht des reinen Bewusstseins auf diese unbewussten Erinnerungen und Muster fällt, tritt all das an die Oberfläche und du wirst es wieder fühlen.

Diese Erinnerungen sind alle tief unten im Unbewussten vergraben. Du bemerkst sie nur dann, wenn sie getriggert werden und du willst nicht, dass das geschieht, also findest du immer Wege, das zu umgehen. Aber wenn du dem Licht des reinen Bewusstseins erlaubst, durch alle Schichten deiner Existenz zu scheinen, wow, dann wirst du sie zum Leben erwecken. Sie können sich nicht verstecken. Und deshalb wirst du alle Arten von Gefühlen, Emotionen und Flashbacks haben. All das ist absolut normal und natürlich. Der einzige Punkt, den ich hier ansprechen möchte, ist: Sei dir dessen gewahr. Es ist wichtig, dass du weißt, dass das passieren wird. Das ist nichts Besonderes, nichts, was nur dir passiert. Aber du musst dich fragen: „Kann ich diese Intensität aushalten?" Und wenn es zu viel ist, reduzierst du die Intensität ein wenig und fährst zu einem späteren Zeitpunkt damit fort.

Verwirf nicht diese höchste Praxis, diese einfachste Praxis, wenn du früher oder später deinen Ängsten und all den verborgenen unbewussten Traumata gegenüberstehst. Sie werden an die Oberfläche kommen, denn du kannst sie nicht über die Trennung hinaus mitnehmen. Sie halten dich in deiner menschlichen Existenz gefangen, also musst du sie loslassen.

Während der Lichtkörperübung könntest du auch enorme Energieschübe spüren, denn du wirst deine tief in dir liegende tierische Natur berühren. Deine Biologie musste überleben, indem sie andere Tiere gejagt, getötet und gefressen hast. Und wann immer du bei der Jagd erfolgreich warst, gab dir das einen gewaltigen Schub an Energie. Auch diese Erinnerungen werden freigelegt und so könntest du, angetrieben von einer unbändigen Energie, losrennen wollen, um „die nächste große Sache" in deinem Leben zu tun – vielleicht ein langfristiges Projekt, denn du bist so voller Energie, wie schon lange nicht mehr! Sicher, du könntest ein neues Projekt anfangen, aber es wäre besser, diese Idee loszulassen und dir einfach dieser enormen Menge an Energie in dir gewahr zu werden. Integriere sie! Erlaube ihr, mit dir zu sein, ohne sie auszuagieren!

Tatsächlich ist das der Punkt, an dem viele, viele gescheitert sind. Sie dachten, sie wären die großen Magier geworden, und sie kehrten zurück in die Trennung, um ihre neuen „Fähigkeiten" auszuleben und um berühmt, reich oder mächtig zu werden. Tu das nicht! Wie auch immer, es ist deine Entscheidung.

Gut, ich werde sowieso hier sein, falls du nach ein paar Dutzend weiterer Leben wieder Unterstützung möchtest. Aber es gibt keinen Grund, den Magier zu spielen. Denn tatsächlich hast du das bereits getan! Du hast all diese Tricks bereits aufgeführt, du hattest all diese speziellen Leben, diese Erfahrungen – warum das noch einmal wiederholen? Wenn du das Gefühl haben willst, geehrt zu werden oder was auch immer, dann werde dir dieses Gefühls einfach gewahr.

Lasst uns mit der Lichtkörperübung beginnen. Dein wahres Selbst ist in Kommunion mit dir. Es unterstützt dich und hält die Intention, einen Lichtkörper zu haben. In diesem Sinne ist der Lichtkörper immer da, aber du musst dir seiner gewahr werden.

Wir fangen mit dem Gefühl der Sicherheit an. Fühle Sicherheit. Werde dir in diesem Moment der Sicherheit gewahr, die im Lichtkörper enthalten ist, der überall um dich herum und in deinem Körper ist. Es ist sicher. In diesem Moment gibt es nichts zu schützen, nichts, was du verlieren könntest, nichts, wofür du kämpfen müsstest und nichts, was dich bedroht.

Benutze den Dimmer und verstärke die Sicherheit um den Faktor zehn – eine Stufe auf deinem Dimmer. Erlaube, dass sich dein Gewahrsein für Sicherheit erhöht, so als ob du durch eine Lupe auf dieses Gefühl schaust. Wenn es um Marketing ginge, würde ich sagen: „Wir gehen Quantum!" Es ist ein Quantensprung über deine Komfortzone hinaus, über das hinaus, was du normalerweise zulassen würdest. Jetzt ist es die zehnfache Intensität.

Die Sicherheit durchdringt deinen ganzen physischen Körper, dein Fleisch, deine Knochen, dein Blut. Sie durchdringt auch deinen Emotionalkörper, und die Sicherheit geht auch direkt in deinen Mentalkörper. Aber weil der Mangel an Sicherheit auf der physischen Ebene am stärksten empfunden wird, spürst du hier die Gegenwart von Sicherheit auch am stärksten.

Benutze deinen Dimmer noch einmal, Sicherheit mal zehn. Jetzt haben wir einen Faktor von hundert.

Der physische Körper hat Angst vor dem Tod. Er glaubt, er sei geboren worden. Er glaubt, dass er in der Zeit existiert. Er glaubt, dass er ein Kind der Zeit ist. Aber du weißt es besser. Du weißt, dass du es besser weißt.

Noch einmal, benutze den Dimmer. Jetzt haben wir Sicherheit mal 1000.

In dieser Intensität der Sicherheit scheint es so, als ob der physische Körper transparent wird.

Die Sicherheit ist also die Nummer eins der verschleierten Gefühle auf der physischen Ebene.

Lass uns nun zur emotionalen Ebene gehen. Was hier fehlt, ist das Gewahrsein von Liebe. Wo ist die Liebe hin? Irgendwie erinnerst du dich, wie du Liebe gewesen bist. Überall war Liebe. Es ist unnatürlich, dass die Liebe fehlt und man etwas tun muss, um sie zu bekommen, aber du hast gelernt, dass du als physisches Wesen etwas tun musstest, um sie zu fühlen. Deine Mutter war so viel netter zu dir, wenn du gelacht hast, anstatt zu schreien. Also hast du gelernt, dass du besser lachen und lächeln solltest.

Der Ersatz für Liebe ist bedingte Akzeptanz. Liebe ist schwer zu bekommen, aber bedingte Akzeptanz – das liegt in der Reichweite des Menschen. Also verhältst du dich auf eine bestimmte Weise, damit andere dich akzeptieren. Dann fühlst du dich gut. Das ist die Kompensation für Liebe. Und das ist es, was all die falschen Identitäten tun, tagein, tagaus. Sie sorgen dafür, dass sie bedingte Akzeptanz bekommen und Ablehnung vermeiden, denn Ablehnung tut weh.

Aber natürlich gibt es auch Momente der Liebe. Momente der Liebe! Momente der Liebe sind ein bisschen wie Momente der Erleuchtung, nicht wahr? Wahre Liebe kann nur existieren, wenn es keine Grenzen zwischen dir und dem anderen gibt – oder zwischen dir und allem anderen. Da jeder von euch bereits einen Moment der Erleuchtung erlebt hat, bin ich mir sicher, dass jeder auch einen Moment der Liebe erlebt hat. Also, bitte erinnere dich jetzt an einen solchen Moment. Es könnte deine erste Liebe sein, die dir in den Sinn kommt oder ein Ereignis mit deinem Haustier, das Lächeln deines Kindes. Da war Liebe und du erinnerst dich daran. Tatsächlich hat dieses äußere Ereignis eine Erinnerung an die reine Liebe ausgelöst, die hinter der Verschleierung schon immer da war.

Jetzt kannst du deinen Lichtkörper als eine liebevolle Umarmung in deinem ganzen Körper spüren, jede Ebene, jede Zelle, jede falsche Identität, jede traumatische Erfahrung, jede Blaupause und jeder DNS-Strang wird umarmt. Da ist Akzeptanz. Totale Akzeptanz! Das ist es, was Liebe tatsächlich ist. „Ich kann so sein, wie ich bin.“ Das ist das Gefühl, geliebt zu werden – ohne jede Ablehnung und ohne die Notwendigkeit, etwas beweisen zu müssen.

Jetzt benutze deinen Dimmer, intensiviere das Gefühl. Liebe mal zehn.

Erinnere dich, du bist sicher. Du bist sicher, und gleichzeitig fühlst du Liebe. Was für eine Kombination! Denn so weit du dich erinnern kannst, war jede Liebe, die du erfahren hast, von Angst begleitet. Sie war von der Angst begleitet, dass „der andere“ oder der Auslöser für das Gefühl von Liebe sich verändern würde. Und tief in deinem Inneren wusstest du natürlich, dass sich alles ständig verändert. Eine Beziehung mag mit einem Moment der Liebe beginnen. Der Moment wird zu einer Erinnerung. Dann wurde die „Liebe“ vielleicht zu Vertrauen oder Loyalität gewandelt, denn Momente der Liebe, der wahren Liebe, sind eher selten, genau wie die Momente der Erleuchtung eher selten sind.

Schau dir deine Gesellschaft an und sieh, was Menschen alles tun, um Liebe zu fühlen – oder deren Ersatz, bedingte Akzeptanz. Es ist unfassbar. Fast alles dreht sich darum. Wenn die Diktatoren der Welt bedingungslose Liebe spüren würden, oh, sie würden sich anders verhalten.

Jetzt, noch einmal, benutze deinen Dimmer, Liebe mal zehn.

Spüre die Vereinfachung. Die falschen Identitäten, sie sind wie Eiskristalle und schmelzen einfach weg. Sie werden nicht mehr benötigt! Sie haben an und für sich sowieso keine Existenz. *Du* belebst diese falschen Identitäten, aber wenn du erkennst, dass du sie nicht mehr benötigst, entziehst du ihnen deine ganze Aufmerksamkeit und sie hören einfach auf zu existieren.

Und nun ein drittes Mal: Liebe mal zehn mit deinem Dimmer. Drehe ihn eine Stufe weiter, ohne dich zurückzuhalten.

Liebe ist nährend, spürst du das? Es ist, als würde jede deine Zellen Nahrung aufnehmen. Du nimmst Liebe in dir auf. Endlich, endlich, ist da wieder Liebe. Bedingungslose Liebe, die nicht an Zeit gebunden ist oder daran, dass du dich auf eine bestimmte Weise verhältst.

Wenn du die Lichtkörperübung allein machst, mit weniger Ablenkung durch meine Worte, könnten viele Gefühlsschübe in dir aufwallen. Tränen könnten fließen, Körperteile könnten zittern. Erlaube das für eine Weile, aber nach, sagen wir, ein paar Wochen, in denen du diese Praxis machst, musst du an einem gewissen Punkt die aufwallenden Emotionen loslassen und sie einfach nur beobachten. Denn so bewegend diese aufkommenden Gefühle und Emotionen auch sein mögen, deine Körperreaktionen können auch zu einem Hindernis werden. Es wird so überwältigend schön und emotional, dass es zu viel wird und du die Übung stoppst. Du glaubst immer wieder, die Übung beenden zu müssen, bis du irgendwann die ganze Praxis vergisst. Sei dir dieses möglichen Ablaufs also gewahr, sei dir dessen gewahr, denn das ist eine weitere Möglichkeit, wie sich die versteckte Angst tarnen kann und dich dadurch zurückhält.

Nun lass uns zur mentalen Ebene kommen. Die mentale Ebene ist so interessant, weil sie in gewisser

Weise nicht physisch ist. Alles geschieht hier schnell, ohne große Verzögerung. Es ist also viel natürlicher als die physische Erfahrung in Zeitlupe.

Wenn ein Wesen in die Dichte geht, verursacht die Verschleierung, die sich innerhalb der mentalen Schicht einstellt, einen Mangel an Klarheit. Im reinen Bewusstsein gibt es keine Fragen. Es gibt nicht eine einzige Frage und darum auch keinen einen einzigen Zweifel. Kannst du dir das vorstellen? Kannst du dir einen Moment in deinem Leben ohne Zweifel vorstellen?

Also, wenn du in die Dichte gehst, kommt der Zweifel. Skepsis stellt sich ein. Außerdem wechselst du von Gewissheit zur Wahrnehmung, und was immer du wahrnimmst, ist verzerrt. *Nichts ist so, wie es zu sein scheint!* Alles muss interpretiert werden. Aber weil du es so interpretieren kannst, wie du gerade möchtest, kannst du dir nie sicher sein, dass deine Interpretation die „richtige“ ist.

Auf der mentalen Ebene gibt es also einen Mangel an Klarheit und somit Zweifel – Zweifel an allem. Um den Mangel an Klarheit zu kompensieren, sucht der Mensch nach Kontrolle. Der Mensch mag es, seine Umgebung zu kontrollieren, und je mehr Kontrolle er hat, desto mehr Klarheit scheint er zu haben, denn was auch immer passieren kann, ist bereits im Voraus bekannt.

Mittels Kontrolle soll der Mangel an Klarheit kompensiert werden. Das ist natürlich eine große Illusion, aber sie hilft, durch den Tag zu kommen. Dieser Wunsch nach Kontrolle – oder nach Klarheit – ist das, was alle Forscher ausleben. Sie wollen alles wissen und modellieren. Sie wollen immer tiefer in die Details gehen, obwohl sie wissen, dass es kein Ende der Details gibt. Aber es lenkt sie ab. Es hält sie in der Illusion der Kontrolle.

Klarheit. Der einfachste Weg, Klarheit zu fühlen, ist, wenn du dich an einen Punkt in deinem Leben erinnerst, an dem du eine wichtige Entscheidung treffen musstest. Soll ich diese oder jene Karriere wählen? Soll ich meinen Partner verlassen oder soll ich bleiben? Sollte ich ein Kind bekommen? An solch einem wichtigen Punkt in deinem Leben hattest du vielleicht eine starke Intuition, eine Gewissheit aus deinem Inneren heraus, die du dir nicht erklären konntest. Du wusstest einfach: „Das ist der richtige Weg." Das war ein Moment der Klarheit.

Klarheit benötigt keine Argumente, denn jedes Argument kommt aus der Trennung, es ist austauschbar. Gewissheit hingegen ist genau das, Gewissheit. Sie braucht keine Stützen.

Wähle also einen Moment in deinem Leben, in dem du eine solche Intuition hattest, und erinnere dich daran, wie du dich in diesem Moment gefühlt hast. Das ist das Gefühl der Klarheit.

Benutze nun den Dimmer und verstärke die Klarheit um das Zehnfache. Klarheit mal zehn! Das in Kombination mit Sicherheit und Liebe, was für ein Genuss!

Ich weiß, dass ich weiß. Das ist Klarheit!

Ich bin, was ich bin. Das ist Klarheit!

Ich weiß – ohne Begründung, ohne Argumentation und ohne die Be*mühung von Details.*

Das, was man den Mentalkörper nennt, ist riesig, er ist riesig! In gewisser Weise ist er wie ein Kosmos in sich selbst. Wir könnten sagen, dass jede Überzeugung wie ein Stern ist, der vor sich hin leuchtet und versucht, dich zu beeinflussen. Und es gibt so etwas wie Galaxien im Mentalkörper. Die sind wie Religionen – Glaubenssatz auf Glaubenssatz auf Glaubenssatz – und alle kreisen immer um sich selbst. Da sind Schwärme von Asteroiden, die deinen Gedanken ähneln. Manchmal kollidieren sie miteinander oder sie kollidieren mit Planeten und Sternen. Du kannst viele Analogien finden zwischen dem, was du im Kosmos siehst und den Glaubenssätzen, Dogmen und Überzeugungen, die im Mentalkörper gehalten werden. Man könnte sagen, eine falsche Identität ist wie ein schwarzes Loch. Es saugt alles ein, sogar das Licht. Es will immer mehr. Es saugt es auf der einen Seite ein und spuckt es auf der anderen Seite als Emotion wieder aus, direkt in den Emotionalkörper.

Wenn du Klarheit in deinen persönlichen Kosmos mentaler Aktivität bringst, kann sich dort alles entspannen. Du erkennst, dass hier alles nur existiert, um die Trennung in immer kleinere Stücke zu zerteilen, in immer mehr Details, in richtig und falsch, gut und schlecht, gestern und morgen. Mit Klarheit brauchst du all das nicht mehr.

So, wie sich dein physischer Körper entspannt, wenn du Sicherheit in dein Gewahrsein bringst, so wie sich dein emotionaler Körper entspannt, wenn du Liebe in dein Gewahrsein bringst, so entspannt sich auch dein Mentalkörper. Deine Konzepte, Dogmen und Glaubenssätze können sich entspannen und lockern. Sie werden weniger starr. Das ist es, was Klarheit bewirkt.

Ich sage immer, dass nichts, nichts, nichts dem reinen Bewusstsein widersteht. Oh, Klarheit entspringt dem reinen Bewusstsein. Keine Überzeugung kann der Klarheit widerstehen.

Jetzt noch einmal, Klarheit mal zehn.

Ich weiß, dass ich weiß. Ich weiß, dass ich ungeboren bin, also stellt sich die Frage nach dem Tod noch nicht einmal. Tod ist ein falscher Glaube, der allerdings die Illusion, als abgetrennter Mensch zu existieren, sehr, sehr real macht.

Ich weiß, dass es nicht darum geht, von der tiefen Dichte des Menschseins zu den höheren Dichten zurückzugehen. Es geht darum, über Dichte per se hinauszugehen.

Daher ist der menschliche Körper also tatsächlich der Ausweg, das Portal, das torlose Tor. Aber es erfordert das Loslassen des Glaubens an den Tod und damit das Loslassen der Angst vor dem Tod und der Angst vor Auslöschung. Diese Angst fragt dich, was du bist, wenn es keine Spiegelung mehr von dir gibt.

Jetzt dreh noch einmal den Dimmer. Klarheit mal zehn!

Du bist wie ein strahlendes Licht, ein Wesen der Klarheit, der Liebe und der Sicherheit.

Wenn du diese Gefühle zulässt, kannst du spüren, wie alle Aktivitäten zur Ruhe kommen. Die Zeit scheint stillzustehen. Was vor einer Stunde noch wichtig war, ist jetzt nicht mehr von Bedeutung.

In dieser Phase der Lichtkörper-Übung kannst du weitere Gefühle hinzunehmen. Klarheit, Liebe und Sicherheit sind für die drei Hauptebenen deiner physischen Existenz hilfreich, aber abhängig von deiner persönlichen Situation und deinen Konditionierungen, können weitere Gefühle ebenfalls sehr hilfreich sein. Zum Beispiel Schönheit. Füge Schönheit zu den Gefühlen hinzu. Erinnere dich an einen Moment, in dem du Schönheit gefühlt hast, dann lass dieses innere Bild los, denn jede Vorstellung und auch jede Erinnerung ist nur ein Stimulus. Aber den brauchst du nicht! Werde dir einfach der Schönheit gewahr, der Essenz der Schönheit. Drehe wieder den Dimmer. Ist das schön!

Füge das Gefühl der Freiheit hinzu, das Gefühl, jenseits jeder Begrenzung zu sein. Das bedeutet nicht, dass du mit deinem physischen Körper herumfliegst. Das ist nicht der Punkt. Der Punkt ist, dass du weißt, dass du nicht dein Körper bist, deshalb kannst du dein Gewahrsein platzieren, wo du möchtest.

Du könntest dich entscheiden, das Gefühl von Vitalität hinzuzufügen.

Erlaube nun all diesen Gefühlen, zu einem einzigen Gefühl der Glückseligkeit zu verschmelzen, zur Essenz der Glückseligkeit.

Aus didaktischer Sicht ist es hilfreich, die Glückseligkeit zu sezieren, denn dieses Verständnis ist wichtig für deine Erfahrungen und für deinen Weg aus der Materie. Aber ab einem gewissen Punkt ist es nicht mehr nötig, die Glückseligkeit in Komponenten zu zerlegen. Fühle einfach die Glückseligkeit in ihrer Gesamtheit. Sie ist überall um dich herum – wo auch immer das ist. Und sie ist in dir – wenn es ein Innen überhaupt gibt.

Jetzt lade ich dich ein, deine Perspektive vollständig in den Lichtkörper zu verlagern und deinen physischen Körper zu verlassen. Er ist immer noch da, du bist immer noch mit ihm verbunden, aber das Zentrum deines Bewusstseins wird der Lichtkörper.

Lass den Körper wissen, dass er den Tod nicht zu fürchten braucht, denn es gibt ihn nicht. Strahle dieses Wissen durch deinen Lichtkörper – und dein physischer Körper wird es akzeptieren. Er wird den Lichtkörper imitieren, denn er erkennt dich. Auf tiefster Ebene deines physischen Körpers sind immer noch Teile von dir, die sich sozusagen an die subatomaren Strukturen klammern und überzeugt sind, aus Materie zu sein. Aber jetzt wachen sie sanft, sanft auf.

Heute werden wir nicht bis auf diese tiefste Ebene gehen, denn wir haben es nicht eilig. Das ist kein Wettrennen.

Spüre wieder die Einfachheit deines Lichtkörpers. *Das bist du!* Tief in deinem Inneren weißt du:

Ich bin das lebendige Licht!

Ich bin das lebendige Licht, *ohne jeden Zweifel!* Und ist das nicht das lebendige Paradoxon? Im Traum zu sein, aber nicht von ihm?

Es ist so einfach. Wenn du die zugrundeliegende Motivation für diese Übung akzeptiert hast, wenn du sie zu deiner eigenen Weisheit gemacht hast und sie anwendest, ist sie in höchstem Maße wirkmächtig!

Dies ist ein heiliger Moment, und ich möchte, dass du spürst, dass du in diesem Moment nicht allein bist. Es gibt viele andere, die dies auf ihre ganz eigene Art und Weise erleben, aber am Ende ist das alles sehr ähnlich. Sie teilen deinen Weg. Es mag schwierig sein, darüber zu sprechen, aber du weißt, dass du nicht allein bist. Weder bist du auf der menschlichen Seite des sogenannten Schleiers allein und erst recht nicht auf der anderen Seite.

Nun öffne langsam, langsam deine physischen Augen. Es gibt keinen Grund, die Glückseligkeit, den Zustand, in dem du gerade bist, loszulassen, denn es ist nicht wirklich ein „Zustand", vielmehr ist es dein natürliches Sein. Es ist das, was du bist: das lebendige Licht, das sich als Mensch verkleidet hat.

(Althar geht leise)

*

Joachim: Also, sind alle zurück in ihrer aktuellen Verkleidung?

Hat jemand eine Bemerkung oder eine Frage? Haltet euch nicht zurück.

Teilnehmer 1: Ich denke, Althar sagt, wir sind dieses lebendige Licht. Wir sind der Lichtkörper, und in dem Buch sagt Althar, dass wir grenzenlos sind, ohne Grenzen, und ich weiß nicht, vielleicht spricht er noch mehr über die Grenzenlosigkeit, denn es scheint so, als ob das, was ich in dem Buch gelesen habe, ist, dass wir in diesem Übergangsstadium sind. Ich weiß nicht, wie lange die Leute in unserer Gruppe diese Übung schon machen. Ich mache sie seit fast einem Jahr. Jeden Tag, manchmal sogar mehrmals am Tag, und ich gebe Vollgas, mit riesigen Zahlen. Ich habe sogar mit der Unendlichkeit gearbeitet!

Nun, ich hatte einen schlechten Traum, als ich es vor vier Monaten sozusagen bis zum Anschlag aufgedreht habe, aber seitdem bin ich allmählich wieder hochgefahren und jetzt bin ich bis zur Unendlichkeit oder zehn hoch unendlich. Meine Frage ist: Wie kann man diesen Zustand wieder verlieren?

Ich erfahre in dem Buch, dass diese Übergangszeit zwar nicht gefährlich ist, aber man doch wieder in die Trennung rutschen kann. Wie kann das sein? Wir sind das lebendige Licht, wir sind der Lichtkörper und wir sind unbegrenzt. Wie können wir zurückfallen?

Joachim: *Wenn du es zulässt*, das ist die einfache Antwort. Wenn du beispielsweise Teilen von dir erlaubst, zu versuchen, es zu ergreifen und auszunutzen. Du hast dann vielleicht das Gefühl, etwas Besonderes zu sein und dass du andere lehren willst. Dann kommen welche zu dir und sie bewundern dich. Und schon beginnen die ganzen Ego-Spiele wieder von vorne. Das passiert immer wieder, schau dich einfach um. Und es ist sehr schwer, dem nicht zum Opfer zu fallen. Wenn Leute kommen und dich bewundern und du sie auch noch darin unterstützt, nun, dann hast du eine schwierige Zeit vor dir. Du musst sehr stabil sein, um das nicht zuzulassen.

Abgesehen davon ist es immer wieder die Trennung selbst, die sich irgendwelcher unterdrückter Aspekte bemächtigt, die sich dann austoben wollen. Das ist ein Problem, vielleicht das größte Hindernis, und jeder Mensch wird individuell damit umgehen müssen. Wenn du zum Beispiel in deinem normalen Berufsleben eine Machtposition hattest, dann bist du vielleicht mit dem Thema Macht durch. Oder es kann sein, dass du nie eine Machtposition hattest und plötzlich ist eine Gruppe von, sagen wir, zehn Leuten um dich herum und du bist derjenige, dem sie zuhören. Dann kann die Dynamik der Trennung dich leicht in die Illusionen zurückziehen. Das passiert normalerweise nicht, wenn du alleine praktizierst. Aber irgendwann kann man in Versuchung kommen, rauszugehen und zu versuchen, andere zu manipulieren oder zu beeinflussen – deshalb muss man sich dessen so bewusst sein. Es ist ein Risiko, aber es hängt von deiner Persönlichkeit und von deiner persönlichen Geschichte ab.

Teilnehmer 1: Es scheint, als müsste ich vergessen, dass ich unbegrenzt bin, um das zu tun. Ich brauche diese Bewunderung durch die Menge nicht.

Joachim: Das ist wunderbar zu hören, aber es gibt so viele da draußen, die es einfach brauchen. Jeder, der auf der Bühne steht, jeder Schauspieler, sie alle sind süchtig. Sie brauchen die Aufmerksamkeit der anderen. Aber in dem Moment, wo du an der Nadel der Aufmerksamkeit hängst, willst du immer mehr und mehr davon. Die Dosis muss ständig gesteigert werden.

Wenn es dich nicht reizt, Aufmerksamkeit zu bekommen..., sehr gut. Aber falls es das tut, dann sei vorsichtig. Das ist so ziemlich der einzige Rat, den ich geben kann. Es ist nichts falsch daran zu versuchen, andere Menschen zu lehren, aber es ist eine große Herausforderung, der zu bleiben, der du bist, wenn andere kommen und dir sagen, wie toll du bist. Und dann fängst du vielleicht doch wieder mit den menschlichen Spielen an, obwohl du so nah dran warst.

Teilnehmer 1: Ich will nicht sagen, dass ich ganz da bin. Ich vergesse es und rutsche zurück und mein Ego kommt rein, aber ich bin mir dessen bewusst. Ich denke, das ist die Wahrheit. Es war so kraftvoll für mich, diese Übung zu machen. Es ist jetzt fast ein Jahr. Ich sehe die körperlichen Veränderungen. Ich danke dir.

Joachim: Nach meiner Erfahrung ist es auch jenseits dessen, was Worte erklären können, denn es ist so einfach. Es geht zurück auf das Wesentliche. Alle Bedürfnisse werden dadurch befriedigt und weil sich das ganze menschliche Leben um die Befriedigung von Bedürfnissen dreht, bist du plötzlich frei. Das bedeutet nicht, dass du nicht mehr rausgehst und einen

Spaziergang in der Natur genießt oder gute Musik hörst, nein, aber du musst es nicht tun, um erfüllt zu sein, und das macht einen großen Unterschied.

Hat noch jemand einen Kommentar?

Teilnehmer 2: Ich habe eine Frage, vor allem zur Kultivierung des Gewahrseins. Es hat damit zu tun, wie der Atem irgendwie langsamer und subtiler wird. Ich denke, es wird immer häufiger und auch intensiver, meine Reaktion auf die Subtilität des Atems, fast so, als würde er ausbleiben, und ich fange an, mehr und mehr darauf zu reagieren. Früher konnte ich damit eher in Frieden sein, aber jetzt, wo ich mir bestimmter Dinge in meinem Körper bewusster werde, fängt dieser „Mangel an Atem" an, mich zu triggern, und ich werde frustrierter darüber und ich muss irgendwie einen sehr tiefen Atemzug nehmen... Ich weiß nicht, ob du dazu etwas sagen kannst.

Joachim: Ja, das ist der Preis, den wir zahlen müssen. Das ist das Kleingedruckte. Aber es ist so fein gedruckt, dass es schwer zu lesen ist! Je feinfühliger du wirst, desto mehr spürst du! Überraschung! Und viele Dinge, die du wahrnimmst, die du vorher nicht wahrgenommen hast, sind nicht so erfreulich. Und ich muss sagen, es wird nicht besser! (*Gelächter*)

Je feinfühliger du wirst, desto mehr wirst du spüren. Es gibt so viele Emotionen in deinem Körper, die so stark konditioniert sind, dass du sagst: „Nun, ich bin nur das Opfer meiner Emotionen." Außerdem gibt es eine ziemliche Latenzzeit zwischen dem Gewahrwerden von etwas und der Reaktion des physischen Körpers. Irgendwann erkennst du: „Oh, etwas hat mich gerade getriggert. Ich bin wütend." Aber die ganzen Chemikalien sind bereits in deinem Körper. Sie halten dich für eine Weile in einem Zustand der Wut, denn es dauert eine gewisse Zeit, bis sie wieder abgebaut sind. Aber solange sie aktiv sind, fühlst du dich immer noch wütend oder verärgert.

Aber dann – das ist der Punkt – bleibe in der Klarheit, agiere die Wut nicht aus.

Es stimmt, es ist irgendwie frustrierend. Andererseits geht auch das vorbei, es beruhigt sich. Es entwickelt sich eine neue Ebene der Sensitivität und du lernst, damit umzugehen. Du wirst die Fähigkeit dazu entwickeln.

Du wirst mehr und mehr erkennen: Das bin nicht ich, auch wenn ich es spüre. Es ist dir in gewisser Weise so nah und du glaubst immer noch, dass dies dein Körper ist.

Später wirst du immer mehr das Massenbewusstsein spüren, was nie sehr angenehm ist.

Nun, man muss sich daran gewöhnen und versuchen, sich nicht zu sehr davon mitreißen oder beeinflussen zu lassen. Aber das Massenbewusstsein wird nicht vergehen. Das ist einer der Gründe, warum ich sagen würde, dass viele der erleuchteten Wesen gehen, denn es ist einfach zu viel. So viel von dem zu spüren, was einen eigentlich nicht interessiert, damit umgehen zu müssen und es immer wieder loszulassen..., das ist keine leichte Aufgabe.

Also, ja, so ist das nun mal. Also, herzlichen Glückwunsch! Du kommst jetzt zum Kleingedruckten.

5. Wie Kernüberzeugungen die erlebte Realität formen

Herzlich willkommen! Wir sind bereits bei der fünften Zusammenkunft unseres zehnwöchigen Programms, also ist die erste Hälfte fast vorbei. Heute haben wir die letzte Zusammenkunft, bei der es vornehmlich um das physische Gefäß, den Körper, geht. In den folgenden fünf Wochen werden wir dann weit über den physischen Körper hinausgehen.

Wie immer beginnen wir mit der Kultivierung des Gewahrseins. Anschließend werden wir in das Thema des Tages eintauchen, welches lautet: „Wie Kernüberzeugungen die erlebte Realität formen." Das ist das heutige Thema.

Also, bitte strecke die Wirbelsäule, sitze gerade, nimm die königliche Haltung ein. Das ist sehr wichtig, die königliche Haltung. Spüre ein Gefühl der Ehrfurcht vor dem, was du hier machst. Es ist wesentlich, dass du wirklich weißt, dass das Kultivieren des Gewahrseins ein direkter Weg zur Erleuchtung ist und nicht nur eine beliebige Körperübung, wie das Dehnen oder Trainieren deiner Muskeln. Nein, wir gehen damit direkt zum Kern der Erleuchtung.

Also, strecke die Wirbelsäule, ziehe das Kinn ein wenig zurück und drücke den Kopf gegen den Himmel. Spüre, wie dein Körpergewicht auf dein Gesäß drückt. Alles entlang der vertikalen Linie von deinem Scheitel bis zu deinem Gesäß kannst du einfach loslassen. Lass die Schultern ein wenig zurückfallen, damit sich der Brustkorb öffnet und du tiefer atmen kannst.

Die Augen sind zu drei Vierteln geschlossen und der Blick ist etwa fünfundvierzig Grad nach unten gerichtet, ohne dabei etwas zu fokussieren. Die Energie des Blicks geht also nach innen.

Der Mund ist geschlossen. Die Zunge berührt den Gaumen und die oberen Schneidezähne. Du atmest durch die Nase ein und aus.

Wie immer erinnere ich daran, dass es bei dieser Übung nicht darum geht, irgendetwas zu erreichen, nicht darum, dich zu perfektionieren, nicht darum, „besser" zu werden oder „ein guter Atmer" oder ein „guter Aufrecht-Sitzer" zu werden. Nein, es geht einfach darum, zu deinem natürlichen Zustand zurückzukehren.

Um wieder in deinen natürlichen Zustand zu kommen, hörst du einfach auf, das zu tun, was dich aus deinem natürlichen Zustand herausbringt. Wie zum Beispiel deinen Gedanken zu folgen, in deinen Träumen zu sein, dich im Morgen oder im Gestern zu verlieren. Stattdessen sei einfach im Hier und Jetzt. Wann immer du das Gefühl hast, dass dich irgendetwas fortzieht, kommst du einfach zurück. Du kommst zurück zu deiner Atmung. Die Atmung ist immer bei dir. Werde dir einfach wieder deiner Atmung gewahr.

Sich der Atmung gewahr zu sein bedeutet, dass du den Luftzug spürst, wenn die Luft in deine Nase eintritt. Du kannst eine Kühle in deiner Nase spüren. Du kannst spüren, wie sich dein Brustkorb bewegt. Du kannst spüren, wie sich dein Bauch bewegt. Du kannst dir all dessen gleichzeitig gewahr sein, was impliziert, dass du jenseits deines Verstandes bist, denn der lineare Verstand wäre dazu nicht in der Lage.

Werde dir nun der winzigen, winzigen Bewegungen deiner Wirbelsäule, bewusst, die mit der Atmung einhergehen. Wenn sich dein Bauch bewegt, dann muss das Gleichgewicht wiederhergestellt werden, dein Oberkörper muss durch deine Muskeln ausbalanciert werden. Überall gibt es winzige, winzige Bewegungen, spüre das.

Noch einmal, strecke deine Wirbelsäule. Werde so groß, wie du nur sein kannst.

Werde dir jetzt deines linken Beins gewahr, deines ganzen linkes Beins.

Zuerst bemerkst du die Existenz des Beins. Dann spürst du vielleicht die Temperatur, den Stoff auf deiner Haut. Mit dem Gewahrsein kommt die Entspannung. Alle Anspannung verschwindet. Und etwas Eigenartiges passiert: Die Entspannung breitet sich auf das rechte Bein aus, auch, wenn du dein Gewahrsein nicht aktiv dorthin ausgerichtet hast. Nun, Präsenz ist ansteckend, sie breitet sich aus, sie wird „größer“.

Werde dir jetzt deines rechten Beins gewahr.

Eine interessante Frage lautet: „Was ist es eigentlich, dessen ich mir gewahr werde? Sind es die Knochen, die Zellen, das Blut, die Haut? Was genau ist es? Ist es das Gefühl der Berührung? Oder das alles gleichzeitig?”

Dehne noch einmal deine Wirbelsäule und bemerke, wie sich die Haltung seit eben schon wieder verändert hat. Du bist in deine „normale“ Körperhaltung zurückgesunken, und wenn du sie erneut streckst, bist du meist erstaunt, wie groß du werden kannst, obwohl du gar nicht bemerkt hattest, wie du zusammengesunken bist.

Werde dir nun deines linken Arms gewahr, von den Schultern bis zu den Fingerspitzen.

Schließe deinen rechten Arm mit in dein Gewahrsein ein.

Nimm nun sowohl deine Schultern als auch deine Kehle in dein Gewahrsein auf.

Erweitere dein Gewahrsein auf die Muskeln dcines Mundes und deiner Lippen. Spüre all die feinen Muskeln in deinem Gesicht. Sie sind mit deinem Emotionalkörper verbunden. Sie drücken ständig deinen inneren Gefühlszustand aus. Wenn du diese Muskeln entspannst, entspannt sich auch dein innerer Zustand.

Mache nun das Gleiche mit deinen Augen. Werde dir deiner Augäpfel, deiner Augenlider und aller Muskeln um deine Augen herum gewahr.

Spüre nun die Haut deines Kopfes, die ganze Kopfhaut.

Jetzt besonders die Oberseite deines Kopfes, deinen Scheitel.

Und die Rückseite deines Kopfes.

Nun die Haut um deine Ohren herum. Wenn du kannst, bewege deine Ohren. Mach es jetzt und spüre, wie sich die Haut bewegt, spüre alle Muskeln, die sich dort befinden.

Werde dir nun der Haut auf deinem Rücken entlang deiner Wirbelsäule gewahr. Strecke wieder deine

Wirbelsäule und spüre dabei die Haut auf deinem Rücken.

Spüre nun deine gesamte Haut – vom Scheitel bis zu den Füßen, vom Rücken bis zum Bauch, Arme, Beine, Ohren.

Wunderbar! Öffne dich jetzt vollkommen und lass die Konzentration auf deinen Körper los. Sei einfach nur präsent. Man könnte sagen, vergiss deinen Körper und nimm einfach wahr, was dein Körper dir als Empfindungen, als Stimuli präsentiert, aber reagiere nicht darauf. Beobachte es, und lass es los. Wenn ein Auto vorbeifährt und dabei ein Geräusch macht, lässt du es einfach los. Wenn ein Muskel juckt oder zuckt, nimmst du es einfach wahr und lässt es los. Du bewegst dich nicht, du brauchst dich nicht zu bewegen. Dasselbe gilt für deine Gedanken. Beobachte sie und lass sie los.

Manchmal bemerkst du vielleicht, wie du im Gewahrsein eines Muskels feststeckst. Du folgst deinem Atem und merkst, dass der Energiefluss dort blockiert ist. In gewisser Weise kann dein Gewahrsein dann auch in diesem Muskel stecken bleiben. Sobald du dir dessen gewahr wirst, lass auch das los. Öffne dich und komme zurück zum reinen Gewahrsein, ohne dich zu fokussieren. Auf diese Weise lässt du allen Stress in diesem Muskel los. Du willst den Muskel nicht verändern. Du erlaubst ihm, so zu sein, wie er gerade ist. Es ist dieses Zulassen, dieses Akzeptieren, das letztlich alles verändert.

Das Loslassen ist der wichtigste Teil der Kultivierung deines Gewahrseins. Sich des Körpers gewahr zu werden, ist nur der Einstieg, aber dann muss die Dekonditionierung stattfinden, und das geht so: Du beobachtest und lässt das Beobachtete los – immer und immer wieder. In dem Moment, in dem du merkst, dass du in deinen Gedanken oder was auch immer stecken geblieben bist, streckst du die Wirbelsäule noch einmal und nimmst die Haltung der Klarheit ein. Werde dir wieder deiner Atmung gewahr, und dann gehst du wieder in den Beobachtungsmodus. Auf diese Weise trittst du immer wieder aktiv aus dem Traum heraus, immer und immer wieder.

Es wird Tage geben, an denen dir das sehr leichtfällt, an denen du sehr klar, ruhig, ausgeglichen und offen bist. Aber an anderen Tagen ist es vielleicht sehr schwierig. All das spielt keine Rolle! Du tust einfach immer das Gleiche. Komme immer wieder zurück in den Jetzt-Moment, in das Jetzt deines Körpers, dehne die Wirbelsäule, beobachte den Atem und fange von vorne an.

Ab heute werden wir nach der Kultivierung des Gewahrseins ein neues Element hinzufügen. Wenn du also dein Gewahrsein alleine kultivierst, solltest du nicht das tun, wozu ich dich jetzt auffordere. Du solltest diese Dinge wirklich trennen, denn die Kultivierung des Gewahrseins ist einfach, sie ist von äußerster Einfachheit. Darin solltest du deine Meisterschaft entwickeln.

Es gibt jedoch einige Hilfsmittel, die wir nutzen werden. Eines dieser Hilfsmittel ist, das Gewahrsein in dein sogenanntes Hara zu verlagern, das sich im Zentrum deines Bauchs befindet. Es ist im Inneren deines Bauches, unterhalb deines Nabels. Spüre in diesen Bereich hinein. Platziere dein Gewahrsein dort, gehe in Resonanz mit diesem Bereich.

Es gibt so etwas wie einen „Klang“, der von diesem Bereich ausgeht. Du kannst ihn spüren, innerlich hören oder ihn dir vorstellen. Es ist ein tiefer Klang. Es ist ein Klang, den die Ohren nicht hören können. Es ist ein freudiger Klang.

Also, wenn du diesen Klang spürst, geh in Resonanz mit ihm und fühle ihn. Wenn du ihn nicht spürst, dann intoniere ihn innerlich. Erschaffe diesen Klang, beispielsweise als einen tiefen Summton. Aber du bist absolut frei, einen Klang zu finden, sagen wir, ein Summen oder einen Vokal, der für dich am besten passt. Es ist ein kontinuierlicher Klang, er schwankt nicht, und er breitet sich aus. Er ist eine Art Träger.

Stell dir vor, dass sich dieser Klang von deinem Hara aus ausbreitet und deinen ganzen Körper durchdringt. Er breitet sich durch deinen ganzen Körper aus und sogar darüber hinaus. Ein tiefer summender Klang.

Versuche während der nächsten Woche, wenn du in deinem Alltag bist, dich hin und wieder an diesen summenden Klang zu erinnern und spüre dann in ihn hinein. Nimm die Veränderungen wahr, die in deinem Körper vor sich gehen, sobald du ihn wahrnimmst und ihm erlaubst, sich in deinem Körper auszubreiten.

Gut, wir werden jetzt etwas Musik spielen und Althar wird sich uns anschließen.

*

Ich bin Althar, der Kristall-Drache.

Es ist mir wieder eine große Freude, bei euch zu sein!

Es ist erst unsere fünfte Zusammenkunft, aber für mich fühlt es sich an, als wären wir schon viel länger zusammen, und vielleicht ist das ja auch so. Vielleicht haben wir uns schon vor langer, langer Zeit getroffen. Und vielleicht hatten wir auch schon Zusammenkünfte in anderen Daseinsbereichen, um uns vorzubereiten…

Aber jetzt bist du hier in deinem physischen Gefäß und versuchst, in gewisser Weise zu verkörpern, was du bereits in anderen Sitzungen gelernt hast. Wir wiederholen es hier, damit es einsinken kann, einsinken in dein menschliches Bewusstsein, so dass du dich schließlich über das menschliche Bewusstsein hinaus öffnest.

Das heutige Thema sind *Kernüberzeugungen*, die ich manchmal auch *Kernintentionen* nenne. Normalerweise verwende ich beide Begriffe synonym, denn was als Intention beginnt, entwickelt sich oft zu einer Überzeugung. Die Intention geht in eine Wiederholungsschleife. Der Grund, warum die ursprüngliche Intention überhaupt entstand, mag dann vergessen sein, aber ihre Auswirkungen bleiben als Kernüberzeugung bestehen.

Ich verwende den Begriff „Kern“, um zu betonen, dass du diese Überzeugungen oder Intentionen nicht so einfach loslassen kannst. Du kannst vielleicht eine kleine Intention loslassen, eine kleine Überzeugung, wie die Partei, die du normalerweise wählst, aber die

Kernüberzeugungen sind tief, tief in dem verankert, was man die Blaupausen und die DNS nennt. Du kannst also nicht mal eben dauerhaft über sie hinausgehen. Es ist jedoch entscheidend, sehr entscheidend, ein gutes Verständnis davon zu haben, wie diese Kernüberzeugungen und Kernintentionen die Erfahrungen deines Daseins bestimmen.

Als Mensch bist du hauptsächlich an drei Kernintentionen gebunden. Die erste ist Zeit. Die Zeit zwingt dich in einen linearen Modus. Was auch immer geschieht, wird von dir auf der Basis von Ursache und Wirkung interpretiert, die entlang einer Zeitachse ablaufen. Die Kernintention Zeit ist absolut entscheidend, um endgültig über die Trennung hinausgehen zu können, denn Zeit erlaubt dir, die aus einer Intention resultierenden Spiegelungen in Zeitlupe zu erfahren und zu sezieren.

Insbesondere, wenn deine Intention im Physischen reflektiert wird – wenn du beispielsweise ein Haus baust –, siehst du in Zeitlupe, was eine Intention bewirkt und wie sie sich auf dem Spielplatz auswirkt, auf dem du als Mensch existierst.

Die zweite Kernintention ist Raum. Raum ermöglicht es dir, einen physischen Körper zu haben und verführt dich zu dem Glauben, dass du tatsächlich ein physischer Körper bist. Ein Körper, der sich an einem bestimmten Ort im Raum befindet. An diesem Ort befindet sich das Zentrum deiner Wahrnehmung und Erfahrung. Aus der Perspektive dieses Ortes erlebst du deine Umgebung.

Und dann gibt es noch eine dritte Kernintention, die darin besteht, deinen Ursprung zu verschleiern, dein wahres Selbst zu verschleiern. Als Mensch weißt du nicht, woher du kommst. Das ist einzigartig unter allen Lebewesen, die es gibt. Jedes andere Lebewesen weiß um sein wahres Selbst oder ist sich zumindest „semi-bewusst" über die Verbindung zu seinem wahren Selbst, aus dem es stammt.

Die Menschen haben dieses innere Wissen nicht. Deshalb haben sie in der Regel eine große Angst vor dem Tod. Tiere zum Beispiel, nun, sie sind auch physische Wesen, aber wenn ihre Zeit gekommen ist, kämpfen sie nicht so sehr um ihr Leben wie die Menschen. Irgendwann entspannen sie sich einfach. Sie geben nach und ändern ihre Perspektive. „Es ist vorbei! Das Spiel ist vorbei, ich möchte noch eine Runde spielen!" Sie hängen nicht so sehr an ihrem Leben. Aber die Menschen, oh, ihr Ursprung ist verschleiert, und so gibt es alle Arten von Glaubensvorstellungen hinsichtlich des Todes und des Lebens nach dem Tod sowie Mythen darüber, wer oder was dann kommen wird, um dich zu retten.

Dies sind also die drei Kernintentionen, an die ein Mensch gebunden ist. Wenn du in den verkörperten Aufstieg gehst, ist es nicht so, dass du diese Kernintentionen ablegen musst. Es wäre sehr schwierig für dich, deine physische Zusammensetzung, deine physische Struktur zu erhalten, wenn du es versuchen würdest. Es geht also nicht darum, die Kernintentionen völlig loszulassen. Nein, es geht darum, sie zu verstehen, den Zweck zu verstehen, dem sie dienen, die Begrenzungen zu verstehen, die sie erschaffen, aber dann über sie hinauszugehen, mit ihnen zu spielen, aber trotzdem darüber hinausgegangen zu sein.

Das zu tun ist sehr viel schwieriger als es klingt, obwohl es sehr einfach ist, die Mechanik der Kernintentionen und Kernüberzeugungen zu erfassen. Du weißt, dass du auf einem Spielfeld gemeinsame Regeln brauchst, sonst könntest du keine Erfahrungen mit anderen Wesen teilen. Das ist nicht so schwer zu verstehen.

Es ist jedoch schwierig zu verstehen, zu begreifen oder zu spüren, was jenseits deiner Kernüberzeugungen ist – insbesondere, wenn diese Kernüberzeugungen Zeit und Raum konstituieren.

Heute versuchen wir, genau das zu tun. Wir werden versuchen, dir eine Vorstellung davon zu vermitteln, was es bedeutet, an andere Kernüberzeugungen gebunden zu sein, als du es gewohnt bist. Wir werden das mit Hilfe einiger Exkursionen in die Geometrie tun. Geometrie! Geometrie kann sehr interessant sein – und sehr sinnlich, wenn du es zulässt.

Der große Vorteil der Geometrie ist, dass du höchstwahrscheinlich keine emotionalen Bindungen zu, sagen wir, Punkten, Liniensegmenten, Kreisen oder dergleichen hast. All das ist irgendwie neutral für dich – vermute ich wenigstens. Also kannst du in die Bereiche der Geometrie eintreten und sie erleben, ohne dass alle möglichen Erinnerungen hochkommen und dich ablenken. Somit lade ich dich heute ein, mit Geometrie zu experimentieren.

Um das zu tun, beginne bitte damit, dass du in der Zeit zurückgehst, bis du, sagen wir, acht Jahre alt warst. Acht ist ein gutes Alter. Du bist kein kleines Kind mehr, und du bist noch nicht in der Pubertät, keine Hormone machen dir zu schaffen. Du bist irgendwie offen für das Dasein, aber machst dir nicht zu viele Gedanken darüber. Also, werde wieder acht Jahre alt.

Stell dir einen Sonntagnachmittag vor. Draußen regnet es, du hast nichts zu tun. Es ist irgendwie langweilig, aber du fühlst dich gut. Und dann hörst du plötzlich diese, sagen wir, kristallklare Stimme aus deinem Inneren. Sie sagt dir: „Setz dich an deinen Schreibtisch. Nimm ein leeres Blatt Papier und einen Bleistift.“ Versetze dich in diese Situation. Fühle diese Szene. Sei in deinem Kinderzimmer, setz dich an deinen Schreibtisch. Sieh durch die Augen dieses Kindes. Sieh das Blatt Papier und den Bleistift, die du vor dich gelegt hast. Jetzt fährt diese Stimme fort und sagt dir, dass du eine gerade Linie über das ganze Blatt ziehen sollst, von einem Ende zum anderen, eine gerade Linie. Das tust du also, eine gerade schwarze Linie auf einem weißen Blatt Papier. Dann sagt die Stimme: „Stell dir vor, dass sich diese Linie bis ins Unendliche ausbreitet, auf beiden Seiten des Blatts, weit, weit über das Blatt hinaus.”

Das Bild erscheint sofort in deinem Kopf und es ist irgendwie interessant, diese unendliche Linie zu sehen. Die kristallklare Stimme fährt fort und sagt: „Konzentriere dich auf diese Linie. Fühle diese Linie. Spüre diese Linie.“

Dann sagt die Stimme: „Warum tauchst du nicht in diese Linie ein und erfährst, wie sich das Leben innerhalb einer Linie anfühlt?”

Also starrst du auf das Blatt Papier und fokussierst dich auf die Linie. Du erkennst, dass diese Linie tatsächlich aus Punkten besteht! Es gibt viele, viele Punkte, die diese Linie bilden. Also fällst du in die Linie und wirst zu einem Punkt! Plötzlich vergisst du deine ganze menschliche Existenz, du bist nur noch ein Punkt. Nun, als Punkt kannst du nicht allzu viel tun, aber irgendwie ist es doch aufregend. All deine menschlichen Sinne sind weg. Du lebst in, nun ja, einer Art Linie, die du nicht einmal sehen kannst. Aber immerhin kannst du dich nach links und rechts bewegen, auch wenn du nicht weißt, was links und rechts ist. Aber es gibt, sagen wir mal, zwei Richtungen, in die du dich bewegen kannst. Das ist es, was du tun kannst.

Also versuchst du, dich zu bewegen. Du bewegst dich entlang dieser Linie und gleitest durch viele andere Punkte hindurch, was interessant und zugleich komisch ist! Aber wen kümmert's, als Punkt kannst du das machen!

Es ist wirklich aufregend! Du kannst dich langsam bewegen, du kannst dich schnell bewegen. Du kannst dich sogar mit Lichtgeschwindigkeit bewegen. Das Leben als Punkt, das ist interessant und so ganz anders als das Leben eines menschlichen Kindes. Plötzlich hast du völlig andere Fähigkeiten.

So existierst du also als Punkt in deiner Linie und in gewisser Weise vergeht die Zeit. Du gewöhnst dich an die Umstände. Du fühlst dich wohl als Punkt.

Eines Morgens, als du – sozusagen – die Linie entlangläufst, begegnest du einem anderen Punkt. Und der Punkt sagt: „Ich bin Wissenschaftler. Ich bin Wissenschaftler und ich habe etwas Großartiges entdeckt! Ich habe den Begriff der *Distanz* entdeckt. Mit der Distanz kannst du messen, wie weit zwei Punkte voneinander entfernt sind.“ Er erzählt dir dann, wie man das so macht und gibt dir ein Lineal, damit auch du messen kannst!

Gut, es ist ein bisschen schwierig für dich als Punkt, ein Lineal bei dir zu haben, aber irgendwie klappt das schon! Und du merkst, wow, auf diesem Lineal sind Zentimeter drauf! Ist das nicht toll? Diese Punkte sind also auch schlau. Sie haben noch nie etwas von einem Fuß, einem Yard oder einem Inch oder so etwas gehört. Sie kommen nicht mit verwirrenden Basiseinheiten zum Messen von Entfernungen, nein. Sie fangen sofort mit Metern und Zentimetern an.

Du nimmst also dein Lineal und fängst an zu messen. Und schlagartig ändert sich dein Leben. Du bekommst ein ganz neues Verständnis vom Leben auf der Linie. Alles ist jetzt anders. Du kannst die Distanz zwischen zwei beliebigen Punkten messen. Du weißt, wie weit du an diesem Tag und gestern gereist bist. Wunderbar! Das alles ist wie eine Art von Schöpfung, eine Schöpfung im Reich der Punkte und der geraden Linien.

Eines Tages, so könnte man sagen, regnete es wieder. Es war ein verregneter Sonntagnachmittag in deiner Linie, und du wusstest nicht wirklich, was du als Punkt tun solltest. Also bist du in den Tagtraum-Modus gegangen und hast gegrübelt: „Nun, ich bin ein Punkt... Aber wer bin ich wirklich? *Wer bin ich wirklich?*“ Nun, naheliegenderweise denkst du als ein

Punkt, der auf der Linie lebt, dass du wahrscheinlich selbst eine winzige, winzige Linie bist, ein Liniensegment. Ein Punkt muss doch wohl ein Stück einer Linie sein! Wie könnte es denn sonst überhaupt eine Linie geben?

Aber dann fragst du dich: „Gut, ich nehme an, dass ich ein kleines, kleines Liniensegment bin, das wie ein Punkt aussieht, aber wie groß bin ich tatsächlich?“ Also nimmst du dein Lineal und beginnst zu messen. „Wie groß bin ich? Vielleicht einen Zentimeter?“ Du schaust also auf das Lineal und bemerkst: „Einen Zentimeter von mir entfernt ist ein anderer Punkt namens Paul, ich kenne ihn.“ Nun, Paul ist offensichtlich nicht du, also weißt du, dass du kleiner als ein Zentimeter sein musst.

Okay, also versuchst du es mit einem Millimeter. Wieder kommst du bei einem anderen Punkt an. Auch den kennst du. Das bist *nicht* du, somit musst du noch kleiner sein. Also versuchst du es mit einem Mikrometer, einem Nanometer, und so weiter. Irgendwann merkst du: „Egal wie klein ich mich mache, immer gibt es dort, wo ich meine Grenze vermute, einen anderen Punkt!“ Plötzlich fühlst du, dass diese Punkte sehr aufdringlich sind. Sie sind dir so nah! Du hast das vorher nie bemerkt, aber jetzt, wo du messen kannst, wow, jetzt kommen sie dir so nah vor, und das magst du nicht wirklich.

Also probierst du es mit immer noch kleineren Abständen, bis du plötzlich merkst: „Moment mal! Ich kann den Abstand so klein machen, wie ich will, aber wenn ich nicht bis zum Null-Abstand gehe, wird es immer einen anderen Punkt innerhalb dessen geben, was ich für mich selbst halten will. Aber wenn in mir keine Distanz ist, wenn meine Größe gleich Null ist, dann werde ich aus der Existenz verschwinden! Ich werde aufhören, ein Punkt zu sein! Es wird kein ‚Punkt-Sein' mehr in mir sein. Ich werde ausgelöscht. Ich werde mich selbst auslöschen, wenn ich diesen Gedankengang fortsetze!" Das ist beängstigend, sehr beängstigend.

Oh, die Punkte, sie haben Geschichten über zwei Götterwesen gehört. Da war *der Bleistift!* Der Bleistift konnte Punkte aus dem Nichts erschaffen! Und eine andere Geschichte handelt von *dem Radiergummi.* Das Radiergummi, so hieß es, könnte eine ganze Linie ausradieren, und alle Punkte würden einfach ausgelöscht werden.

Aber diese Geschichten waren nur Hörensagen. Sie schienen weit hergeholt zu sein. Niemand hatte jemals den Bleistift oder den Radiergummi gesehen. Ob sie existieren oder nicht, weißt du, der Punkt in der Linie, nicht, aber was du weißt, ist, dass du aus der Existenz verschwindest, wenn du das Konzept der Distanz auf dich selbst anwendest. Und das ist beängstigend! Also hörst du auf, in diese Richtung zu denken. Du willst zumindest ein winziges Liniensegment sein! *Und selbst wenn das nur ein Glaube sein sollte, so ist dir das egal!* Du bist an das Leben eines Punktes gewöhnt. Du hast so viele Punktgefährten. Du weißt, was sie so tun. Sie kennen dich, du kennst sie, ihr seid Freunde oder auch nicht. Aber zumindest weißt du, dass du als Punkt existierst. Also wirfst du dein Lineal weg und beschließt, dich nie, nie, nie wieder ausmessen zu wollen.

Genau in diesem Moment wachst du als achtjähriges, träumendes Kind auf und denkst: „Oh, das war intensiv! Das war das Leben eines Punktes – oder das Leben eines nicht existierenden Liniensegments, eines eindimensionalen Geschöpfs –, sehr interessant. Aber was würde passieren, wenn ich in zwei Dimensionen gehen würde? Zwei Dimensionen anstelle von einer." Plötzlich hörst du diese kristallklare Stimme aus deinem Inneren sagen: „Nimm ein neues Blatt Papier!" Und das tust du. Du lässt es leer vor dir liegen und gehst direkt in deine Imagination. Du fragst dich: „Wenn es irgendwo auf diesem Blatt einen Punkt gäbe und ich den Begriff der Distanz anwenden würde, was würde passieren? "

Nun, auf einer Linie würde die Distanz ein Liniensegment mit einer bestimmten Länge erzeugen. Aber was ist mit einer Ebene? Auf deinem Blatt Papier würde dies einen Kreis erzeugen! Alle Punkte, die sich innerhalb eines bestimmten Radius befinden, bilden einen Kreis! Wenn du also auf einer Ebene existieren wolltest, würdest du zu einem Kreis werden!

Und genau das tust du! Du springst direkt in dieses Blatt Papier und nimmst das Gefäß eines Kreises an. Verglichen mit deinem Leben als Punkt, ist das völlig anders. Unvergleichlich! Plötzlich kannst du dich in zwei Dimensionen bewegen. Und das sind unendlich viele Richtungen, nicht nur zwei, wie auf einer Linie. Du kannst über das ganze Blatt Papier schweben und auch darüber hinaus. Das ist sehr, sehr anders als das Leben eines Punkts. Aber dann, nach einiger Zeit, passiert das Gleiche wie zuvor: Du willst messen, wie groß du bist. Nun, du erschaffst dir ein Lineal, das du noch aus deiner vorherigen Inkarnation kennst. Irgendwie kam dieses Wissen mit dir. Du wendest das Lineal auf dich an. Wieder einmal erkennst du, dass du als Kreis nur ein Behälter voller Punkte bist! Nur ein Behälter voller Punkte. Da sind so viele Punkte, die nicht du sind! Wie groß ist also der Kreis, der du glaubst zu sein, wirklich? Nun, du kannst ihn nicht messen. Du musst wieder auf die Null-Distanz gehen, damit nicht irgendwelche anderen Punkte „in dir" sind.

Und wieder steigt die Angst in dir auf. „Wow, ich habe geglaubt, dass ich ein Kreis bin und es fühlte sich wirklich gut an, aber ich kann nicht sagen, was dieser Kreis wirklich ist. Ich kann mich nicht erfassen. Vielmehr würde ich wieder aus der Existenz verschwinden, wenn ich mich weiter vermessen würde."

Du, als cleveres achtjähriges Kind, hast dich mittlerweile an diese Erkenntnis gewöhnt und sagst: „Ja, okay, ich habe mit einem Punkt und dem Begriff der Distanz in einer Dimension angefangen und wurde zu einem Liniensegment. Dann habe ich eine weitere Dimension hinzugefügt und wurde ein Kreis. Aber was hat ein Liniensegment mit einem Kreis zu tun? Sie sind doch so unterschiedlich. Also, lass uns jetzt in drei Dimensionen gehen, denn das muss erst recht interessant sein."

Wenn du einen Punkt und eine gewisse Entfernung in drei Dimensionen nimmst, dann erhältst du eine Kugel, eine Kugel mit einem bestimmten Radius. Alle Punkte um einen Ursprung, den du willkürlich wählst, nun, sie bilden eine Kugel, ein interessantes 3D-Objekt! Und da du mit deinem physischen Körper bereits in 3D existierst, musst du dir das noch nicht einmal vorstellen, du kennst es bereits. Aber eine Kugel hat das gleiche Problem wie ein Kreis und ein Liniensegment: Sie ist nur eine Ansammlung von Punkten und du kannst das Wesen einer Kugel nicht erklären, außer dass du erkennst, dass sie einer Überzeugung entspringt. Einer Überzeugung, die sich irgendwo im Bewusstsein gebildet hat.

Nun, du, als achtjähriges Kind, wirfst jetzt einen Blick auf deinen physischen Körper und fragst dich: „Nun, was *bin* ich? Wie *groß* bin ich? Offensichtlich bin ich keine Kugel – gut, wenn ich genug esse, werde ich wie eine Kugel aussehen, also bin ich eine Art Kugel – aber ich bin doch voller Materie, nicht voller Punkte." Allerdings hast du in einer Fernseh-Dokumentation gesehen, dass niemand wirklich weiß, was Materie ist. Mehr noch: Was sie tatsächlich wissen, ist, dass Materie nicht aus Materie besteht. In gewisser Weise bist du also überhaupt nicht so anders als ein Liniensegment, ein Kreis oder eine Kugel. *Auch du weißt nicht, was du bist!* Und sobald du anfängst, dich zu auszumessen, bekommst du Probleme.

Das Lustige ist, wie du jetzt als Erwachsener – oder auch als Achtjähriger – erkennst, dass du die Vorstellung von Distanz, die nur ein Synonym für Trennung ist, benötigst, um überhaupt ins Dasein zu kommen. Nur mit der Vorstellung von Distanz kommst du ins Dasein. Nur mit der Vorstellung von Trennung, von Distanz, gibt es ein Liniensegment, einen Kreis oder einen Körper in 3D. Aber sobald du das Konzept Distanz auf dich selbst anwendest, nun, *dann verschwindest du!* Ist das nicht verrückt? Was für ein verrückter

Glaube ist „Trennung“ überhaupt? Das ist sehr, sehr seltsam!

Lass das für einen Moment auf dich wirken. Fühle hinein. Spüre, wie unterschiedlich das Leben auf einer Linie, als Kreis und als Kugel ist.

*

Offensichtlich habe ich Dimensionen benutzt, um Kernüberzeugungen zu repräsentieren. In diesem speziellen Beispiel entspricht jede Kernüberzeugung einer räumlichen Dimension. Aber ist es nicht interessant, was dadurch ans Licht kommt? Du fängst mit einer räumlichen Dimension und dem Begriff der Distanz an und endest mit einem Liniensegment. Du fügst eine weitere räumliche Dimension hinzu und du hast eine völlig andere Erfahrung als ein Kreis. Dann fügst du eine dritte räumliche Dimension hinzu und erhältst eine Kugel. Stell dir jetzt vor, diese Objekte wären tatsächlich Lebewesen, dann könnten sie nicht wirklich miteinander in Beziehung treten. Was könnte ein Punkt vom Leben einer Kugel verstehen? Wie könnte sich eine Kugel mit einem Kreis austauschen? Gut, eine Kugel könnte sich vielleicht „irgendwie“ auf einen Kreis beziehen, weil der ein Spezialfall einer Kugel ist. Du kannst eine Kugel zusammendrücken, sie komprimieren, und du kommst einem Kreis nahe, aber wie sich ein echter Kreis in seiner 2D-Form anfühlt, wird eine Kugel niemals wissen.

Das Gleiche gilt für Menschen. Du kannst nie mit Sicherheit wissen, wie sich die Existenz in einem Daseinsbereich anfühlt, der auf anderen Kernüberzeugungen basiert. Du kannst darüber reden, aber eigentlich hast du keine Möglichkeit, einen anderen Bereich mit deinem 3D-Bewusstsein zu erfahren. Es ist mehr oder weniger unmöglich!

Probiere es einfach aus! Wir sind von 1D über 2D zu 3D gekommen, indem wir einfach räumliche Dimensionen hinzugefügt haben. Jetzt lass uns 4D ausprobieren. Wie würde eine Kugel in 4D aussehen? Stell es dir vor!

Deine Imagination versagt einfach, richtig? Es gibt keinen Weg, keine Möglichkeit für einen Menschen, eine Vorstellung von einer 4D-Kugel herzustellen. Gut, du kannst mathematische Berechnungen damit anstellen, das ist genau dasselbe wie bei einer 3D- oder 10D-Kugel, aber wenn du sie dir vorstellen willst, dann ist das unmöglich. Du versagst! Du versagst, weil dein Bewusstsein so begrenzt ist, dass du es dir einfach nicht vorstellen kannst.

Nun nimm einen Daseinsbereich mit einigen zusätzlichen Dimensionen, die nicht räumlich sind, sagen wir, sie haben zwei Zeitlinien. Die Menschen haben eine halbe Dimension namens Zeit, die nur in eine Richtung voranschreitet, sie läuft niemals rückwärts. Aber wie würde deine Erfahrung sein, wenn du zwei Zeitlinien hättest oder drei oder vier Zeitlinien? Und das noch kombiniert mit sechs räumlichen Dimensionen... Deine Vorstellung klinkt sich aus. Du hast keine Ahnung. *Du hast keine Möglichkeit, dir das auch nur vorzustellen!* Und *das* musst du verstehen. Das ist der Grund, warum ich dich in die Geometrie geführt habe: Damit du wirklich verstehst, was du nicht weißt.

Es gibt jedoch zwei Dinge, die du dir merken solltest. Es gibt etwas, das all diese geometrischen Wesenheiten gemeinsam haben. Und das teilen sie mit allen Wesenheiten in der gesamten zweiten Runde der Schöpfung: Sie teilen die Angst, ausgelöscht zu werden, denn das Gefäß, für das sie sich halten, ist nicht real, und jede Wesenheit, egal wo sie existiert, weiß das irgendwo tief im Inneren.

Wenn ein Wesen an der Oberfläche seiner selbst kratzt, wird es Leere finden, und das ist beängstigend. Deshalb gibt es in der gesamten Existenz diese große, große Angst, ausgelöscht zu werden. Und eigentlich ist das der Grund, warum ihr als Menschen hier seid. Oh, der Mensch denkt oft: „Ich will die dimensionale Leiter weiter nach oben gehen! Ich will noch ein paar weitere Dimensionen hinzufügen, mehr Kernüberzeugungen oder weniger Kernüberzeugungen – wie auch immer du es ausdrücken willst –, dann habe ich noch ‚umfassendere' Erfahrungen."

Ja, das kannst du tun, und tatsächlich hast du das schon getan! *Du bist von dort gekommen*, aus all diesen Bereichen. Du bist dort gewesen. Aber egal, wo du warst, du hast herausgefunden, dass das Gefäß, das du glaubtest zu sein – sei es in einer Form oder jenseits von Form –, *nicht wirklich existierte!* Aber du warst nicht in der Lage, das zu akzeptieren und die Trennung loszulassen. Deshalb bist du schließlich hier gelandet, als Mensch, auf dem Planeten Erde in einer physischen Realität, in Zeitlupe, mit deinen drei Kernglaubenssätzen: Zeit, Raum und die Verschleierung deines Ursprungs.

Der Punkt, den ich machen möchte, ist: *Versuche nicht, in die höherdimensionalen Existenzen zurückzugehen! Das bringt dich nicht weiter!* Du bist von dort gekommen. Du bist hier, um in gewisser Weise am anderen Ende des Tunnels wieder herauszukommen. Du bist in der größtmöglichen Dichte, in der tiefsten Dichte. Hier kannst du über den Glauben der Trennung hinausgehen. Du kannst über alle Gefäße hinausgehen, verstehst du? Das ist der Grund, warum du hier bist.

Du kannst über all die Gefäße hinausgehen, die du jemals geglaubt hast zu sein, und du kannst es im Namen deines wahren Selbst und all der Emanationen, die dein wahres Selbst jemals hatte, tun!

Verglichen mit Engelwesen magst du dir als Mensch wie ein Punkt vorkommen, sehr begrenzt. Aber ich sage dir was: *Du bist der Held der Existenz!* Du bist der Held in der gesamten Existenz.

Es geht nicht darum, zurückzugehen. Es geht darum, darüber hinaus zu gehen!

Nun, um diese geometrische Erfahrung zu ergänzen, lass uns etwas Musik hören und eine kleine Reise machen. Ich möchte, dass du dabei wieder sehr, sehr spielerisch und fantasievoll bist, denn wir werden andere Emanationen deines wahren Selbst besuchen und erspüren – und wie wir bei dem geometrischen Beispiel gesehen haben, ist es sehr schwierig, sich diese vorzustellen. Versuche es gar nicht erst, spüre einfach in sie hinein, und diese besondere Musik ist dazu da, dich zu stimulieren.

(Musik spielt)

Im Laufe der letzten Woche ging von eurem wahren Selbst ein Aufruf an Vertreter all seiner Emanationen aus, heute sehr präsent zu sein. Viele sind diesem Aufruf gefolgt und man könnte sagen, dass sie jetzt sehr „nahe“ sind. In diesem Moment strahlen sie ihre Präsenz aus. Oh, du kannst sie nicht sehen, und wenn du es könntest, würdest du sehen, was eine Linie von einem Kreis sehen würde... Du könntest mit deiner Wahrnehmung nicht allzu viel anfangen.

Spüre jetzt in die Wesenheiten hinein, die gerade in deine Nähe kommen. Sie machen sich „fühlbar“. Es ist sehr schwierig, diese Wesenheiten zu beschreiben, denn ich muss die menschliche Terminologie verwenden und das funktioniert nicht so wirklich. Aber um eine Ahnung von ihnen zu bekommen, spüre in die Antworten auf folgende Fragen: Wie ist es, als Nebel, als Wolke, als Duft zu leben?

Wie fühlt es sich an, als Teil eines Schwarms zu leben, kein Individuum zu sein? Hast du jemals darüber nachgedacht? Du wärst dann einer unter vielen, zwar nicht körperlich verbunden, aber trotzdem irgendwie eine Einheit, ein Schwarmkörper.

Wie fühlt sich ein Körper an, der sofort auf jede deiner Intentionen reagiert? Ohne jede Verzögerung?

Wie schnell würde sich ein solcher Körper bewegen oder seine Form verändern?

Stell dir vor, zwei solcher Wesen kämpfen miteinander, nur weil sie es können.

Wenn du keinen physischen Körper hast, dann hat nichts, was du tust, ernsthafte Konsequenzen für dich. Du fühlst keinen Schmerz, keinen physischen Schmerz, wie Menschen ihn kennen. Also ist nichts so richtig ernst, außer für das Ego, was natürlich immer alles ernst nimmt, egal in welcher Form es sich befindet. Ohne Angst vor körperlichem Schmerz brauchst du nicht so vorsichtig zu sein.

Es gibt Daseinsbereiche ohne jeglichen Humor. Kannst du dir das vorstellen? Wesen, die noch nie einen Witz gehört haben, die noch nie miteinander oder über sich selbst gelacht haben – noch nie, keinerlei Humor!

Es gibt Daseinsbereiche ohne Empathie, ohne Mitgefühl. Es gibt dort nur Gier, nur Überleben, nur *mehr*. Mehr, mehr, mehr…, nur Leben in einer Hierarchie, in der man aufsteigen will, nur fressen oder gefressen werden.

Es gibt so viele verschiedene Möglichkeiten, das Sein in der Trennung zu erleben, aber am Ende, nun ja, läuft es doch immer auf das Gleiche hinaus. Es ist das Ausleben des Mantras von *genug ist nicht genug*. Gib mir *mehr* Erfahrungen. Gib mir mehr oder weniger Kernüberzeugungen, die ich auf Spielplätzen ausleben kann. Lass mich dies ausprobieren, lass mich das ausprobieren. Aber nachdem du eine Weile als ein entsprechendes Wesen existiert hast – und sei es als Punkt, Linie, Kreis oder Kugel –, kommst du immer zu derselben Schlussfolgerung: „*Ich bin nicht real,* auch wenn ich mich über eine lange Zeit auf diesem neuen Spielplatz von dieser Erkenntnis ablenken konnte. Aber jetzt kommt die Frage doch wieder hoch: Wer bin ich? *Und ich habe immer noch nicht die leiseste Ahnung!* Ich weiß nur, dass das, was ich gerade glaube zu sein, ausgelöscht wird, wenn ich dieser Frage wirklich auf den Grund gehe."

So viele verschiedene Wesenheiten! So viele Daseinsbereiche.

Betrachte nun den Planeten Erde, wie er im Weltraum schwebt.

Betrachte die Menschen und die menschliche DNS.

Was auch immer du „da draußen" auf einem der Spielplätze erleben kannst, die durch Kernüberzeugungen definiert sind, es gibt eine Version oder Variante davon, die auf diesen Planeten gebracht wurde. Sie befindet sich in deiner DNS, so dass du sie als Mensch erleben kannst – natürlich in einer spezifischen Form, angepasst an den speziellen menschlichen Spielplatz.

Das ist der Grund, warum es so viele verschiedene Charaktere unter den Menschen gibt. Als Mensch könntest du völlig ohne Empathie oder Liebe leben. Du könntest ausschließlich im Körperlichen leben, oder in der Kunst, oder in der Wissenschaft. Du hast hier alle Möglichkeiten und kannst dich in einem Leben so viel verändern, wie du möchtest. Nichts hält dich wirklich davon ab, außer du selbst.

Als Menschen erlebt ihr alles in Zeitlupe! Und irgendwann in der Folge eurer vielen, vielen Leben seid ihr zu dem Schluss gekommen: *Genug!* Es ist einfach genug! Genug der Wiederholungen! Auch wenn das Mantra der Trennung lautet: „Genug ist *nie* genug", hast *du* „Genug!“ gesagt. Und indem du das getan hast, hast du den Kreislauf durchbrochen und deine Suche hat begonnen, deine spirituelle Suche.

Du hast gesucht und gesucht und gesucht und gesucht..., bis du wieder einmal gesagt hast: „Genug! Genug der Suche! Ich bin fertig damit! Ich bin fertig mit der Suche im Äußeren, und ich bin fertig mit der Suche im Inneren!“ Danach hat es nicht mehr lange gedauert, bis du hier gelandet bist, genau in diesem Moment des Jetzt.

Währenddessen hattest du deine Momente der Erleuchtung. Du hattest deine Momente jenseits der Trennung. Du hattest deine Momente des „Ich weiß, dass ich weiß“. Momente des „Ich bin, was ich bin.“

Das ist die wahre Weisheit, die befreit, die kein Vermessungssystem benötigt oder sonst wie der Trennung entspringt. Sie steht für sich selbst. Und jetzt, da wir hier in diesem heiligen Moment sind, strahle das zu all deinen Cousins aus, zu all den Wesenheiten, die dein wahres Selbst hervorgebracht hat.

Um das zu tun, gehe am besten direkt in dein wahres Selbst. Stell dir vor, dass dein wahres Selbst eine Sonne ist. Jetzt geh in diese Sonne! Zögere nicht, du hast nichts zu verlieren. Du kannst nicht verbrennen. Es ist dort nicht zu heiß, geh einfach hinein. Es ist das beste Gefühl überhaupt.

Diese Sonne hat so viele Strahlen. Stell dir vor, dass diese Strahlen die Emanationen deines wahren Selbst sind. Oh, sie sind weit gereist, haben sich auf so viele Spielwiesen begeben, haben erlebt und erfahren, gesucht und gesucht, genau wie du. Gesucht jenseits der Zeit, in der Zeit, jenseits des Raumes, im Raum. Sie haben gesucht in Bereichen, die du dir als Mensch nicht vorstellen kannst.

Die eine Sache, die all diese Emanationen mit dir teilen, ist, dass ihr alle aus dem gleichen wahren Selbst hervorgegangen und letztendlich alle auf der Suche nach der gleichen wahren Weisheit seid. Und du hast sie gefunden! Nun strahle sie aus! Sende es in all die Strahlen deines wahren Selbst.

Ich bin, was ich bin – ohne Definition.

Ich weiß, dass ich weiß.

Lass das ausstrahlen und die Wesenheiten werden es auf ihre eigene Weise aufnehmen. Sie werden es annehmen, wenn die Zeit für sie reif ist. Diese Weisheit wird ein Potential für sie, ein starkes, starkes Potential. Vielleicht hören sie es plötzlich als eine Stimme, eine kristallklare Stimme aus ihrem Inneren, die ihnen sagt, dass sie etwas tun sollen, und sie folgen ihr einfach. Irgendwie werden sie dieses Potenzial schon aufgreifen.

Kann eine Kugel eine Beziehung zu einem Punkt aufbauen? Nun, vielleicht kann sie sich das Punkt-Sein *vorstellen*, aber kann sie das Leben eines Punktes *fühlen*? Nein, nicht wirklich.

Vielleicht ist das der Grund, warum, sagen wir mal, das Gottesbewusstsein überhaupt nicht in die Trennung hineinfühlen kann. Du musst in der Trennung sein, um sie erfahren zu können. In gewisser

Weise kann Gott dir also nicht helfen. Er weiß nicht wirklich über dich Bescheid.

In diesem Moment bist du jenseits der Trennung, auch du bist Gott! Du benötigst keine Hilfe!

Das ist eine Erkenntnis, die du nur auf der Erde als Mensch machen kannst. Du bist in die größte Dichte gegangen, du bist sozusagen ein Punkt geworden, um dann über alle Dimensionen hinauszugehen. Du hast aufgehört, dich über ein dummes Vermessungssystem zu definieren, sei es ein Lineal oder der Glaube an Trennung an sich.

Werde dir jetzt deines menschlichen Bewusstseins gewahr. Lass die Vorstellung von Zeit los.

Bei all dem geht es nicht um dein gegenwärtiges Leben. Es geht um das Jetzt und die Gesamtheit von allem, was du bist.

Lass die Vorstellung von Raum los, geh darüber hinaus. Du bist sowieso nicht in einem Raum.

Lass die Vorstellung der Trennung los.

Und du bist augenblicklich, augenblicklich, augenblicklich in deinem natürlichen Zustand.

Weil du Mensch warst, weil du Zeit, Raum und die Verschleierung deines Ursprungs erfahren hast, weil du auch in all den anderen Bereichen gewesen bist –, oh, darum kannst du jetzt wahrhaftig ein Botschafter der Schöpfung sein, der wahren Schöpfung.

Das Loslassen der Kernüberzeugungen verbietet es dir nicht, sie zu deinem Vorteil zu nutzen. Du kannst

Raum und Zeit loslassen und trotzdem noch im Physischen sein, aber du bist nicht mehr an diese Kernüberzeugungen gebunden.

Was für eine Reise! Was für eine Reise!

*

Auch wenn es jetzt nicht zu passen scheint, erinnere ich dich an die tägliche Hausaufgabe: Kultiviere dein Gewahrsein. Verpasse diese Chance nicht. Die Erfahrungen, die wir gerade gemacht haben, sind wundervoll, aber erwecke sie noch mehr zum Leben, tagein, tagaus. Und um das tun zu können, musst du der Meister deines physischen Gefäßes werden. Es ist kein Kampf. Es ist ein Zurückkommen in den natürlichen Zustand. Es ist ein Dekonditionieren. Und niemand außer dir kann das für dich tun.

Dann, wann immer es dir in den Sinn kommt, werde dir dieses tiefen, tiefen Klangs in dir gewahr. Spüre, wie er dich umschmeichelt, wie er sich in deinem Körper und sogar über den Körper hinaus ausbreitet. Achte darauf, was mit dir passiert, wenn du dir dieses Klangs gewahr wirst.

Ich bin Althar der Kristall-Drache. Es war wieder einmal wundervoll, Zeuge all der Schönheit zu sein, die erscheint, wenn sich Bewusstsein öffnet, und ich freue mich darauf, euch bald wiederzusehen. Bis dahin. Auf Wiedersehen!

*

Joachim: So, Zeit für Bemerkungen, Fragen oder Schweigen.

Teilnehmer 1: Nun, zunächst einmal war es heute eine erstaunliche Sitzung, vor allem, dass wir zu den Kernüberzeugungen gegangen sind und sie so klar gesehen haben.

Seit wir mit der ganzen Althar-Serie begonnen haben, habe ich die Erfahrung gemacht, dass es mir sehr schwer fällt, in den Sicherheits-Teil der Lichtkörperübung zu gehen. Ich habe kein Problem mit der Liebe, ich habe kein Problem mit der Klarheit. Es ist die Sicherheit – und manchmal komme ich einfach nicht über diese Hürde. Und, wahrscheinlich hängt das damit zusammen, dass ich in meiner menschlichen Erfahrung jetzt all diese Sorgen bekomme, kein Haus zu haben, all diese Dinge, die, du weißt schon, über die ich mir normalerweise nicht wirklich Sorgen machen würde. Es ist so, als ob alles in der Angst vor der Auslöschung zusammenkommt, die du heute erwähnt hast.

Joachim: Und der Mangel an Sicherheit ist eigentlich das, was du nicht wirklich kompensieren kannst, solange du glaubst, dass du ein physischer Körper bist.

Und auch wenn viele behaupten, sie hätten das überwunden... Ja, sicher, so einfach ist das nicht. Ich habe immer dieses Beispiel: Wenn du denkst, du hast es überwunden, dann halte den Atem an und zähle bis 1000! Es dauert nicht allzu lange und der Körper übernimmt, egal was du sagst, denn der Körper selbst hat eine Art Angst. Er will überleben und das macht es schwierig, sich des Gefühls der Sicherheit gewahr zu werden.

Man kann also nicht erzwingen, sich der Sicherheit gewahr zu werden. Deshalb sage ich, dass es am einfachsten ist, von relativer Sicherheit auszugehen. Du erinnerst dich dazu an eine Situation, die überhaupt nicht sicher war, wie z.B. ein Erdbeben oder was auch immer du erlebt hast, das wirklich unsicher war, und du warst absolut hilflos und konntest nichts dagegen tun, im Gegensatz zu jetzt, wo es relativ sicher ist. Relativ, denn ein Meteor könnte jeden Augenblick hier einschlagen, aber normalerweise passiert das nicht, also bist du im Moment relativ sicher. Dann fühle den Unterschied und mache von dort aus weiter. Denke nicht, dass dies nicht gut genug ist. Sicherheit ist tatsächlich sehr schwierig. Aber wenn sie kommt, wenn auch nur in kleinen Dosen...

Denke nicht an absolute Sicherheit, denn wenn das Gefühl auch nur in kleinen Dosen kommt, oh, dann geht damit schon eine wunderbare Entspannung im Körper einher. Mach einfach weiter damit. Es ist keine Eile geboten, also beobachte, was passiert, während du dich langsam an das Gefühl der Sicherheit gewöhnst. Gehe langsam vor und mache einfach weiter.

Teilnehmer 1: Danke.

Teilnehmer 2: Ich hatte vor fünf Tagen viele, viele Fragen. Ich wollte sie aufschreiben und alles. Ich war sehr glücklich, all diese Fragen stellen zu können. Als du diese Geschichte erzählt hast, diese für mich sehr lustige Geschichte, als ich wieder ein achtjähriger

Junge war. Es war wirklich einfach wunderbar! In gewisser Weise bin ich immer noch da drin.

Joachim: Wenn es Fragen gibt, ist es immer gut, sie aufzuschreiben, weil der Prozess des Aufschreibens sie aus dem Kopf entlässt. Dann kommt die Antwort vielleicht von alleine oder du schickst mir eine E-Mail und ich versuche, sie zu beantworten. Vielleicht hilft die Antwort, vielleicht auch nicht, aber zumindest ist die Frage formuliert, sie hat sich herauskristallisiert, so dass das Denken ein wenig klarer wird und du vielleicht eine neue Perspektive auf das eigentliche Problem dahinter bekommst. Und wenn es sich durch das Aufschreiben von alleine klärt, ist das doch das Beste, oder?

Teilnehmer 2: Inzwischen gibt es so viele Fragen, und ich habe das Gefühl, dass sie einfach zu stellen… Auf eine gewisse Art und Weise ist es überwältigend. Sie für mich aufzuschreiben und sie nicht an dich zu schicken, ist auch wie eine Erleichterung, denn – wie du gesagt hast, oder was ich verstanden habe – ich gebe mir die Antwort selbst, oder die Antwort ist bereits in mir.

Joachim: Gib mir ein Beispiel.

Teilnehmer 2: Nun, der Moment, in dem du oder der Drache sagt: „Sei im Emotionalkörper, um ihn aufzulösen." Ich versuche das zu praktizieren und ich verstehe es total, aber manchmal, vielleicht weil ich ein Schauspieler bin, kommt etwas rein und sagt, das ist lächerlich. Es fühlt sich an wie: „Oh mein Gott, ich bin jetzt ein Drache!" Ich weiß nicht, wie ich es auf Englisch sagen soll...

Joachim: Es heißt: „sich darüber lustig machen".

Teilnehmer 2: Ja, sich darüber lustig machen. Ich liebe Humor so sehr. Es ist auch so eine Ablenkung für mich. Und wie überhaupt, Emotionen. Ich war ein Drama-Typ, bin es immer noch, und viele Aspekte von mir sind es auch. Ich will nicht sagen, dass das ein Problem ist, aber ich brauche viel Gewahrsein und viel Drachenatem, um diese emotionalen Körperthemen aufzulösen.

Joachim: Lass mich einen Punkt ganz deutlich machen. Das Auflösen ist passiv. Wenn du sagst: „Ich gehe in den Emotionalkörper, um ihn aufzulösen", nun, das ist irgendwie richtig, aber die bessere Vorstellung ist, du wirst dir seiner gewahr und während du das tust, löst er sich einfach auf. Es ist nicht so, dass du mit einem Schwert hineingehst und ihn in Stücke haust! Nein, du wirst dir dessen gewahr, was vor sich geht, und wenn du diese Rückkopplungsschleifen, die deinen Emotionalkörper ausmachen, nicht ständig befeuerst, dann werden sie einfach auseinanderfallen. Und das ist passiv.

Es ist sehr wichtig, dieses eine Prinzip wirklich zu verstehen:

Alles hier ist passiv!

Es geht nicht darum, irgendetwas zu pushen. Nichts hält reinem Bewusstsein stand! Das ist vielleicht das beste Mantra im Gegensatz zu „genug ist nicht genug". Nichts hält reinem Bewusstsein stand! In dem Moment, in dem du in deiner Klarheit bist, kann der Körper seinen Veitstanz aufführen, aber das ist dir völlig egal!

Wenn du dich wie ein Drache fühlst, naja, das hat eine Menge Bedeutungen. Das war der Grund, warum ich Althar nicht aus den Büchern entfernt habe, denn ich hatte damals das gleiche Gefühl. Als ich das erste Drachenerlebnis hatte, habe ich natürlich im Internet recherchiert – was auch sonst – und bin auf die seltsamsten Gemeinschaften gestoßen. Leute, die glauben, dass sie Drachen sind, die sich nur als Menschen verkleiden, und sie machen ihre Nester und Eier und dergleichen, das ist gruselig, hm? Aber hey, wer weiß schon, was wirklich in der Welt los ist, ich weiß es nicht.

Für mich war die Drachenerfahrung seltsam. Generell gilt: Du bist das, was du glaubst, dass du bist. Nun, welche Glaubenssätze wählst du? Sicher, du hast die Kernüberzeugungen, und diese Kernüberzeugungen sind so stark, dass du sie nicht so einfach loslassen kannst, egal, was du dir einredest. Aber darüber hinaus bist du wirklich das, wovon du glaubst, dass du es bist. Nur so wirst du auch ein guter Schauspieler. Du glaubst, dass du auf der Bühne so und so sein musst und dann *bist du es*. Pech, wenn du danach nicht mehr aus dieser Rolle herauskommst, aber in dieser Hinsicht ist jeder ein Schauspieler.

Du kannst also als Drache handeln, du kannst dich sogar als Drache wahrnehmen. Aber andere werden das normalerweise nicht tun. Und das ist der wesentliche Unterschied zwischen Kernüberzeugungen und persönlichen Überzeugungen. Kernüberzeugungen werden normalerweise geteilt. Das ist der Grund, warum wir eine gemeinsame Umgebung und eine gemeinsame Erfahrung haben. Was auch immer in deinem eigenartigen Geist vor sich geht, oder in meinem, ist, ich würde nicht sagen, total privat, aber es ist nicht so einfach mit anderen zu teilen. Wir können eine Meinung über, ich weiß nicht, das Zoom Interface haben, das wir sehen, aber trotzdem sieht jeder etwas anderes. Also, du nimmst dich vielleicht als Drachen wahr und andere nehmen dich vielleicht auch als Drachen wahr, aber sie werden sicher nicht die Form eines Drachen sehen, die du siehst.

Das sind also die persönlichen Überzeugungen versus Kernüberzeugungen. Zu verstehen, dass du im Wesentlichen das bist, was du zu sein wählst, nun, das ist befreiend und natürlich auch beängstigend, wenn dein emotionaler Körper plötzlich aufschreit: „Hey, was ist mit mir? Ich bin auch noch da, kümmere dich um mich."

Gut. Noch eine Frage?

Teilnehmer 3: In diesem Sinne frage ich mich manchmal, ob es jemals möglich ist, wirklich, wirklich über all diese, du weißt schon, über die Trennung hinauszugehen und gleichzeitig in einem Körper zu sein.

Joachim: Ja, das musst du selbst herausfinden. Das ist meine ehrliche Antwort! Aber die beste Antwort, die ich kenne, ist: Es ist immer im Moment möglich! In diesem Moment! Und das ist die größte Erleichterung! Du kannst im Moment erleuchtet sein, aber ständig erleuchtet zu sein, ist schwierig. Also, hey, fang mit dem Moment an! Was aus einem Moment der Erleuchtung kommt, ist normalerweise gut! Wie lange dieser Moment dauern wird, weißt du nicht, denn dieser Moment ist sowieso jenseits der Zeit.

Also, du magst hier als Punkt sitzen und all die Glaubenssätze stapeln sich auf dir, die Dimensionen lasten auf dir und es sieht schlimm aus, als gäbe es keinen Ausweg. Aber wenn du dann für einen Moment darüber hinausgehst, dann bist du einfach draußen. Einfach so, ohne jeden Prozess!

Das ist das Verrückte daran: Es ist nur ein Umschalten der Perspektive! Aber du kannst es nicht lange halten, denn du bist so sehr daran gewöhnt zu glauben, dass du immer noch ein Punkt oder ein Körper bist. Du bist immer noch sehr mit deinem Körper verbunden.

Der Punkt sagt: „Ich lebe nicht mehr entlang dieser Linie.“ Und die Linie sagt: „Wo bist du hin, Punkt? Komm zurück zu mir, sonst komme ich dich holen!“ Und das wird die Linie auch tun! Genauso wie die Zellen deines Körpers aufschreien und deinen Körper atmen lassen, ganz egal, was du ihnen sagst.

Aber wie auch immer, wenn ich sage: „Irgendwann verschiebst du dein Bewusstseinszentrum vom physischen Körper zum Lichtkörper“, dann lässt du dennoch den physischen Körper weiter existieren! Denn das möchtest du! Du möchtest in der Lage sein, in den physischen Körper zu gehen und das Leben zu erfahren, das Leben zu teilen und deine Erfahrungen zu teilen.

Aber gleichzeitig kommt es zu einer Lockerung zwischen dem noch körperlich orientierten Bewusstsein und dem „geöffneten Bewusstsein“. Wann das passiert, hängt von dir persönlich ab. Ob das passiert und für wie lange, wer kann das schon sagen? Ich gehe davon aus, dass die meisten von euch, die hier sind, Momente der Erleuchtung erlebt haben. Nun, dann könnt ihr es bezeugen: Für Momente funktioniert es tatsächlich!

Und das ist das Beste, was du bekommen kannst. Eine Garantie bekommen wir nicht. Lass es damit gut sein. Es gibt keinen Heiligen Gral oder irgendetwas, es ist nur ein Loslassen, und wenn ein Moment der Erleuchtung passiert, hast du den Beweis, auch wenn du anschließend wieder ins begrenzte Bewusstsein zurückgezogen wirst.

Ihr alle seid schon sehr lange auf diesem Weg. Wenn ihr fünf Jahre zurückschaut, zehn Jahre, dann bemerkt ihr einen Unterschied. Es gibt einen spürbaren Unterschied. Es findet eine Öffnung statt. Aber die Menschen wollen immer – oh, ich spreche von den Menschen, als ob ich kein Mensch wäre, aber das gilt auch für mich –, sie wollen immer, dass es schneller geht. Ja, aber betrachte das in kosmischen Dimensionen. Wie lange lebt eine Sonne – ein paar Milliarden Jahre?

Nun bist du hier in deinem „punktigen" Körper, der angeblich aus Materie besteht, von der du immer noch glaubst, dass du sie bist. Du hast ein paar Einsichten und ein paar Momente der Erleuchtung und plötzlich fallen alle Überzeugungen auseinander? Ja, es wäre schön, wenn das passieren würde, aber wenn es so ablaufen würde, dann wärst du vollständig raus. Du aber willst bleiben! Nun, dann musst du dieses Ping-Pong, diesen Jo-Jo-Effekt durchmachen, rein und raus, rein und raus, bis du plötzlich auf beiden Seiten gleichzeitig bist! Oder vielleicht musst du so schnell hin- und her zappen, dass du den Unterschied nicht mehr bemerkst. (*lacht*)

Der Trick ist, sich nach einem Moment der Erleuchtung nicht zu verurteilen und weiterzumachen. Und wenn es zu schwierig wird, check out, so what.

Okay, lasst uns die Zusammenkunft schließen. Ich freue mich, euch bald wieder zu sehen! Bis dahin, Tschüss.

6. Deine vier Tempel

Joachim: Herzlich willkommen alle! Ich sehe, ich habe meinen Hintergrund verloren, das geht so nicht. Ich muss eben herausfinden, wo mein Hintergrund geblieben ist. Gebt mir eine Sekunde.

Teilnehmer 1: Da wir jenseits der Zeit sind, nimm dir alle Zeit, die du brauchst!

Joachim: Ist das nicht hässlich? Ein Greenscreen mit nichts darauf? Naja, ich weiß nicht. Wir lassen es so, wie es ist, und tun so, als ob da ein schönes Bild von irgendwas wäre. Wir werden sowieso die Augen geschlossen haben...

Wie dem auch sei, noch einmal herzlich willkommen! Wie üblich wird unsere Zusammenkunft aus drei Segmenten bestehen und wir beginnen mit der Kultivierung des Gewahrseins.

Nimm dazu, wie immer, eine königliche Haltung ein. Strecke deine Wirbelsäule. Drücke deinen Kopf in Richtung Himmel. Dadurch wird das Kinn automatisch ein wenig zurückgezogen, auch können die Schultern ein wenig nach hinten fallen und sich entspannen. Wenn die Wirbelsäule gestreckt ist, kannst du tiefer atmen, denn dann hat der Bauch Platz, sich zu bewegen.

Wenn du einen engen Gürtel hast, öffne diesen jetzt, damit dein Bauch sich frei bewegen kann.

Heute möchte ich, dass du deine Hände in einer bestimmten Position hältst. *(Joachim zeigt seine Hände in die Kamera.)*

Lege deine Hände so, dass sich die Mittelfinger genau überlappen. Dann führe deine Finger zusammen und lasse die Daumenkuppen sich einander horizontal berühren, so wie bei diesen wunderbaren Buddha-Statuen, okay?

Jetzt platzierst du dieses Konstrukt in deinem Schoß so, dass die kleinen Finger deinen Bauch berühren. Jetzt sind die Daumen genau auf der Höhe deines Hara.

Okay, nun schließe deine Augen zu drei Vierteln. Die Zunge berührt den Gaumen und die oberen Schneidezähne. Du atmest durch deine Nase ein und aus.

Entspanne dich einfach. Sei dir bewusst, wie deine Atmung kommt und geht.

Der Bauch bewegt sich langsam.

Achte darauf, dass dein Kopf nicht nach vorne fällt. Wenn der Kopf nach vorne fällt, musst du eine Menge Muskeln einsetzen, um ihn zu halten. Außerdem lädt ein nach vorne geneigter Kopf zum Denken ein. Aber im Moment geht es nicht ums Denken, es geht darum, einfach im Jetzt-Moment zu sein. Es ist schwierig, beides zu tun. Du kannst nicht denken und gleichzeitig im Hier und Jetzt sein. Das ist einfach nicht möglich.

Diese Körperhaltung wurde entwickelt, um dir zu helfen, im Jetzt-Moment zu sein. Es ist eine Haltung der Klarheit, in der du dich durch nichts ablenken lässt – nicht durch Gedanken und nicht durch irgendetwas außerhalb von dir.

Werde dir nun deiner Daumenspitzen gewahr. Fühle, wie sie sich leicht berühren. Die Daumen sind horizontal. Sie drücken nicht gegeneinander, sie zeigen nicht nach oben und sie fallen nicht in deine Hände. Sie sind waagerecht und berühren sich ganz leicht.

Also, sei dir deiner Daumenspitzen und wie sie einander berühren völlig gewahr. Das ist ein sehr guter Ort für dein Gewahrsein, denn deine Finger sind sehr sensibel, und außerdem sind sie, sagen wir mal, recht weit weg von deinem Kopf. Wenn du dein Gewahrsein auf die unteren Teile deines Körpers legst, auf deinen Bauch oder irgendwo in dieser Region, dann beruhigt sich dein Geist sofort.

Gut. Jetzt dehne dein Gewahrsein auf deine beiden Beine aus, spüre sie in ihrer Gesamtheit, von deinen Füßen bis zu deinem Gesäß.

(lange Pause)

Achte noch einmal auf deine Daumen. Sind sie immer noch in der Position, in die du sie vorhin gebracht hast? Sind sie noch horizontal? Hast du begonnen, sie gegeneinander zu drücken? Haben sie den Kontakt verloren? Wenn ja, bringe sie einfach wieder in die Position, die ich beschrieben habe. Sie berühren sich leicht und sie sind horizontal.

Wann immer Stress oder Anspannung in deinem Körper herrscht, spiegelt sich das auch in deinen Händen wider und du kannst es an deinen Daumen ablesen. Wenn du denkst oder wenn du irgendwelchen ängstlichen Gedanken folgst, dann drücken die Daumen gegeneinander. Und wie immer, wenn du deine

Daumen entspannst, indem du dir ihrer gewahr wirst, folgt der Geist und entspannt sich ebenfalls.

Schließe nun deinen Bauch in dein Gewahrsein ein.

Strecke noch einmal die Wirbelsäule. Drücke deinen Kopf gegen den Himmel.

Nimm nun deine Arme und deinen Brustkorb mit in dein Gewahrsein auf. Achte dabei wieder auf deine Daumen. Berühren sie sich gegenseitig?

Beziehe deine Schultern und deine Kehle in dein Gewahrsein mit ein.

Jetzt deine Zunge. Die Zunge ist entspannt, berührt aber leicht die Zähne und den Gaumen.

Schließe nun dein ganzes Gesicht in dein Gewahrsein ein, deinen Mund, deine Lippen, deine Nase, deine Augen, deine Wangen, deine Stirn.

Bleibe dir deiner Daumen gewahr. Spüre, wie sie sich berühren und achte auch auf die Berührung des Gaumens mit deiner Zunge.

Die Haltung deiner Hände, die Art und Weise, wie deine Hände jetzt platziert sind, wird das kosmische Mudra genannt. Es ist, als würdest du die gesamte Existenz in deinen Händen halten. Stell dir das einen Moment lang vor.

Falls dir die gesamte Existenz zu groß erscheint, dann stell dir nur den Planeten Erde in deinen Händen vor. Auf der Erde passiert gerade so viel und du hältst alles in deinen Händen.

Okay, jetzt lass das ganze Körperbewusstsein los und gehe darüber hinaus. Gehe einfach in den Beobachtungsmodus. Sei präsent – total präsent. Was auch immer als Stimulus, als Empfindung kommt, nimm es zur Kenntnis und lass es vorbeiziehen.

Wann immer du merkst, dass du abgelenkt bist, kommst du zurück zu deiner Körperhaltung. Du streckst die Wirbelsäule, ziehst das Kinn ein wenig ein, drückst den Kopf gegen den Himmel, überprüfst deine Daumen. Sie berühren sich leicht. Dann lasse diese Körperwahrnehmung los und gehe zurück zur Beobachtung.

Das ist die Dekonditionierung! Es ist vielleicht der wichtigste Schritt auf dem Weg zur Erleuchtung. Ohne die Dekonditionierung, ohne die Fähigkeit, all den Empfindungen und Reizen standzuhalten, wäre es sehr schwer, Fortschritte zu machen.

Dies ist kein Kampf. Es geht nur darum, aufmerksam zu sein, sich gewahr zu werden, was in einem vor sich geht, und zu erkennen, dass es keinen Grund gibt, auf irgendetwas zu reagieren!

Die Körperhaltung hilft dir dabei. In einer Gruppe wie der unsrigen zu sein, hilft dir, dich daran zu gewöhnen. Normalerweise stehst du in einer Gruppenumgebung nicht einfach auf, wenn du plötzlich keine Lust mehr hast, sondern du machst weiter. Du machst einfach weiter. Und wenn du dich daran gewöhnt hast, in einer geschützten Umgebung das Gewahrsein zu halten, dann wird es immer einfacher, es auch in normalen Lebenssituationen zu tun. Du kannst alles einfach beobachten, auch deine eigenen Interaktionen, ohne von irgendwelchen Worten oder den emotionalen Körpern der anderen getriggert zu werden.

Werde dir wieder deines Bauchs gewahr, insbesondere deines Hara, das sich in der Mitte deines Bauches befindet, zwei bis drei Fingerbreit unterhalb des Nabels. Genau wie letzte Woche, nimm einen tiefen Klang wahr, der von dort ausgeht – oder stelle ihn dir vor.

Werde dir nun deiner Herzgegend bewusst und fühle den Ton – oder stelle ihn dir vor –, der von dort ausgeht. Dieser Ton ist normalerweise höher als der in deinem Bauch. Beide Töne sind in Harmonie, sie passen zueinander.

Also, höre diese beiden Töne gleichzeitig. Es ist wie ein Duett, ein Chor mit zwei Stimmen.

Werde dir deines Scheitels gewahr.

Du kannst auch dort einen Ton spüren. Es ist ein hoher Ton, normalerweise weit jenseits dessen, was ein Mensch hören kann. Werde dir dieses Tons gewahr oder stelle ihn dir vor, aber halte auch die anderen beiden in deinem Gewahrsein. Wir haben also einen Akkord, einen Dreiklang.

Spüre diese drei Töne gleichzeitig und fühle, wie sie sich ausdehnen. Sie dehnen sich in deinem Körper aus und auch über ihn hinaus.

Gut. Jetzt werde ich etwas Musik spielen, und dann werden wir sehen, wie es weitergeht.

*

(*Musik spielt:* „Yesterday was hard on all of us“, *Fink)*
Übersetzung des Songtextes:

Wohin gehen wir von hier aus, wohin gehen wir?
Und ist es real oder nur etwas, das wir zu wissen glauben?
Wohin gehen wir jetzt, wohin gehen wir?
Denn wenn es dasselbe ist wie gestern,
weißt du, dann bin ich raus
Nur damit du es weißt

Weil, weil unsere Wege sich kreuzen
Gestern war für uns alle schwer
Für uns alle

Und wem können wir von hier aus vertrauen,
wem können wir vertrauen?
Und bist du echt oder entstammst du nur dem Fernweh?
Wem kannst du von hier aus vertrauen, süße Blume,
wem kannst du vertrauen?
Von der Wiege bis zum Grab, von Asche zu Asche
Von Staub zu Staub

Weil, weil unsere Wege sich kreuzen
Gestern war für uns alle schwer
Für uns alle

Wohin gehen wir von hier aus, wohin gehen wir?
Und wir haben nichts, dem wir vertrauen können und nichts, das wir verkaufen können
Und wie kommen wir raus?

Wie können wir uns mit all diesen Blicken auf uns bewegen?
Ich sag dir was, du gehst zuerst
Es ist fast so, als wäre es irgendwie geprobt

Weil, weil unsere Wege sich kreuzen
Gestern war für uns alle schwer
Für uns alle

*

Ich bin Althar der Kristall-Drache, und ich begrüße dich zu dieser zweiten Hälfte unseres zehnwöchigen Programms.

In den ersten fünf Wochen sind wir weit gekommen und jetzt ist die Frage: *Wie geht es weiter?* Ist es nicht interessant, dass du manchmal auf einen Song oder einen Text stößt, der wie für dich und die gerade gegebenen Umstände gemacht zu sein scheint? So wie der Song, den wir gerade gehört haben. Dieses Lied heißt „Gestern war es für uns alle schwer“. Das ist wahr. Aber „gestern“ basiert auf dem Begriff der Zeit. Und wir haben die Zeit als ein Symptom der Trennung entlarvt. Gestern ist also in gewisser Weise *so* gestern! In diesem Moment sind wir jenseits der Zeit! Du kannst jederzeit über die Zeit hinausgehen. Jederzeit, wenn du dich dafür entscheidest! Das haben wir in den letzten fünf Wochen oft getan.

Wie geht es jetzt weiter? Wir gehen ins Surreale. *Ins Surreale!* Wir werden weit über das hinausgehen, was der Mensch in seinem physischen Körper und in seiner physischen Realität erlebt. Wir werden in das

Nicht-Physische gehen und wir werden an den Rändern der Welt der Trennung entlang gehen – dorthin gehen wir!

Die Sängerin fragt in dem Lied: „Wem können wir von hier aus vertrauen?" Wem können wir – oder wem kannst *du* – von hier aus vertrauen?

Aber ich sage dir was! Vertrauen ist auch *so* gestern. Denn seit deinem ersten Moment der Erleuchtung ist Vertrauen nicht mehr nötig. Du brauchst kein Vertrauen mehr. Wozu könntest du es brauchen? Was ist das Schlimmste, das dir passieren könnte? Nichts! Du *weißt* bereits, dass du, wenn du *alles* loslässt, realisierst, dass du Alles-Was-Ist bist. Wozu solltest du also Vertrauen brauchen? Du bist nicht wie ein Blinder, der nicht weiß, wohin er gehen soll und der deshalb auf jemand anderen vertrauen muss. Nein, denn du hast bereits einen Moment der Erleuchtung erfahren. Und du weißt, was du tun musst, um dir wieder eines solchen Moments gewahr zu werden.

Wie? Du *hörst auf,* irgendetwas zu „glauben". Du *fühlst* in dich hinein und *du weißt, dass du weißt!* Das ist alles! Dazu ist kein Vertrauen erforderlich! Es ist einfach eine Wahl, die du treffen musst. Okay, solange du an deinen physischen Körper gebunden bist, musst du diese Wahl immer und immer wieder treffen. Aber das ist alles! Es geht darum, dass du dich immer wieder an diese Wahlmöglichkeit erinnerst und dann diese Wahl triffst, aber du brauchst kein Vertrauen. Vertrauen wird einfach nicht mehr gebraucht.

Und dann heißt es in dem Song: „Ich sag dir was, *du* gehst zuerst, es ist fast so, als wäre es irgendwie geprobt.“ *Du* gehst zuerst? *Wer* fängt denn nun an? Nun, das ist euch überlassen, aber eines ist sicher: Es wurde geprobt. Es wurde in den anderen Daseinsbereichen mit euren spirituellen Familien und mit denen, die den Traum vom verkörperten Aufstieg teilen, geprobt.

Allerdings kannst du so oft proben, wie du willst, aber irgendwann musst du es real werden lassen, indem du es tust, indem du dir erlaubst, alles loszulassen und dich zu öffnen. Das liegt an dir. Das kannst du nicht proben. Du musst es irgendwann *tun*. Und das ist der Grund, warum wir hier sind, nehme ich an. Wer geht zuerst? Nun, letztlich muss jeder diesen Schritt für sich selbst machen, aber es ist sehr viel einfacher, wenn man dabei in einer Gruppe wie dieser ist und von anderen über die ganze Welt verstreuten Menschen weiß, die auf dem gleichen Weg sind wie du, auch wenn sie gerade nicht hier sind. Dann ist es nicht so beängstigend – vermute ich. Aber, wie gesagt, benötigst du dafür kein Vertrauen. Es liegt an dir, es zu wählen, es zu erlauben und es zu realisieren, in jedem Moment.

Ich spreche immer von Momenten der Erleuchtung, und genau wie wir Momente der Erleuchtung haben, haben wir Momente des verkörperten Aufstiegs. So ist das nun mal. Das ist der Weg, und, naja, wer weiß, vielleicht erlebst du heute einen weiteren Moment des verkörperten Aufstiegs.

Um ins Surreale zu gehen, werden wir uns einiger Hilfsmittel bedienen, die für dich wichtig sein können. Deshalb werde ich heute über deine vier Tempel sprechen. Deine vier Tempel.

Die ersten beiden Tempel sind im Physischen und die anderen beiden im Nicht-Physischen.

Der erste Tempel ist dein physischer Körper. Du musst ihn zu einem Tempel machen. Sieh deinen physischen Körper als einen Tempel und nicht als eine Last! Man könnte sagen, der menschliche Körper ist der Gipfel der Schöpfung innerhalb der Trennung. Er besteht aus so vielen Bausteinen, die alle ineinandergreifen. Es ist eine superkomplexe Maschine, die es dir ermöglicht, die Erfahrung zu machen, inkarniert zu sein.

Auch wenn der Körper seine Beschwerden, Krankheiten, Probleme und Begrenzungen hat, ist er, nun ja, dein Tempel, in den du dich für den verkörperten Aufstieg begibst. Es ist das Gefäß, durch das du die Erleuchtung und den verkörperten Aufstieg verwirklichst.

Wie machst du also deinen Körper zu einem Tempel? Nun, indem du Ehrfurcht gegenüber deinem Körper ausstrahlst. Der Körper ist nicht dein Feind! Er ist da, um dich zu unterstützen. Er ist dein Weg aus der Trennung. Also strahle jetzt ein großes Dankeschön durch deinen Körper. Sei dir des Gefühls der Dankbarkeit, der Ehrfurcht bewusst. Es spielt keine Rolle, was du bis zu diesem Punkt mit deinem Körper erlebt hast, es ist wegen dieses Körpers, dass du in dieser Veranstaltung bist und danach strebst, über die Trennung hinauszugehen.

Nicht-physische Wesen sind daran immer gescheitert. Aber du, mit deinem physischen Körper, du kannst es verwirklichen! Es gibt also keinen Grund zu versuchen, den physischen Körper loszuwerden oder ihn abzulehnen oder ihn irgendwie abzuwerten, nein. Du wirst ein integriertes Wesen! Der Lichtkörper und der physische Körper werden verschmelzen, so dass der physische Körper ein integraler Bestandteil von dir sein wird. Er wird die Erweiterung des Lichtkörpers sein, die es dir erlaubt, im Physischen zu agieren, wahrzunehmen und dich auszutauschen.

Sieh also deinen physischen Körper als einen Tempel. Hier lebst du, hier praktizierst du. Behandle deinen Tempel gut.

Der zweite Tempel ist ein physischer Tempel, der normalerweise lediglich ein Raum ist, der dir gehört. Es ist ein Raum, in dem du die Tür schließen und für dich sein kannst, ohne gestört zu werden. Nur ein einfacher Raum, zu dem du sagst: „*Das* ist mein Tempel im Physischen." Er kann überall sein. Es könnte auch eine Hütte irgendwo im Wald sein. Es ist jedoch sehr wichtig, dass du nach Belieben Zugang dazu hast. Warum? Weil du, während du diesen Weg der Öffnung gehst, mehr und mehr Zeit für dich brauchst. Du brauchst Zeit, um all das zu integrieren. Du brauchst Zeit ohne Störungen von außen, sei es durch die Familie, durch deine Arbeit oder durch deine Nachbarn. Du willst ab und zu ganz allein sein, um dich zu integrieren.

Für diese Art von physischem Tempel ist nicht viel nötig. Es ist nicht so, dass du eine Pyramide oder eine Kathedrale bauen musst. Es ist wiederum das Gefühl, das du gegenüber diesem Ort hast. Wenn du an manchen Orten wie Kirchen oder alten Tempeln eine Art Ehrfurcht oder Heiligkeit spürst, dann liegt das normalerweise an den Gefühlen, die Menschen ausgestrahlt haben, während sie dort waren. So haben sich die Gefühle in die Wände und Gegenstände, die dort platziert waren, eingeprägt. Es ist nicht so, dass diese Orte an und für sich heilig wären. Ja, manchmal gibt es Ausrichtungen im Boden, die dies energetisch begünstigen, aber meistens resultiert die Ausstrahlung dieser Orte von den Menschen und dem, was sie fühlten, als sie einen solchen Ort betraten.

Fühle also eine Andacht, wann immer du in deinen physischen Tempel gehst, in den Raum, der dir gehört – oder vielleicht ist es auch nur eine Ecke eines Raumes. Dieser Tempel gehört dir, dies ist dein Ort der Erholung.

Idealerweise ist dies auch der Ort, an dem du dein Gewahrsein und deinen Lichtkörper kultivierst. Dann könnte man sagen, dass dieser physische Ort wie ein Portal wird. Menschen stellen sich ein Portal oft wie ein Wurmloch vor, wo sie mit ihrem physischen Körper reinspringen und woanders wieder herauskommen, einschließlich ihres physischen Körpers und von wo aus sie dann andere Welten besuchen. Aber das ist mehr oder weniger Blödsinn, so funktioniert das nicht.

Ein Portal ist eine Umgebung, die dich dabei unterstützt, dich zu öffnen. Das ist alles! Wenn du in deinem physischen Tempel eine Atmosphäre der Öffnung, der Offenheit, der Klarheit erschaffst, nun, dann wird es auch viel einfacher für dich, dich zu öffnen und über das typisch menschliche Bewusstsein hinauszugehen.

Der dritte Tempel ist dein Lichtkörper. Dein Lichtkörper! Es ist viel einfacher, deinen Lichtkörper als einen Tempel zu sehen, als deinen physischen Körper, denn der Lichtkörper ist ausschließlich deiner. Er wird durch eine einzige Intention von dir erschaffen, nämlich die, ihn haben zu wollen. Er verbindet dich direkt mit allem, was du bist, mit reinem Bewusstsein.

In deinem Lichtkörper zu sein, wird dir also ganz natürlich ein Gefühl der Ehrfurcht darüber vermitteln, wie wunderbar die Schöpfung in ihrer Gesamtheit ist, sogar einschließlich der Trennung.

Wir haben also bereits drei Tempel: deinen physischen Körper, einen physischen Ort und dann deinen Lichtkörper.

Du brauchst aber auch eine Art Tempel im Nicht-Physischen, in den du mit deinem Lichtkörper eintreten kannst. Und das ist es, was wir heute erschaffen werden. Das ist es, was wir heute an einem ganz besonderen Ort erschaffen werden!

Ich werde dafür etwas Musik spielen.

*

(*Musik spielt*)

Nimm eine Körperhaltung der Klarheit ein, so wie du es dir angewöhnt hast. Eine Haltung der Offenheit, der Ehrfurcht. Wieder bist du dabei, das Höchste zu tun, was ein Mensch tun kann. Du gehst über die Trennung hinaus – und sei es nur für Momente. Was könnte es Höheres geben? *Du kommst nach Hause!* Also, öffne dich.

Werde dir zuerst unserer Zusammenkunft gewahr, die wir gerade haben, denn du könntest sagen, sie findet in einer besonderen Dimension statt, die wir spontan erschaffen haben. Du hast sie miterschaffen, als du dich in das Zoom-Meeting eingeloggt hast und dann in deinen speziellen Modus der „Zusammenkunft“ gegangen bist. Wir versammeln uns im Nicht-Physischen. Ihr seid mit euren physischen Körpern über die ganze Welt verteilt, aber unsere Versammlung findet im Nicht-Physischen statt.

Nimm dir also etwas Zeit und spüre die anderen. Spüre sie einfach.

Wenn ein Mensch ins Nicht-Physische geht, versucht er normalerweise, Bilder zu sehen oder ganz allgemein Strukturen wahrzunehmen. Und wenn er das nicht tut, dann beschwert sich: „Es gibt hier nichts zu sehen! Es gibt nichts Visuelles!“ Und dann ist er enttäuscht und sagt: „Oh, ich habe es nicht richtig gemacht. Was soll ich tun? Soll ich mir das einfach ausdenken? Aber selbst das funktioniert nicht wirklich.“ Aber wie könnte es denn im Nicht-Physischen etwas zu *sehen* geben? *Es gibt nichts zu sehen!*

Jedes Bild, das du im Nicht-Physischen zu haben glaubst, wird vom menschlichen Teil deines Bewusstseins erschaffen – und daran ist nichts falsch! Aber du musst erkennen, dass die Bilder *immer* von dir kommen. Sie sind „real“, aber sie sind *nur für dich* real. Sie entsprechen nicht einer gemeinsamen Erfahrung, wie du sie im Physischen hast, wo du dich mit anderen über physische Objekte einigen kannst, wie groß sie sind, wie sie aussehen und sich anfühlen. Hier im Nicht-Physischen geht es nicht darum, zu sehen oder zu berühren, es geht darum, zu spüren und das Bedürfnis loszulassen, Strukturen wahrnehmen zu wollen. Das ist eine große Herausforderung, aber du wirst dich langsam, langsam daran gewöhnen.

Nichtsdestotrotz ist es manchmal hilfreich für einen Menschen, bewusst oder unbewusst Bilder von dem zu erzeugen, was du im Nicht-Physischen wahrnimmst, ohne dich dieser Bilder zu verhaften. Somit könntest du die Menschen in dieser Versammlung in deiner inneren Wahrnehmung beispielsweise als Lichtblasen sehen oder was auch immer dir gefällt. Wisse einfach, dass *jede* Repräsentation, die in dir erscheint, von *dir* hervorgebracht wird. Aber die Wesen an sich, die hinter diesen Symbolen stecken, sind real. Die Wesen *sind* real!

Also, streife umher, grüße die anderen auf eine nicht-physische Weise. Wie machst du das? Oh, du projizierst den Gruß als ein Gefühl nach außen: „Willkommen, schön, dich wieder einmal zu treffen!"

Zwanzig Menschen sind hier in dieser besonderen Dimension versammelt – und hier ist es sicher! Es ist sicher. Keiner kann eindringen. Wir haben diese Dimension implizit per Intention erschaffen. Oh, wenn andere später auf diese Aufnahmen stoßen, können sie ebenfalls hier eintreten. Vielleicht spürst du sogar einige von ihnen in diesem Moment. Sie sind in gewisser Weise bereits jetzt eingeladen. Sie wissen, wohin sie gehen sollen. Sie haben eine Einladung durch diese Aufnahme.

Also, ist diese Dimension oder dieser Ort, an dem wir uns treffen, ähnlich wie ein physischer Raum? Nun, wenn du das so wählst. Ist er unbegrenzt in seiner Ausdehnung? Nun, wenn du das so wählst. Ist er überhaupt räumlich? Nun, wenn du das so wählst. All das ist dir überlassen, denn wir treffen uns im Nicht-Physischen.

Wenn du im Nicht-Physischen bist, wird es oft eine Herausforderung sein, danach in die rein menschliche Form zurückzukehren. Deshalb werden wir jetzt einen Tempel im Nicht-Physischen erschaffen – so, wie auch ihr einen Tempel im Physischen habt, in dem ihr euch entspannen und erholen könnt. Jeder von euch wird einen Tempel für sich selbst erschaffen. Es wird ein besonderer Ort sein, ein Tempel im Nicht-Physischen, in dem du dich ausruhen kannst, nachdem du dich hinausgewagt hast, um das höchste Bewusstsein zu erfahren. Es ist auch ein Ort, um dich vom menschlichen Massenbewusstsein zu entspannen, um zu integrieren und dich ganz zu öffnen.

Wir werden diesen Tempel von dir an einem ganz besonderen Ort bauen, den ich *Grenzland* nenne, Grenzland.

Stell dir all die Welten der Trennung vor. Stell dir vor, sie wären alle in einer Blase enthalten, die im reinen Bewusstsein schwebt. Wie immer muss ich hier auf menschliche Bilder zurückgreifen… Eine Blase ist natürlich räumlich, aber im reinen Bewusstsein gibt es keinen Raum. Aber lass uns trotzdem mit dieser Metapher fortfahren. Stell dir vor, dass alle Welten der Trennung in einer Blase enthalten sind. Auch das physische Universum, das du bewohnst, ist eine kleine Blase innerhalb dieser Blase, ein winziger Punkt innerhalb der Trennung.

In gewisser Weise bist du das reine Bewusstsein, das überall um diese Blase herum ist. Du bist dir deiner selbst und der Blase gewahr. Es ist, als würdest du die Blase in deiner Hand halten, so wie wir das vorhin mit dem kosmischen Mudra gemacht haben, als du den Planeten Erde in deinen Händen gehalten hast.

Werde dir nun der Erde innerhalb der Blase gewahr. Gehe nun von der Erde aus, also von innerhalb dieser Blase der Trennung, nach außen, in Richtung der Oberfläche der Blase. Beachte, dass dieses Hinausgehen keine Frage der Bewegung im Raum ist, sondern der Subtilität deines Gewahrseins. Dein Gewahrsein wird dazu feiner und feiner. Du erlaubst dir, auf der Oberfläche der Blase zu sein, genau zwischen den Welten der Trennung und dem reinen Bewusstsein. Das nenne ich Grenzland. Du kommst hierher ohne eine Form, einfach als eine Präsenz, als Sein.

Nun erschaffe dir hier in Grenzland mittels einer Intention deinen Tempel. Du kannst ihn dir bildlich vorstellen und ihm eine Form geben oder du kannst einfach nur wissen, dass er da ist.

Du kannst ihn dir zum Beispiel als eine Lichtkugel vorstellen, in deren Zentrum du dich befindest oder es könnte ein wunderschöner Raum sein.

Der Tempel ist nur für dich da. Er kümmert sich um dich. All deine Intentionen werden augenblicklich von ihm reflektiert! Er kann jede Farbe annehmen, die dir gefällt. Du kannst hier Musik wahrnehmen, wenn du möchtest. Du kannst in ihm schöne Objekte erschaffen und dort platzieren.

Dies ist dein Platz in Grenzland. Hier ist es sicher. Niemand kann hier eindringen. Du kannst andere einladen, aber niemand kann hier ohne deine Erlaubnis eindringen.

Mach es dir hier bequem.

Du könntest deinen Tempel auch in einen normalen Raum verwandeln, den ein Mensch bewohnen würde. Warum nicht? Du kannst dir vorstellen, dass du eine menschliche Gestalt hast, die in einem Sessel sitzt und auf einen Kamin schaut. Es liegt ganz in deiner Hand. Dein Tempel reagiert augenblicklich und es ist real – für dich! Und das ist, was zählt.

Deinen Tempel haben wir aus einem bestimmten Grund im Grenzland erschaffen. Es ist nämlich insbesondere ein Ort, an dem du dich entspannen kannst, nachdem du dich der Dritten Runde der Schöpfung angenähert hast und bevor du wieder zurück in die Trennung gehst.

Deshalb füge deinem Tempel jetzt zwei Türen hinzu: eine Tür, die den Welten der Trennung zugewandt ist und somit, bildlich gesprochen, ins Innere der Blase der Trennung führt. Und eine Tür, die der Dritten Runde der Schöpfung zugewandt ist, dem reinen Bewusstsein. Stell dir diese Türen vor.

Es ist so unglaublich schön hier draußen, weil du hier die Dritte Runde der Schöpfung spüren kannst. Sie ist so nah! Sie ist so nah, und wir werden jetzt einen Ausflug dorthin machen, sozusagen eine Exkursion. Also, öffne langsam die Tür zur Dritten Runde der Schöpfung. Oh, ich verwende verschiedene Bezeichnungen dafür. Manchmal sage ich Dritte Runde der Schöpfung, manchmal reines Bewusstsein und manchmal Utopia, der Nicht-Ort.

Also, öffne die Tür und spüre, was da draußen ist. Stehe einfach an der Schwelle der Tür und spüre.

Glücklicherweise haben wir deinen physischen Körper durch die Lichtkörperübung desensibilisiert. Das war eine gute Vorbereitung, denn die Energien hier sind sehr, sehr intensiv. Wenn du nicht daran gewöhnt wärst, würdest du davor wegrennen. Aber dein Bewusstsein und auch dein physisches Gefäß sind vorbereitet. Trotzdem musst du noch behutsam sein. Wenn du da rausgehst und zu lange bleibst, kann es sehr schwer für dich werden, zurückzukommen. Und es gibt niemanden, der dich zurückbringen könnte oder würde, denn es ist alles ausschließlich deine Wahl. Alles ist immer deine Wahl! Wo willst du bleiben? Wohin willst du gehen?

Gut. Nun trete langsam aus deiner Tür hinaus, tritt ein in Utopia, den Nicht-Ort. Oh, Utopia ist jenseits von Form. Wie könnte es Form im Nicht-Ort geben? Hier geht es nur um Fühlen und Gewissheit – die Gewissheit des Seins.

Einige von euch hören vielleicht ein Willkommen von anderen Wesenheiten, die hier existieren. Sie sind voller Ehrfurcht. Sie wissen, was gerade passiert. Aber sie werden sich nicht einmischen. Sie werden sich dir nicht nähern, es sei denn, du selbst kommst ihnen nahe, denn sie wissen um deine Herausforderungen.

Es ist schwierig, mit Worten zu beschreiben, was hier vor sich geht. Hier haben wir unverzerrte Schöpfung. Eine Schöpfung, die nicht auf dem Prinzip der Trennung beruht.

Für einen Menschen ist das schwer vorstellbar, aber du kannst es fühlen.

Das ist es, was ich wahre Schöpfung nenne.

Eine Schöpfung, die weiter und weiter geht, die nicht vergänglich ist. Dennoch stagniert sie nicht, denn sie erweitert sich ständig. Sie stagniert überhaupt nicht.

Das ist der Grund, warum ich hierfür den Begriff „expandierende Perfektion" verwende. Es ist perfekt! Nichts fehlt, nichts ist unvollkommen, aber es ist auch nicht statisch.

Viele Menschen fürchten, dass es langweilig ist, wenn sie einmal in dieser Art von Existenz, in Utopia, sind, weil sie annehmen, dass hier nie etwas passiert. Aber nichts, nichts, nichts könnte weiter von der Wahrheit entfernt sein! Hier hast du wahre Schöpfung – und du teilst sie. Das ist es, was du als Schöpfer tust. Das ist es, was sogar jeder Mensch tut, wenn er oder sie etwas erschafft: Sie wollen ihre Kreationen mit anderen teilen, ihr Lied oder ihr Gedicht. Sie wollen ihre Freude teilen! Selbst wenn du einen Witz hörst, möchtest du ihn mit anderen teilen.

Das Gleiche gilt auch hier. Wahre Schöpfung – und du teilst sie. Sie ist augenblicklich geteilt!

Es gibt hier keine Notwendigkeit zu erschaffen, um „sich zu beweisen" oder „sich zu verteidigen". Es ist nur die reine Freude des Schöpfers. Auch wenn du derzeit keine Form hast und nicht als Mensch hier bist, kannst du diese Freude einatmen. Und sie geht direkt in den physischen Körper, der irgendwo innerhalb dieser Blase der Trennung in deinem Universum auf einem Planeten namens Erde sitzt. Der physische Körper kann sich darauf einlassen.

Gut. Gehe nun langsam zurück in deinen Tempel. Du kannst so oft hierherkommen, wie du möchtest, aber ich warne dich noch einmal: Bleibe nicht zu lange, es sei denn, du willst für immer bleiben! Gehe zurück in deinen Tempel und schließe die Tür. Das ist symbolisch.

Direkt neben der Tür, die nach Utopia führt, erschaffe dir jetzt ein Fenster. Erschaffe ein Fenster, eine Öffnung, ein Fenster nach Utopia. Das erinnert dich immer daran, wo du bist, wenn du hier bist.

Wann immer du hierher kommst und dann wieder in deinen menschlichen Zustand zurückgehst, bringst du etwas mit. Oh, es ist nicht so, dass du deine Taschen vollpackst oder einen Tank mit flüssigem Licht füllst und es in den menschlichen Daseinsbereich transportierst, nein. Du bringst die Gewissheit darüber mit, wer du wirklich bist, eine intensivierte Gewissheit darüber, wer du wirklich bist: Du bist ein unbegrenztes Wesen jenseits jeder Form! Du bist ein Wesen, das aus Empathie und Mitgefühl in die Welt der Trennung zurückkehrt, um jene zu inspirieren, die sich entschieden haben, in deine Fußstapfen zu treten.

Wann immer du von hier zurückgehst, bringst du Klarheit, bringst du Luzidität mit dir. Du machst den Traum der Trennung mehr und mehr luzide. Du wirst mehr und mehr zu einem bewussten Akteur im Traum der Trennung.

Dies ist dein vierter Tempel. Nachdem du so weit draußen warst, wie wir es jetzt gerade sind, solltest du nicht überstürzt in deinen menschlichen Körper zurückkehren. Das wäre sehr anstrengend. Ruhe dich stattdessen in deinem vierten Tempel aus, halte inne.

Du ruhst, du integrierst, du stimmst dich ein. Dann triffst du die bewusste Entscheidung, in deinen physischen Körper zurückzukehren, um den Traum des verkörperten Aufstiegs zu verwirklichen.

Werde dir jetzt noch einmal deines physischen Körpers gewahr und sei dir gleichzeitig des Lichtkörpers gewahr, der sich in deinem Tempel im Grenzland befindet. Lass nun diese beiden Bilder miteinander verschmelzen, indem du sie wie Dias übereinander legst. Es ist nur ein Umschalten im Bewusstsein.

Und da sind wir nun: in einem Moment des verkörperten Aufstiegs!

Es spielt keine Rolle, wie lange er andauert. Es ist ein wahr gewordener Traum! Man kann auch sagen, dass der Traum wahrgeworden ist, den du geträumt hast, um dich aus dem Traum der Trennung hinauszubringen.

In gewisser Weise ist Grenzland überall. Es ist nur eine Frage deines Gewahrseins. Du kannst in ein Einkaufszentrum gehen und wissen, dass du in Grenzland unterwegs bist. Warum? Weil du gleichzeitig *in* und *jenseits* der Trennung sein kannst. In Grenzland zu sein bedeutet, dass du *im* Traum bist, und doch weißt du, dass du nicht *vom* Traum bist. Und während dieser Übergangsphase helfen dir deine vier Tempel, diese Gewissheit zu stabilisieren.

Irgendwann wirst du auch über diese vier Tempel hinausgehen, aber im Moment sind sie hilfreich. Sie sind hilfreiche Werkzeuge und es gibt keinen Grund, hilfreiche Werkzeuge abzulehnen.

Jetzt erinnere ich dich noch einmal an die Hausaufgaben-Herausforderung. Nachdem du morgens aufgestanden bist, gehe als erstes in deinen physischen Tempel und kultiviere dein Gewahrsein. Dann werde dir der Klänge in deinem Hara, deinem Brustkorb und deinem Scheitel gewahr. Dann fahre fort mit der Kultivierung deines Lichtkörpers.

Das sollte deine erste Aktivität am Morgen sein – und dafür es gibt einen Grund! Es gibt einen Grund, warum in allen spirituellen Traditionen die Mönche, oder wie auch immer sie sich nennen, früh am Morgen aufstehen. Das tun sie, weil zu diesem Zeitpunkt alles noch frisch ist und die Türen zum Unbewussten weit offen sind. Du bist noch im „Dazwischen-Modus" – zwischen deinen persönlichen Träumen und der physischen Realität. Wenn du dort dann Klarheit und Gewahrsein hineinbringst… Oh, dann räumst du das Unbewusste auf! Plötzlich kannst du verstehen, wovon du vor dem Aufstehen geträumt hast und dann kannst du es loslassen.

Die frühen Morgenstunden sind also kostbar, nutze sie. Das ist die Herausforderung.

Es war wieder wunderbar, mit einer Gruppe von Menschen zusammenzukommen, die sich so weit hinauswagen. Dennoch, es ist immer nur ein Umschalten im Bewusstsein. Allerdings sind nur sehr wenige Menschen fähig und bereit, dies zu tun. Deshalb gab es die Ehrfurcht der Wesen auf der anderen Seite, von den Wesenheiten, die dich an der Türschwelle deines

Tempels im Nicht-Physischen stehen sahen. Sie wissen, was vor sich geht und sie sind auf ihre ganz eigene Weise bei dir, genau wie ich.

Ich bin Althar der Kristall-Drache. Ich wünsche euch eine gute Woche.

*

Joachim: Also, ich stelle fest, dass mein Hintergrundbild wieder da ist, also haben wir *etwas* getan! Wenn das kein Beweis ist, dann weiß ich nicht, was ein Beweis ist!

Teilnehmer 1: Dein Hintergrundbild war super – das Grenzland.

Joachim: *(lachend)* Ja, das ist wahr. Der Greenscreen ist flexibel. Jetzt sind wir wieder an der langweiligen Nordsee. *(Das Hintergrundbild zeigt jetzt die Nordsee.)*

Teilnehmer 1: Nun, ich bin immer noch am Rande des Grenzlandes, wenn ich dich anschaue!

Joachim: Wow!

Irgendwelche Bemerkungen, Fragen? Habt ihr Erfahrungen, die ihr da draußen gemacht habt?

Teilnehmer 2: Bekommt noch jemand so richtig Hunger nach so einer Erfahrung?

Joachim: Ja, bitte ein Zeichen geben, wer hat Hunger? *(Die meisten Teilnehmer heben die Hand.)*

Teilnehmer 2: Ich werde so hungrig!

Joachim: Das ist eine typische Reaktion.

Teilnehmer 2: Was ist das?

Joachim: Ich kann dir aus Erfahrung sagen, dass Hunger gut ist. Wenn es dich stattdessen zum Alkohol zieht, solltest du ein bisschen vorsichtig sein. Das ist mir öfters passiert. Es ist der Körper, es ist der physische Körper, der erkennt: „Oh, das Bewusstsein geht, aber ich will überleben. Aber wie kann ich das tun? Ich mache mich am besten bemerkbar, füttere mich, stopfe mich voll, damit sich das Bewusstsein wieder in mir erdet!"

Es kann der überwältigende Wunsch nach Essen sein, nach Trinken, nach Sex... Es ist die Natur der Biologie, die nach dir ruft: „Komm zurück!" Eigentlich ist es ein gutes Zeichen, aber es ist auch ein bisschen nervig. Ich würde nicht sagen, dass man sich daran gewöhnt, aber man kann versuchen, nach einer solchen Bewusstseinserweiterung nicht zu viel zu essen. Man gewöhnt sich nie wirklich daran.

Nun, ich bin über die Sache mit dem Alkohol hinaus. Ich erinnere mich an die frühen Zeiten, als ich sehr intensive „Flashbacks" hatte. Es war wirklich schwierig für mich und ich musste mich wieder erden, also habe ich zum Whiskey gegriffen. Seitdem trinke ich keinen Whiskey mehr, denn einmal war es einfach zu viel. Jetzt kann ich ihn nicht einmal mehr riechen. Bah, weg damit. Aber diese Gelüste sind normal. (*Jemand lacht.*) Das ist nicht lustig! (*lacht*)

Teilnehmer 3: Ich wollte nur sagen, das ist etwas, was ich seit einigen Monaten erlebe. Ich will immer, immer Zucker essen. Normalerweise hasse ich Zucker! (*Gelächter*) Also, ich denke, es ist das, was Joachim gesagt hat, wir müssen uns wieder erden.

Teilnehmer 2: Ja, im Moment habe ich Lust auf einen Burger – und ich esse eigentlich kein Fleisch!

Joachim: Aber um genau zu sein, ich sage nicht, dass man das tun *muss*. Ich sage, der Körper schreit danach. Und, gut, du kannst eine Weile mitspielen, aber wenn der Körper in den „Stopf-Mich"-Modus geht, dann entspanne dich, nimm kleinere Bissen. Gib der Gier nicht zu sehr nach, denn auch das ist eine Form der Ablenkung.

Es ist wie mit der Lichtkörperübung, wenn du dabei sehr emotional wirst. Das ist für eine Weile in Ordnung, all die Tränen und das Zucken und das Zittern. Aber an einem gewissen Punkt wird das zum Hindernis. Man könnte zwar sagen: „Wo ist das Problem? Das sind doch nur ein paar Tränen." Aber nein, nach einer Weile… hör damit auf! Wir gehen *darüber hinaus*. Es ist das gleiche mit dem Verlangen nach Essen nach einer intensiven Bewusstseinserfahrung. Kümmere dich um deinen physischen Körper. Natürlich muss er sich anpassen. Aber ist die Gier danach ein Muss? Nun, vielleicht ist sie das für dich, um dich wieder zu erden, aber versuche gleichzeitig, offen zu bleiben, falls das für dich möglich ist. Früher oder später *ist* es möglich. Werde nicht zum Opfer deines Körpers, denn er würde weiter essen, essen, essen. Der Körper sagt dir, dass essen besser ist, als all diese verrückten Sachen da draußen zu machen! Also, sei weise, während du deinen Körper vollstopfst.

Teilnehmer 3: Ich mache lange Spaziergänge im Wald und dann verschwindet es.

Joachim: Du meinst, während du den Zucker isst?

Teilnehmer 3: (*Lachen*) Nein, ich höre dann auf, das ist es, was mich aufhält.

Teilnehmer 2: Schokolade, Bonbons und Wandern!

Teilnehmer 3: Übrigens heiße ich nur M. Ein Freund von mir hat das Zoom-Zeug für mich eingerichtet und er fand es lustig, Gold M. zu sagen, weil das sein Spitzname für mich ist, aber....

Joachim: Es ist ein schöner Name, warum behältst du ihn nicht?

Teilnehmer 3: Wegen meiner Haarfarbe hat er das immer zu mir gesagt.

Joachim: Ich spüre da etwas, aber ich gehe nicht darauf ein.

Teilnehmer 3: Oh nein, okay. M. ist okay. Aber mach einfach, wie du möchtest.

Teilnehmer 1: Ich nehme an, dass wir zusammen eine Art alte Familie sind. Da wir eine alte Familie sind, kannten wir dich wohl als Gold!

Teilnehmer 4: Ich möchte mich einfach nur bei dir bedanken. Das war einfach wunderbar für mich. So friedlich war ich noch nie in einer Meditation, also: Danke euch allen. Ich danke euch. Ich bin immer noch da draußen...

Joachim: (*Gelächter*) Wenn du auschecken willst, dann tu es nicht vor der letzten Sitzung, okay? Wir müssen hier noch mindestens fünf Wochen zusammenbleiben.

Teilnehmer 1: Wir werden dich holen, wenn du gehst!

Joachim: Ja, wir kommen und holen dich zurück.

Teilnehmer 4: Die meiste Zeit meines Lebens dachte ich, Frieden sei zu langweilig. Jetzt bekomme ich ein Gefühl dafür, wie angenehm und wunderbar er ist.

Joachim: Ja. Das ist eine der traurigen Geschichten, die sich hier und da verbreiten. Ich weiß nicht, warum einige Leute sagen, dass Frieden oder Erleuchtung langweilig sind. Dann nehmen wieder andere das als Ausrede, um hier zu bleiben und der Superstar der Trennung werden zu wollen. Oder sie versuchen sogar, „das Beste“ aus beiden Welten zu kombinieren, aber *das funktioniert einfach nicht.* Das ist einfach nur Blödsinn.

Ich sage immer, du musst erst komplett aus der Trennung rausgehen, dann kannst du zurückkommen, nur dann ist es in gewisser Weise „real“. Wenn du aber in der Trennung bleibst und so tust, als wärst du auch da draußen, tja, dann bildest du es dir nur ein. Aber so funktioniert das nicht – zumindest verstehe ich es so. Vielleicht funktioniert es für einige, aber ich kann nicht wirklich erkennen, wie das sein könnte.

Okay, lasst uns die Zusammenkunft beenden. Ich wünsche euch eine wunderbare Woche.

Oh, wir müssen noch winken. Bitte alle winken, ich brauche das Foto... Cheese! Okay, Tschüss.

7. Luzide Wahrnehmung

Wir haben heute viel vor, also lasst uns ohne Umschweife beginnen! Wie immer beginnen wir mit der Kultivierung des Gewahrseins. Also, nimm die Haltung des Meisters ein. Du bist inzwischen daran gewöhnt. Heute ist es sehr wichtig, dass du diese Haltung beibehältst, insbesondere dann, wenn Althar später hinzukommt.

Also, strecke deine Wirbelsäule. Wenn du das tust, ziehe auch etwas dein Kinn zurück, was wiederum deinen Nacken streckt, so dass die Energie frei fließen kann. Drücke den Kopf in Richtung Himmel. Wenn du deine Wirbelsäule streckst, können sich deine Schultern entspannen und ein wenig nach hinten fallen.

Wie schon letzte Woche, lege deine linke Hand in deine rechte, so dass sich die Mittelfinger überlappen und sich die Daumenspitzen leicht berühren. Dann legst du die Hände so in deinen Schoß, dass die kleinen Finger deinen Bauch berühren und die Daumen direkt unterhalb deines Bauchnabels sind.

Schließe deine Augen zu drei Vierteln, fokussiere mit den Augen nichts und werde dir deines Atems gewahr. Du atmest durch die Nase ein und aus. Der Mund ist geschlossen, die Zunge berührt den Gaumen, und während du atmest, erlaube deinem Bauch einfach der Schwerkraft zu folgen. Lass ihn sich völlig entspannen.

Da du dir einfach nur deines Atems gewahr bist, findet der Atem zurück zu seinem natürlichen Rhythmus. Die Atemfrequenz nimmt ab, gleichzeitig atmest du tiefer. Auch ist die Einatmung deutlich kürzer als die Ausatmung.

Schließe beide Beine in dein Gewahrsein ein. Werde dir deiner Beine vollkommen gewahr.

Spüre das Gewicht, das auf deinen Füßen ruht.

Spüre nun das Gewicht, das auf dein Gesäß drückt.

Fühle in deine Hände und spüre wieder die leichte Berührung deiner Daumen, eine leichte Berührung, keine Anspannung. Die Daumen sind horizontal – sie sind ein perfekter Spiegel deines inneren Zustands.

Beziehe deine Arme in dein Gewahrsein ein, deine Schultern und deinen gesamten Brustkorb.

Spüre, wie der Atem deinen Brustkorb bewegt, während er kommt und geht.

Nun schließe deinen Bauch mit in dein Gewahrsein ein.

Fühle noch einmal in deine Daumen. Hat sich ihre Position verändert? Wenn ja, kein Problem, justiere sie einfach neu. Lass sie sich leicht berühren. Halte sie waagerecht.

Schließe nun deine Kehle in dein Gewahrsein ein, auch deine Zunge.

(*lange Pause*)

Schließe deinen Mund, deine Nase, deine Augen, deine Stirn, die Haut deines Kopfes und den Scheitel in dein Gewahrsein ein.

Spüre noch einmal in deine Daumen hinein und werde dir speziell der Knochen in deinen Daumen bewusst, der Knochen. Wie machst du das? Nun, du platzierst dein Gewahrsein genau dort. Du kannst es dir vorstellen und dann öffnest du dich dafür! Lass dein Gewahrsein die Knochen deiner Daumen durchdringen.

Das fühlt sich ein bisschen seltsam an, weil man annimmt, dass die Knochen nicht wirklich lebendig sind, aber sie sind es. Und sie reagieren auf das Gewahrsein.

Lass dein Gewahrsein nun in die Knochen all deiner Finger sinken. Wie würde dein Leben ohne deine Finger aussehen oder wenn die Finger nicht auf deine Intentionen reagieren würden?

Gut. Lasse nun die gesamte Körperwahrnehmung los und beobachte einfach nur. Öffne dich völlig für jede Empfindung, die auftaucht und nimm sie zur Kenntnis. Was auch immer auftaucht, nimm es zur Kenntnis. Verfolge es nicht und beurteile es nicht. Es taucht auf, du beobachtest es und lässt es los.

In dem Moment, in dem du merkst, dass du in deine Gedanken, Emotionen oder Gefühle hineingezogen wirst, kommst du zurück in dein Körpergewahrsein. Du streckst deine Wirbelsäule, spürst die Berührung deiner Daumen und öffnest dich dann wieder der reinen Beobachtung.

Nimm wahr, wie sich alle deine Körperfunktionen entspannen. Die Atmung hat sich beruhigt, der Geist hat sich beruhigt. Und was hast du tatsächlich getan? Nun, *nichts*. Du hast *aufgehört* zu tun.

Jetzt möchte ich, dass du dir des Raumes gewahr wirst, den dein Körper einnimmt. Spüre den Raum. Das ist interessant, oder? Der Raum ist nicht der Körper selbst, also hast du keine direkte Empfindung oder Gefühl für den Raum, aber du kannst dich mit ihm verbinden. Du existierst im Raum und ohne den Raum könnte dein Körper nicht hier sein. Und das kann gefühlt werden.

Werde dir nun des Raumes gewahr, der sich direkt um deinen physischen Körper herum befindet, der nahe an deinem physischen Körper ist. Wie machst du das? Nun, du erweiterst einfach dein Gewahrsein.

Wenn du in die Materie, in die Atome schaust, erkennst du, dass sie größtenteils aus leerem Raum bestehen. Der Raum außerhalb deines Körpers und der Raum innerhalb deines Körpers sind also vollkommen miteinander verbunden. Es gibt in keiner Weise eine Grenze. Fühle diese Verbindung.

Das Gleiche gilt für die Luft, die du atmest. Sie ist in deiner Lunge und sie ist außerhalb.

Lasse nun das Gewahrsein des Raumes in und außerhalb von dir sich nach außen ausdehnen. Mache ihn größer. Fülle das ganze Zimmer aus, in dem du gerade sitzt. Du bist vollkommen mit dem Raum in diesem Zimmer verbunden.

Nun gehe über das Zimmer hinaus und beziehe das Haus mit ein, in dem du dich befindest.

Erweitere dein Gewahrsein für den Raum mehr und mehr, bis du die ganze Erde einschließt, den Raum, in dem der Planet Erde enthalten ist.

Und natürlich gibt es keinen Grund, sich nur auf diese winzige Erde zu beschränken. Der Raum ist überall im Universum, das du bewohnst. Also beziehe all das mit ein. Sei dir all dieses Raums gewahr, der „Qualität" von Raum. Und ganz gleich, was irgendwo in diesem Raum, diesem Universum passiert, du kannst es loslassen! Wenn irgendwo im Weltraum eine Sonne kollabiert, dann nimm es zur Kenntnis und lass es los.

Gut. Komm jetzt zurück in die Dimensionen deines physischen Körpers. Es ist nur ein Umschalten deiner Perspektive. Der Raum ist derselbe. Die Qualität des Raums ist dieselbe. Es liegt an dir, wie weit du dein Gewahrsein nach außen ausdehnen möchtest. Natürlich ist es praktischer, während du deinen Alltag lebst, einfach in deinem physischen Körper zu sein und in einer Umgebung, auf deren Ausdehnung du dich als physisches Wesen irgendwie beziehen kannst. Aber generell gibt es diesbezüglich keinerlei Begrenzungen.

Lege nun dein Gewahrsein in dein Hara und werde dir des Tons gewahr, der von dort ausgeht, spüre den tiefen Klang.

Werde dir auch des Tons gewahr, der von deiner Herzregion ausgeht, ein höherer Ton.

Nimm den Ton wahr, der von deinem Scheitel ausgeht, ein fast unhörbar hoher Ton.

Und nun spüre in einen Punkt, der vielleicht einen Meter oberhalb deines Kopfes liegt. Dort ist auch ein Ton fühlbar. Ein sehr, sehr hoher Ton, der weit außerhalb des menschlichen Hörbereichs liegt – aber du kannst dich darauf einstimmen. Und wenn du das tust, puh, dann öffnen sich die Türen des Bewusstseins weit.

Stell dir eine Sinuswelle vor, die einen Ton repräsentiert. Die Frequenz eines tiefen Tons ist niedrig. Je höher der Ton wird, desto höher ist seine Frequenz. Was passiert nun, wenn du den Ton immer höher werden lässt? Wenn du diese Sinuswelle „zusammendrückst"? Der Ton wird höher und höher. Die Frequenz nähert sich der Unendlichkeit. Wenn du dir eine Zeichnung davon vorstellst, erscheint die Kurve wie ein ausgefülltes Rechteck. Aber in gewisser Weise ist jeder Ton in diesem unhörbaren Klang enthalten, in diesem unmöglichen Klang.

(lange Pause)

Auch wenn du gleichzeitig mehrere Töne, deinen Körper und vielleicht sogar noch den Raum wahrnimmst, entspanne dich. Du musst nicht mit verschiedenen Phänomenen jonglieren. Nein! Du kommst einfach zurück in deinen natürlichen Zustand!

Also, bleibe in diesem erweiterten Gewahrsein, während ich etwas Musik spiele und wir Althar einladen werden.

*

(*Musik spielt*: „Familiar“, *Agnes Obel*)

Ich bin Althar der Kristall-Drache.

Ich muss sagen, dass ich schöne Musik liebe, genauso wie ich Schönheit an sich liebe. Und ich erinnere dich immer daran, dass alles, was du als schön wahrnimmst, in Wirklichkeit eine Erinnerung an die wahre Schönheit ist, die dir innewohnt. Ein schönes Lied, wie wir es gerade gehört haben, ist natürlich eine wunderbare Erinnerung an diese Schönheit! Aber bleibe nicht in der Schönheit stecken, die der Trennung entstammt. Die Schönheit der wahren Schöpfung, die dich erwartet, übersteigt alles, was du dir innerhalb der Trennung vorstellen kannst.

Heute möchte ich, dass du in deinem Lichtkörper in unsere spontan erschaffene Begegnungsdimension eintrittst! Fühle also die Kommunion mit deinem wahren Selbst, halte die Intention, einen Lichtkörper zu haben und komm dann hierher. Und ich möchte, dass dein Lichtkörper die Form eines Menschen annimmt. Das heißt nicht, dass er genau so aussehen muss wie du – du kannst ihn so schön machen, wie du möchtest –, aber er soll zwei Arme, zwei Beine, einen Kopf und zwei Augen haben. Bringe auch einen Stuhl mit, damit du mit deinem Lichtkörper bequem sitzen kannst. Nicht, dass du einen Stuhl zum Sitzen bräuchtest, aber für das, was wir vorhaben, ist ein Stuhl gut.

Wir stellen die Stühle in einem großen Kreis auf. Einem sehr großen Kreis, denn wir haben heute ein paar ganz besondere Gäste. Du spürst sie vielleicht schon. Ich habe ein paar Freunde von mir mitgebracht, ein paar Drachen. Alte Kumpels von mir, und ich nenne uns scherzhaft die Kristall-Gang. Heute haben wir es also nicht mit den Drachen zu tun, mit denen ihr euch bereits verbunden habt und die man eure persönlichen Drachen nennen könnte, sondern es sind andere Drachen. Ich habe einen für jeden von euch mitgebracht.

Ganz allgemein gibt es bei Drachen eine Besonderheit: Wir haben kein Geschlecht. Aber die Menschen nehmen uns typischerweise als weiblich oder männlich wahr. Nun, das kommt natürlich tief aus ihrem Unbewussten, aus ihren Wünschen und Ängsten. Wenn du also die Menschen hier in der Gruppe fragst, ob sie ihrem Drachen ein Geschlecht zugewiesen haben, dann würde ich sagen, dass alle Frauen weibliche Drachen haben und alle Männer männliche Drachen. Es gibt immer ein paar Ausnahmen, aber die wenigsten werden sich für einen, sagen wir, „neutralen" Drachen entschieden haben. Er hat meist bestimmte geschlechtsspezifische Merkmale.

Der Drache, der gleich zu dir kommen wird, ist allerdings das genaue Gegenteil von dem, was du normalerweise bevorzugen würdest. Wenn du dich, sagen wir, an einen weiblichen Drachen gewöhnt hast, dann wird der Drache, der zu dir kommt, seine männlichen Eigenschaften betonen, so dass du ihn als männlichen Drachen wahrnimmst – und umgekehrt für das andere Geschlecht. Eigentlich könnte man sagen, dass Drachen wirklich „divers" sind, wie die Menschen heutzutage sagen. Wir könnten jeden einzelnen Aspekt von uns betonen, und wir könnten alle unsere, sagen wir, „Gender-Aspekte" gleichzeitig betonen, aber dann wären wir nur ein gleißendes Licht und würden heute keine große Hilfe sein.

Nimm also die Haltung des Meisters ein, denn du triffst gleich auf einen Drachen, dem du noch nie begegnet bist. Heute kommen sie als riesige Geschöpfe daher! Zehnmal so groß wie ein Elefant, um dir eine Vorstellung zu vermitteln. Sie kommen jetzt herein und landen in dem Kreis, den wir gebildet haben.

Ein Drache kommt jetzt direkt zu dir – fühle das.

Es gibt keinen Grund, sich vor irgendetwas zu fürchten. Wie du weißt, sind die Drachen sehr mitfühlend. Nun, natürlich könnte ihre Klarheit etwas Angst in dir auslösen, aber du weißt, dass die Drachen das niemals ausnutzen würden. Was auch immer zu geschehen scheint, das geschieht in dir selbst. Der Drache spiegelt dich lediglich.

Spüre, wie der Drache seinen Kopf senkt und direkt in deine Augen schaut, in die Augen deines Lichtkörpers. Sein Kopf ist etwa einen halben Meter von dir entfernt.

Du weißt, dass ein Drache alles sieht! Du kannst nichts vor ihm verbergen. Du kannst Dinge vor dir selbst verbergen oder so tun, als würden sie nicht existieren, aber der Drache sieht alles! Gleichzeitig ist es dem Drachen aber auch egal. Er ignoriert all diese Details der Geschichte, die du mit dir herumträgst. Der Drache sieht dich so, wie du wirklich bist: *ein unbegrenztes Wesen!* Ein unbegrenztes Wesen in der Verkleidung eines begrenzten Menschen! Ja, zwar sitzt du hier in einem Lichtkörper, aber dennoch bist du noch sehr mit dem Fleisch und den Knochen deines menschlichen Körpers verbunden.

Also, stelle dich deinem Drachen und versuche gar nicht erst, etwas zu verstecken.

Ich habe meine Freunde zur Unterstützung mitgebracht, da wir heute über ein sehr ernstes Thema sprechen müssen, für das ich deine volle Aufmerksamkeit benötige. Und die Drachen werden dir nicht erlauben, vor meinen Ausführungen wegzulaufen oder innerlich abzuschweifen.

Mein Punkt ist folgender: Alle Wesenheiten der zweiten Schöpfungsrunde, du eingeschlossen, teilen eine Eigenschaft: *sie alle sind süchtig!* Sie sind Süchtige! Jedes einzelne Wesen! Fühle, was das bedeutet: *Alle* sind süchtig.

Was ist ein Süchtiger? Ein Süchtiger giert nach seiner Droge, nach etwas, das von außen kommt. Er giert und giert. Und wenn er seine Droge bekommt, dann erfährt er eine kurze Zeit der Entspannung, eine sehr kurze Zeit. Und bald darauf muss er die nächste Dosis bekommen, zumeist eine höhere Dosis. Und wenn er die nicht bekommt, dann kommen die Qualen, dann kämpft er um eine neue Dosis.

Auf der Droge, von der ich spreche, bist du nicht erst seit dem Tag deiner menschlichen Geburt. Nein, du bist auf dieser Droge seit dem Moment, als du in die Trennung eingetreten bist!

Von welcher Droge spreche ich? Lass dir von dem Drachen helfen, der dir gerade in die Augen sieht. Spüre in dich hinein. Was ist diese Droge, von der du schon so lange und so stark abhängig bist?

*

Nun, die Droge ist Wahrnehmung!

Du würdest nicht als getrenntes Wesen existieren, wenn die Wahrnehmung dich nicht glauben ließe, ein getrenntes Wesen zu sein. Es ist nur die Wahrnehmung, die dich in einer Endlosschleife hält – der ewigen sich selbst erhaltenden Feedback-Schleife der Trennung.

Du weißt nicht, wer du bist, aber du nimmst wahr. Deshalb denkst du, dass das, was du wahrnimmst, deine Existenz konstituiert. Und solltest du auch nur für einen Moment keine Wahrnehmungen haben, dann verzweifelst du. Dann weißt du nicht mehr, wer du bist. Also musst du wieder und wieder und wieder etwas wahrnehmen, um dich zu beruhigen und von deinem Nicht-Wissen abzulenken. Aber da alles in der Trennung vergänglich ist, hört jede Wahrnehmung früher oder später auf – und damit auch das eingebildete Subjekt, das Ego, das du aufgrund deiner Wahrnehmungen glaubst zu sein. Das Ego entsteht dadurch, dass es ein Objekt „außerhalb" von sich selbst wahrnimmt und sich dadurch seine Überzeugung bekräftigt, selber auf einer eingebildeten „Innenseite" zu existieren.

Das ist das Resultat der Wahrnehmung. Das ist die Droge. Das ist die Droge, die alle Wesenheiten teilen. Ich sage, dass Trennung und Wahrnehmung nur gemeinsam existieren können. Sie bedingen sich gegenseitig!

Ohne Wahrnehmung gäbe es keine Trennung. Ohne Trennung gäbe es keine Wahrnehmung.

Daher ist es genauso schwierig, über die Wahrnehmung hinauszugehen, wie über die Trennung hinauszugehen.

In einer linearen Denkweise könntest du sagen: „Nun, wir haben hier ein Henne-Ei-Problem. Was war zuerst da, Trennung oder Wahrnehmung?“ Aber das ist falsches Denken. Wir befinden uns jenseits der Zeit! Beide kamen gleichzeitig in die Existenz. Und seitdem bilden sie eine ewige Rückkopplungsschleife, die dein Ego und alle Erscheinungen der Trennung konstituieren.

Oh, wir haben das bereits ausführlich erörtert. Ich fing in „Der Neue Magier“ an, darüber zu sprechen und habe es anschließend bei vielen Gelegenheiten ausgeführt. Wir haben darüber insbesondere in „Der Luzide Träumer“ gesprochen. Aber es ist schwer, das wirklich zu durchdringen. Die Wahrnehmung scheint in gewisser Weise so natürlich zu sein. Jeder „macht“ es. Jeder ist auf dieser Droge, also was ist das Besondere daran? Außerdem erscheint das Thema Wahrnehmung ein bisschen technisch. Vielleicht ist es auch etwas langweilig darüber zu sprechen, oder? Aber man muss die Zusammenhänge wirklich begreifen! Was ist Wahrnehmung in ihrer Essenz? Was macht sie mit einem Wesen?

Und wie jeder normale Süchtige könntest du auch sagen: „Weißt du, es ist nicht so schlimm. Ich mache das nur ab und zu. Ich habe das unter Kontrolle. Ich bin überhaupt nicht süchtig.“

Nein! Nein, nein, nein! Du nimmst diese Droge in jedem einzelnen Moment, mit Ausnahme von vielleicht einer Stunde pro Tag, während derer du im

Tiefschlaf bist, ohne irgendetwas zu träumen. Abgesehen davon ist die Wahrnehmung immer aktiv und du gierst nach immer mehr Wahrnehmungen.

Nun, jeder Süchtige hat nur dann eine Chance, von seiner Droge loszukommen, wenn er die tiefe Entscheidung trifft, dies tatsächlich zu wollen. Du könntest ihm alle Arten von Therapien anbieten, aber solange der Süchtige nicht diese grundlegende Entscheidung getroffen hat, von der Nadel wegkommen zu wollen, wird es nicht passieren. Er wird immer einen Grund finden, in sein drogenabhängiges Leben zurückzukehren.

Was du also tun musst, was du jetzt tun *kannst*, ist, diese tiefe Wahl zu treffen. Und der Drache direkt vor dir ist da, um dir dabei zu helfen, denn dieser Drache repräsentiert das Auge der Soheit. Das Auge der Soheit erlaubt es, wahrzunehmen, ohne Illusionen zu erzeugen, ohne den Glauben an die Trennung zu bestätigen, ohne einer Droge zu erliegen.

Bevor du diese Wahl triffst, hier in dieser, nun ja, heiligen Umgebung, sei dir bewusst, dass die Wahl alleine nichts ändert! Aber nur *wenn* du sie triffst, kann die Reinigung beginnen, kann die Droge langsam, ganz langsam, aus deinem System herausgelassen werden. Und auch wenn du dich jetzt für das Auge der Soheit entscheidest, so wirst du ganz sicher Rückfälle erleiden! Du wirst in die gewohnte Art der Wahrnehmung zurückfallen, weil du das von Beginn der Trennung an getan hast. Rückfälle sind normal. Also musst du die Wahl wieder treffen – und wieder – und wieder!

Hier, jetzt, kannst du diese Wahl für dich selbst treffen, eine tiefe Wahl. Du kannst das tiefe Verlangen und den tiefen Wunsch ausdrücken, über die Trennung hinauszugehen, egal, wie lange es auch dauern mag, von der Droge loszukommen. Kein Süchtiger weiß, wie lange es für ihn dauern wird. Wenn du dreißig Jahre lang geraucht hast… Nun, für den ein oder anderen könnte die Sucht am nächsten Tag vorbei sein. Und andere brauchen Wochen oder Jahre. Mit Alkohol oder Heroin ist es natürlich viel schwieriger, aber du kannst es schaffen. Sobald du den Drang verspürst, wieder zur Droge zu greifen oder du dich dabei ertappst, wieder im alten Muster zu sein, triffst du einfach wieder die Wahl – du lässt die Spritze sozusagen einfach los, augenblicklich. Das ist es, was ich die Wahl des Auges der Soheit nenne.

Bevor du diese Wahl triffst, lass mich zusammenfassen, was es bedeutet, das Auge der Soheit zu wählen, während du dich in deiner physischen Umgebung als Mensch befindest. Wir können dies in vier Schritte aufgliedern.

Zuerst kommt Schritt eins, der Weckruf, die Rückbesinnung. Du bist inmitten deines täglichen Lebens und plötzlich bekommst du diesen Weckruf von innen. Du erkennst: „Ich bin *nicht* das, was die Wahrnehmung mir vorgaukelt." Das ist die Rückbesinnung. Sie kommt von, sagen wir, deinem göttlichen Funken. Der Funke aus deinem wahren Selbst, dem reinen Bewusstsein, der wahren Realität, der niemals völlig verschleiert werden kann. Er ist immer da. Er mag für eine lange Zeit verborgen sein, aber früher oder später scheint er durch. Und wenn er durchscheint, erinnerst du dich: „Ich bin nicht das, was die Wahrnehmung mir vorgaukelt!“

Dann kommt der zweite Schritt: Klarheit. Du *weißt*: „Nichts, was ich wahrnehme, ist real. Es ist traumartig. Es ist verzerrt durch die Interpretationen meiner Vergangenheit, meiner Geschichte, meiner Wünsche, Sehnsüchte und Ängste. Deshalb brauche ich mich nicht daran zu klammern!“ Das ist Klarheit.

Dann kommt der dritte Schritt: Es ist die Wahl. Du wählst das Auge der Soheit anstelle des Auges der Trennung. Und indem du das tust, erkennst du an, dass du zwar Illusionen wahrnimmst, aber du hörst auf, an ihre Realität zu glauben! Du machst sie nicht mehr real! Deshalb machst du auch das wahrnehmende Subjekt nicht mehr real. Das ist die Wahl.

Mit dieser Wahl kommt der vierte Schritt: die Realisierung. Die Realisierung, dass es eine Realität jenseits der Trennung gibt! Ich bin unbegrenzt! Ich bin Alles-Was-Ist! Dies ist der vierte Schritt.

Das meine ich, wenn ich von der Wahl des Auges der Soheit spreche.

Aus didaktischer Sicht macht es Sinn, es mit diesen vier Schritten zu erklären. Aber sobald du dich daran gewöhnt hast, dauert all das nur einen Augenblick und es findet gleichzeitig statt. Du bekommst diesen Weckruf und dann erinnerst du dich: „Oh, ich bin Alles-Was-Ist, egal, was die Wahrnehmung mir zu sagen versucht!“ Und genauso wie du zu deinem Gewahrsein zurückkommst, während du dein Gewahrsein kultivierst, wirst du zu dieser Realisierung zurückkommen, wenn du das Auge der Soheit wählst.

Gut. Jetzt, in diesem heiligen Kreis mit all den Zeugen und dem Drachen, der dir gerade gegenübersteht, was wählst du?

Und du wirst nicht gedrängt, etwas zu tun. Du kannst zu einem späteren Zeitpunkt darauf zurückkommen. Aber ob jetzt oder später: Triff innerlich die Entscheidung, ob du von der Droge loskommen willst, egal, wie lange es dauert oder ob du weiter in der Trennung spielen willst.

*

Das Auge der Soheit zu wählen ist wie ein Schwert zu schwingen, mit dem augenblicklich alle Illusionen abgeschnitten werden. Es ist das Schwert der Klarheit, und es steht dir immer zur Verfügung.

Sieh jetzt den Drachen vor dir mit deinem Auge der Soheit und fühle, was dadurch geschieht.

Nun, der Drache verliert seine männlichen oder weiblichen Eigenschaften. Sie sind nicht mehr wichtig, du übersiehst diese Eigenschaften. Wenn zwei Wesenheiten sich mit dem Auge der Soheit sehen, vereinen sie sich im Sosein. Sie erkennen: „Wir sind nicht zwei!“ Beachte, dass ich nicht sage: „Sie sind eins.“ Nein, sie sind *nicht zwei*. Fühle dies mit dem Drachen, der dir gerade gegenübersteht. Nicht zwei.

Wann immer du das Auge der Soheit wählst, wählst du den Drachen in dir, der du bereits bist. Du wählst Klarheit. Du wählst Realisierung. Du wählst die ultimative Akzeptanz von Allem-Was-Ist, denn du bist Alles-Was-Ist.

Wahrnehmung wirklich zu verstehen ist vermutlich deswegen schwierig, weil es gerade *nicht* schwierig ist, die zugrunde liegenden Prinzipien zu erkennen. Du kannst die Mechanik der Wahrnehmung einem zehnjährigen Kind erklären! Was schwierig ist, ist das, was folgt, wenn du deine Einsichten ernst nimmst! Erst wenn du aufhörst wahrzunehmen, gibt es ein echtes Problem, denn dann bricht die Angst des Süchtigen durch. Dann weißt du nicht mehr, wer oder was du bist. Als Süchtiger hast du wenigstens einen Grund, morgens aufzustehen! Du gierst nach deiner Droge, nach Wahrnehmungen, die dich als abgetrenntes Wesen am Leben erhalten.

Aber das Prinzip der Wahrnehmung ist sehr, sehr einfach. So wie alles sehr einfach wird, wenn man tief ins Bewusstsein eindringt. In ihrem Kern sind die Elemente der Trennung und ihre Mechanik sehr, sehr einfach.

Jetzt möchte ich noch eine Fußnote anfügen, um einen Samen zu pflanzen. Der Drache vor dir hat anfänglich einen Pol betont, der dem deinen entgegengesetzt war. Wenn du eine Frau bist, dann hat dieser Drache männliche Eigenschaften angenommen und umgekehrt. Wenn zwei scheinbar entgegengesetzte Energien sich in Soheit verbinden, verwandeln sie sich in das, was ich flüssiges Licht nenne. Sie transzendieren die Polaritäten. Sie lassen sie los.

Flüssiges Licht ist die Basis für das, was ich wahre Schöpfung nenne.

Fühle in das hinein..., gehe über die Polaritäten hinaus. Keine Kämpfe mehr. Keine Antagonismen – einfach nur Soheit, die sich in Soheit ausdrückt.

Gut, jetzt möchte ich, dass du dich von dem Drachen vor dir verabschiedest..., in Soheit.

Der Drache verneigt sich vor dir, denn er oder sie weiß, was du tust. Du bist im Namen der gesamten Existenz hier, um über die Wahrnehmung hinauszugehen. Deswegen hat er oder sie Ehrfurcht. Wir alle haben Ehrfurcht vor den Menschen!

Und damit verlässt uns die Kristall-Gang und nur ich bleibe hier, um noch etwas mit euch zu sprechen.

*

Wir hatten gerade eine ziemlich intensive Erfahrung mit dem Auge der Soheit und der Kristall-Gang. Nach einer intensiven Erfahrung ist es im Allgemeinen gut, sich ein wenig zu bewegen, also werden wir ein Experiment durchführen: Ich möchte, dass du mit deinem Lichtkörper tanzt! Und während du das tust, erkenne, dass der Lichtkörper auf jede einzelne deiner Intentionen reagiert. Also, wie auch immer du tanzen möchtest, welche Bewegung dir auch immer vorschwebt, du kannst es tun. Und ich möchte wirklich, dass du dich richtig austobst!

Vielleicht erinnerst du dich an eine unvergessliche Nacht, in der du tanzen warst, vielleicht sogar unter Drogeneinfluss. Du hast dich ausgetobt, geschwitzt und einfach alle Kontrolle losgelassen. Nun, hier kannst du das Gleiche tun, aber du kannst auch weit über diese Art des Tanzens hinausgehen. Per Intention kannst du dir tausend Arme und Beine wachsen lassen und sie schütteln. Du kannst die unglaublichsten Bewegungen mit deinem Lichtkörper machen. Du kannst jede Größe annehmen. Du kannst auf die

Größe des Kosmos wachsen und dann auf die Größe eines Atoms schrumpfen, alles im Rhythmus der Musik. Und ich möchte, dass du so etwas tust! Ich möchte dich in deinem Lichtkörper schwitzen sehen. Also, halte dich nicht zurück und lass dich von der Musik inspirieren!

(*Musik spielt:* „Song of the Golden Dragon", *Estas Tonne)*

*

Du bist also immer noch hier! Ah! Was für ein gutes Durchschütteln. Alle Glaubenssysteme wurden durchgerüttelt und alle Wahrnehmungsprozesse wurden, sagen wir mal, neu justiert. Nun, wenn dein Stuhl noch existiert, wenn du ihn bei deinem Tanz nicht zertrümmert hast, dann setz dich wieder darauf. Und wenn er verschwunden ist, dann erschaffe einfach einen neuen. Entspann dich, setz dich. Ist es nicht fantastisch, was du ohne einen physischen Körper tun kannst? Tanzen war nie einfacher, nicht wahr?

Nun möchte ich die Diskussion über die Wahrnehmung fortsetzen. Während du hier in unserer Begegnungsdimension auf deinem wunderbaren Stuhl aus Licht sitzt, werde dir auch des Zimmers gewahr, in dem dein physischer Körper gerade sitzt. Werde dir der physischen Objekte bewusst, die dich in diesem Zimmer umgeben. Nimm sie wahr oder stell dir vor, dass sie aus weichem, weißem Licht bestehen.

Werde dir auch deines physischen Körpers gewahr. Du weißt, dass du hier auf diesem Lichtstuhl sitzt, in unserer Begegnungsdimension, doch werde dir deines physischen Körpers auf dem Planeten Erde gewahr. Du siehst ihn von außen, und aus dieser Perspektive gesehen, ist er nichts Besonderes. Dein Körper ist nicht so anders als der Stuhl, die Couch oder das Bett, auf dem er gerade sitzt, oder? Er ist nicht so anders.

Im ersten Segment dieser Zusammenkunft, als du dein Gewahrsein kultiviert hast, wurdest du dir des Raumes in dir und um dich herum gewahr. Jetzt möchte ich, dass du das wiederholst. Werde dir des Raumes in dem physischen Zimmer gewahr, in dem dein Körper gerade sitzt. Dieser Raum enthält alle möglichen Objekte, einschließlich deines physischen Körpers.

Nun, *sei* dieser Raum. *Sei* derjenige, der all das beinhaltet.

Wisse, dass du in diesem Moment Raum bist. *Wisse*, dass alle Objekte in dir sind. Jetzt versuche, diese Objekte auch aus der Perspektive deiner physischen Augen wahrzunehmen. Du bekommst also gewissermaßen zwei Bilder, eines zeigt dir die weißen, weichen Lichtobjekte und dann hast du deine mehr oder weniger „normale“ Wahrnehmung. Zwei Bilder, aber lege sie nicht übereinander, überlagere sie nicht. Lass sie in ihren jeweiligen Bereichen.

Wenn du das zum ersten Mal machst, fühlt es sich ein bisschen stressig und unnatürlich an. Es ist aber genau das Gleiche, wenn man beginnt, sich mehrerer Körperteile gleichzeitig gewahr zu sein. Am Anfang ist das auch ein bisschen anstrengend, ungewöhnlich und unnatürlich. Aber wenn du es übst, merkst du: „Ich werde wieder normal!“ Es *ist* natürlich, sich mehrerer Dinge gleichzeitig gewahr zu sein. Es *ist* natürlich, sich *allem* gewahr zu sein und gleichzeitig etwas aus einer bestimmten Perspektive wahrzunehmen. Genauso wie es für dich natürlich ist, gleichzeitig zu sehen und zu hören.

Was du gerade tust nenne ich *luzide Wahrnehmung*. Es ist zwar auch eine Art der Wahrnehmung, aber sie bringt Klarheit, Luzidität, in den Prozess ein. Wenn du dich daran gewöhnst, löst sich allmählich der Teilprozess auf, der die Wahrnehmung am meisten verzerrt. Ich meine den Teilprozess, der dich als wahrnehmendes Subjekt konstituiert. Warum ist das so? Nun, weil du dir bei luzider Wahrnehmung gleichzeitig Allem-Was-Ist gewahr bist.

Und Alles-Was-Ist ist letztlich völlig in dir. In diesem Moment bist du sowohl der Raum als auch ein Körper in diesem Raum. Der physische Körper sitzt in dir.

Normale Wahrnehmung erzeugt ständig einen Widerspruch zu deiner dir innewohnenden Gewissheit von „alles ist im Inneren", denn wenn ein Mensch hört oder fühlt „alles ist im Inneren", bezieht er es automatisch auf seinen Körper. Und wie könnte das möglich sein? Aber das ist damit nicht gemeint. „Alles ist in dir" bedeutet: *Alles ist in deinem Bewusstsein, einschließlich deines physischen Körpers.*

Wenn du luzide Wahrnehmung anwendest, wirst du die folgenschwerste Verzerrung der Wahrnehmung los: *Du hörst auf, das wahrnehmende Subjekt als real anzusehen!* Du hörst damit einfach auf, auf ganz natürlich Weise. Und dadurch löscht du nicht deine eigene Existenz aus. Keineswegs! Du siehst die Dinge einfach so, wie sie wirklich sind.

Es ist so, als ob du der Himmel bist und die Wolken schweben in dir. Du bist dir der Wolken in dir gewahr. Gleichzeitig kannst du dich in eine solche Wolke projizieren und den Himmel aus dieser Perspektive wahrnehmen. Du kannst dich selbst wahrnehmen und du kannst auch die scheinbar „anderen“ Wolken wahrnehmen. Falls du dann den Himmel vergisst und plötzlich glaubst, dass du eine Wolke *bist*, dann bist du wieder in der Trennung. Das ist der verzerrte Wahrnehmungsprozess. Aber solange du dir gewahr bist, dass alles in dir passiert, dass du genauso der Himmel bist, wie die Projektion in die Wolke, dann bist du nicht mehr in der Trennung gefangen!

Luzide Wahrnehmung unterscheidet sich also fundamental vom gewöhnlichen Wahrnehmungsprozess!

Sie stellt eine grundlegende Veränderung dar. Weil ich wirklich möchte, dass du die Bedeutung davon realisierst, hatten wir eben diesen, wie soll ich sagen, „dramatischen“ Auftritt der Kristall-Gang. Wahrnehmung klingt langweilig und nicht so sexy. Nicht so sexy wie die Dritte Runde der Schöpfung! Aber was den verkörperten Aufstieg anbelangt, nun, du brauchst luzide Wahrnehmung! Andernfalls besteht die Chance, dass du einfach in die Muster des alten Wahrnehmungssüchtigen zurückfällst, alles vergisst und wieder an der Nadel hängst.

Die luzide Wahrnehmung betont die Alles-ist-in-dir-Gewissheit. Wenn dies tiefer und tiefer in dich einsinkt, wird der Traum der Trennung immer lichter. Er ist nicht mehr so beschwerlich. Und hier treffen sich die luzide Wahrnehmung und die Wahl des Auges der Soheit. Im Endergebnis sind sie dasselbe. Du bist Alles-Was-Ist, aber du kannst auch aus einer bestimmten Perspektive wahrnehmen.

Das Auge der Soheit wählt man von innerhalb der Trennung. Es bedeutet, wieder das Schwert der Klarheit zu schwingen und dem Weckruf zu folgen. Die luzide Wahrnehmung hingegen wird vom reinen Bewusstsein aus initiiert und nimmt dann die Wahrnehmung der Trennung hinzu.

Ich verwende die zwei Begriffe also vor allem für didaktische Zwecke. Aber am Ende führen sie zum gleichen Ergebnis: Du siehst die Dinge so, wie sie wirklich sind.

Während dieser ganzen Zusammenkunft haben wir auf sehr vielen Ebenen Informationen eingebracht, angefangen mit dem ersten Segment, der Kultivierung des Gewahrseins, bis hin zu diesem Punkt. Vielleicht möchtest du dir die Aufnahme dieser Zusammenkunft noch einmal anhören. Viele, viele Informationsebenen – und nicht alles wurde explizit gesagt.

Ich erinnere dich auch an die Hausaufgaben- Herausforderung. Sobald du morgens aufwachst, steh einfach auf. Diskutiere nicht mit dir. Nimm einen Kaffee oder was auch immer du brauchst und kultiviere dein Gewahrsein. Dann höre die Klänge – in deinem Hara, deinem Brustkorb, deinem Scheitel und über deinem Kopf. Schließlich kultiviere deinen Lichtkörper. Wie lange solltest du das tun? Das bleibt dir überlassen, aber es gibt keinen Grund, sich nicht wirklich darauf einzulassen.

Und dann, wann immer du im Laufe des Tages diesen Weckruf wahrnimmst, wähle das Auge der Soheit und schalte auf luzide Wahrnehmung um. Es spielt keine Rolle, wie lange du sie beibehalten kannst. Werde dir einfach der alternativen Sicht der Existenz gewahr. Werde dir all der Formationen im Bewusstsein gewahr, die du als weißes Licht siehst. All das ist in dir. Das ist es, woran du dich erinnerst, wenn du das Auge der Soheit wählst und die luzide Wahrnehmung anwendest – alles ist in dir.

Ich muss sagen, dass ich sehr stolz auf diese Gruppe bin. Wir haben es sehr, sehr weit gebracht. Ich scanne gerade die Historie..., aber ich kann keine Tradition oder irgendetwas sehen, wo die Dinge auf diese Weise ausgedrückt wurden. Wir haben es sehr an die heutigen Menschen angepasst, an euer Verständnis. Wir bemühen keine Gottheiten oder was auch immer. Nein, es geht nur um dich, um ein wenig leicht verständliche Analyse, um die richtigen Schlussfolgerungen, und dann geht es darum, dass du mutig genug bist, die Erkenntnisse in die Praxis umzusetzen.

Und weißt du was? Das ist es, was die Blaupausen verändert: *Die luzide Wahrnehmung einzubringen, sie anzuwenden, sie normal zu machen – das ist die Vereinfachung des Wegs über die Trennung hinaus.*

Ich bin Althar, ein stolzer Kristall-Drache! Ich freue mich schon darauf, euch nächste Woche wieder zu sehen. Gute Nacht!

*

Joachim: So, ich sehe, ihr seid alle noch da. Ihr habt mindestens zwei Arme! Ich weiß nicht, wie viele Beine ihr habt, die kann ich nicht sehen! Aber zwei Arme sind ein guter Anfang.

(*Kichern; einige winken mit den Händen*)

Ich brauche ein bisschen flüssiges Licht. (*nippt am Wasser*)

Es war interessant für mich zu sehen, wie alle anfingen zu lächeln, als das Tanzen begann. Das war schön! Vorher haben alle so ein ernstes Gesicht gemacht und dann waren plötzlich alle mehr oder weniger am Grinsen.

Okay, im Moment gibt es nicht viel Gesprächsbedarf, was normalerweise ein gutes Zeichen ist. Also beenden wir die Zusammenkunft. Wir sehen uns nächste Woche wieder!

Vielen Dank! Bis nächste Woche!

8. Lichtwelt und Gefühlsrealitäten

Hallo allerseits!

Ich sehe, dass ihr mich hören könnt. Hmmh, ich sehe, dass ihr mich hören könnt. Das klingt seltsam… Wie immer haben wir heute viel vor, also fangen wir gleich mit der Kultivierung des Gewahrseins an.

Wie gewohnt nimmst du dazu die Haltung des Meisters ein, die Haltung der Klarheit und der Würde. Strecke die Wirbelsäule, ziehe das Kinn ein wenig zurück und drücke den Kopf in Richtung Himmel. Die Schultern sind entspannt, sie fallen ein wenig nach hinten. Du bildest das kosmische Mudra, indem du die linke Hand in deine rechte legst, die Finger überlappen sich, die Daumen sind horizontal und berühren sich leicht.

Gut.

Der Mund ist geschlossen. Die Zungenspitze berührt den Gaumen und die Rückseite der oberen Schneidezähne. Du atmest natürlich durch die Nase ein und aus.

Die Augen sind zu drei Vierteln geschlossen. Lass sie ein wenig offen, damit noch etwas Licht hereinkommt. Dann ist es schwieriger für dich, einzuschlafen oder deinen Träumen zu folgen.

Werde dir nun deiner Füße gewahr, beider Füße gleichzeitig.

Beziehe deine Unterschenkel mit in dein Gewahrsein ein... deine Knie..., deine Oberschenkel.

Während du atmest, spüre, wie du auch durch die Haut deiner Beine atmest. Es klingt seltsam, aber es ist möglich. Und während du das tust, kannst du spüren, wie die Beine energetisiert werden. Du kannst mit allen Poren deiner Haut atmen.

Beziehe nun deine Hände in dein Gewahrsein mit ein und atme auch durch deine Hände.

Werde dir deines Gesäßes und deiner Genitalien gewahr, und, ja, du kannst auch durch sie atmen.

Beziehe beide Arme in dein Gewahrsein mit ein.

Nun beziehe deinen Bauch und deinen Brustkorb mit ein. Spüre, wie sie sich beim Atmen bewegen. Atme auch durch die Haut deines Bauches, deines Brustkorbs und deiner Arme.

Beziehe deine Schultern in dein Gewahrsein mit ein und deine Kehle.

Und jetzt den ganzen Kopf. Werde dir besonders deiner Augen gewahr und atme durch sie.

Nun das Gleiche mit deinen Ohren. Spüre sie und atme durch sie.

Und jetzt dein Scheitel. Fühle ihn und atme durch ihn hindurch.

Atme nun durch jede Pore deiner Haut und durch deine Nase. Ganzkörperatmung. Spüre, was das mit dir macht.

Es ist eine totale Verjüngungskur. Wenn du in deinem täglichen Leben irgendwann müde bist und du diese Art von Atmung gewohnt bist, dann nutze sie. Werde dir deines ganzen Körpers gewahr, atme durch deinen ganzen Körper ein und es werden Wunder geschehen. Tatsächlich musst du, wenn du darin geübt bist, sogar ein bisschen vorsichtig sein, um nicht zu viel Energie in deinen Körper zu bringen. Ansonsten könntest du davon sehr leicht high werden.

Gut. Lasse nun das Körpergewahrsein los und öffne dich der reinen Beobachtung. Sei vollkommen offen. Beobachte, was in dir und außerhalb von dir geschieht. Was präsentiert sich dir?

Was auch immer sich dir präsentiert, du lässt es einfach los. Du nimmst es zur Kenntnis und lässt es los. Du fügst nichts hinzu, keine Assoziationen, keine Urteile, nichts dergleichen.

In dem Moment, in dem du merkst, dass du in deine Gedanken, Ideen oder Träume hineingezogen wurdest, kommst du zurück zu deiner Haltung, der Haltung der Klarheit. Du richtest deine Daumen, deine Wirbelsäule und dein Kinn neu aus. Du wirst dir wieder deines ganzen Körpers gewahr. Dann wechselst du zur reinen Beobachtung.

Genau wie in der letzten Zusammenkunft möchte ich, dass du dir des Raumes in dir und um dich herum gewahr wirst.

Während du das tust, bemerkst du, dass dein Gewahrsein nicht an deinen Körper gebunden ist. Es kann ausgedehnt oder fokussiert sein. Es ist völlig flexibel.

Der Raum ist ein wunderbare Analogie für das Bewusstsein. Natürlich ist das Bewusstsein jenseits des Raumes, aber für das menschliche Verständnis sind Raum und Bewusstsein sehr ähnlich. Der Raum ist immer da. Er enthält alles, er urteilt nicht, er lehnt nicht ab. Er enthält alles Schöne und alles Unangenehme, Licht und Dunkelheit. Du kannst den Raum nicht spalten oder etwas Raum aus dem Raum heraustrennen. Der Raum altert nicht. Das ist interessant: Alles im Raum altert, aber der Raum selbst altert nicht.

Sich des Raumes gewahr zu werden, ist also ein sehr guter symbolischer Schritt, um sich des gesamten Bewusstseins gewahr zu werden. Das Bewusstsein ist buchstäblich unbegrenzt, es enthält alles und du kannst nichts daraus heraustrennen.

Es ist sehr, sehr befreiend, sich des Raumes als Raum gewahr zu sein. Nicht als Besucher des Raumes, sondern als Raum selbst.

Nun, wo endet das Bewusstsein? Gibt es ein Ende des Bewusstseins, eine Art Grenze? Nein, die gibt es nicht. Keine Grenze, die bisher von irgendeiner Wesenheit entdeckt worden wäre. Vielleicht gibt es eine, wer weiß. Aber ich würde sogar so weit gehen, zu sagen, dass es „unwissbar" ist.

Gut, werde dir wieder deines physischen Körpers gewahr und spüre den Klang, der von deinem Hara ausgeht. Spüre diesen tiefen Summton.

Spüre auch die Töne, die von deinem Brustkorb, deinem Scheitel und dem Punkt etwa einen Meter über deinem Kopf ausgehen.

Spüre, wie diese Klänge von dir den ganzen Raum um dich herum füllen.

Falls du diese Klänge innerlich intonierst, dann lass das jetzt los, spüre sie einfach. Sie sind bereits da, ohne dass du aktiv etwas dafür tun müsstest.

Während du dir dieser Töne gewahr bist, nimm auch deine Finger und insbesondere die Knochen deiner Finger in dein Gewahrsein mit auf. Und wenn du dich auf die Finger einlässt, wirst du ebenfalls einen Klang spüren, der von den Knochen deiner Finger ausgeht.

Beziehe nun dein gesamtes Skelett in dein Gewahrsein mit ein, beginnend mit den Füßen.

Deine Beine, deine Wirbelsäule, deinen Brustkorb, deine Arme, deinen Kopf..., all die Knochen.

Stelle dir dein Skelett bildlich vor. Es ist ein Wunder und zugleich archaisch. Wie könntest du ohne dein Skelett Körperlichkeit erfahren oder dich im Physischen bewegen?

Abgesehen von deinen Zähnen sind deine Knochen die härteste Materie, aus der dein Körper besteht. Das ist die Materie, von der du glaubst, dass du sie bist. Und es gibt einen Klang, der vom Skelett ausgeht.

Kannst du spüren, wie sich deine innere Realität verändert, wenn du durch deinen ganzen Körper atmest und die Klänge deines Körpers hörst? Diese Realität ist ganz anders als die, die du gewohnt bist.

Gut. Lasse nun das Gewahrsein deines Skeletts und der Klänge los und gehe wieder zurück zur Beobachtung – zur reinen Beobachtung.

Ich werde etwas Musik spielen und mit der Musik wird sich Althar zu uns gesellen.

*

(*Musik spielt*: „Always look on the bright side of life“, *Eric Idle/Monty Python*)

Ich bin Althar, der Kristall-Drache! Ich komme von der *lichten* Seite des Lebens, „the bright side of life“, und heute werde ich euch einladen, die *lichte* Seite des Lebens zu schauen. Wir machen also heute eine Reise nach *Lichtwelt*. Als wir die heutige Zusammenkunft vorbereitet haben, wurde uns klar, dass wir sie in ein eigenständiges zehnwöchiges Programm hätten aufgliedern können. Aber trotzdem haben wir uns entschieden, alles in einer einzigen Zusammenkunft anzugehen, denn unser vorrangiges Ziel ist es, viele der Erkenntnisse aus dem Althar-Material in von euch erlebte Erfahrungen umzusetzen.

Alle Themen, die wir heute rekapitulieren werden, finden sich mit ausführlichen Diskussionen in den Althar-Büchern, speziell in „Opus Magnum“ und „Der Luzide Träumer“.

Um diese Erkenntnisse und Weisheiten in eure reale Erfahrung zu bringen, lade ich euch heute ein, weit über das Mentale hinauszugehen, hinein in die Imagination. Klebt nicht an den Worten, Beschreibungen und Metaphern, die ich verwenden werde. Legt sie nicht auf die Goldwaage und verfangt euch nicht in ihnen. Versucht vielmehr, euch mit der Gewissheit zu verbinden, die ich zu vermitteln versuche.

Um es zu erleichtern, über den Verstand hinaus und in die Imagination zu gehen, werden wir während der gesamten Zusammenkunft Musik spielen. Ich werde diese Musik jetzt starten und dann werden wir auf eine spannende Reise gehen.

(*Musik spielt*)

Gut. Also, richte dich ein. Sammle dich. Nimm die Haltung der Klarheit ein, die königliche Haltung und öffne dich deiner Imagination. Öffne dich weit!

Wir haben in den letzten Wochen viel über Wahrnehmung gesprochen. Heute werden wir uns anschauen, was die Wahrnehmung eigentlich wahrnimmt. Dazu gehen wir zurück zu den absoluten Grundlagen, sozusagen an den Anfang des Seins in der Trennung.

Das Bewusstsein hat zwei Haupteigenschaften: Es kann sich seiner selbst gewahr werden und es kann Intentionen haben. Wenn das Bewusstsein nun die Trennung erfährt, dann entsteht etwas, das ich als reine Energie bezeichne. In gewisser Weise ist reine Energie Bewusstsein in einem kristallisierten Zustand. Diese reine Energie hat die Fähigkeit, Intentionen zu reflektieren. Sie tut dies, indem sie als Reaktion auf eine Intention eine bestimmte Formation annimmt. Das Bewusstsein wird sich dann dieser Formation gewahr. Anders ausgedrückt kann man sagen, dass das Bewusstsein eine Reflexion seiner eigenen Intention wahrnimmt.

Die Formation, die die reine Energie annimmt, nenne ich „Ousia“. Das ist ein Begriff, der schon von den alten Griechen und anderen verwendet wurde. Viele Philosophen haben ihn benutzt, um Dinge wie „Sein“ oder „Soheit“ auszudrücken. Und deshalb meine ich, dass es ein sehr passender Begriff ist, denn Ousia bildet im Zusammenspiel mit der Wahrnehmung die Grundlage für alles, was innerhalb der Trennung zu existieren scheint. Die Gesamtheit aller

Ousia, die im Bewusstsein der Trennung existieren, nenne ich *Lichtwelt*.

Der Begriff Lichtwelt an sich ist wunderschön. Allerdings habe ich hier einen Warnhinweis: *Verwechsle nicht wahre Schöpfung mit Lichtwelt!* In den Daseinsbereichen der Trennung gibt es keine wahre Schöpfung, und Lichtwelt ist die fundamentale Basis für alle Welten und alle Erfahrungen innerhalb der Trennung.

Also, selbst wenn du Zugang zu Lichtwelt hast, ist es nicht so, dass du plötzlich ein besserer Schöpfer wirst oder neue Mittel zum Erschaffen hast. Darum geht es auch überhaupt nicht. Wir sprechen Ousia und Lichtwelt nur an, um ein tieferes Verständnis für die Mechanik des Traums der Trennung zu bekommen. Wir wollen sehen, wie diese Mechanik funktioniert und wie sie die Wesenheiten seit Äonen in dem Glauben gefangen hält, dass Trennung real sei.

Im Gegensatz zu dem, was die meisten Menschen denken, präsentiert dir die Wahrnehmung nicht nur einen Strom von Rohdaten, die dann von dir zu einem inneren Bild von Objekten und Phänomenen transformiert werden, die irgendwie miteinander in Beziehung stehen. Wahrnehmung macht viel mehr, als dir nur einen Strom von Details zu geben.

Im Wahrnehmungsprozess nimmst du ebenfalls sogenannte *Sentimente* wahr. Ein Sentiment ist mit einem Gefühl verbunden. Es ist ein Stimulus für ein Gefühl. Für jedes Gefühl haben wir ein entsprechendes Sentiment.

Nimm zum Beispiel einen Witz. Ein einfacher Witz ist ein Stimulus, sich zu amüsieren. Aber nur weil er ein Stimulus ist, heißt das nicht, dass jeder, der diesen Witz wahrnimmt, auch tatsächlich belustigt ist. Dafür gibt es keine Garantie. Deshalb sage ich, dass ein Sentiment ein Stimulus ist. Es beeinflusst den Wahrnehmenden, es stupst ihn sozusagen ein wenig an und manchmal ist das Anstupsen genug, um das entsprechende Gefühl auszulösen. Manchmal hingegen bleibt der Stimulus scheinbar unbemerkt. Aber der Stimulus wird den Wahrnehmenden immer wenigstens ein bisschen beeinflussen. Es ist so, wie wenn Regen in den Ozean fällt: Der Ozean verändert sich durch die Regentropfen nicht allzu sehr, aber jeder Tropfen erzeugt seine eigenen kleinen Wellen und diese breiten sich aus und beeinflussen den Ozean.

Okay, weiter. Ein Wesen begreift sich in erster Linie als das, was es in einem bestimmten Moment fühlt. Wenn ich dich bitte, „in dich hineinzufühlen“, sagst du nicht zu dir: „Nun, heute bin ich 1,75 Meter groß und mein Gewicht ist 80 kg“ oder etwas Derartiges.

Nein, du prüfst automatisch deinen Gefühlszustand. Dieser Gefühlszustand, dein „Selbst-Gefühl“, hat viele, viele Ebenen. In diesem Moment bist du vielleicht sehr offen für das hohe Bewusstsein. Vielleicht bist du etwas aufgeregt wegen der Themen, über die wir heute sprechen werden. Gleichzeitig bist du vielleicht auch müde oder hungrig oder du hast irgendwo Schmerzen im Körper. Es gibt also viele, viele Gefühle, die sich in einem Wesen zu jeder Zeit überlagern und sein Selbst-Gefühl konstituieren. Dennoch gibt es zu jedem Selbst-Gefühl ein entsprechendes Sentiment, es ist ein vielschichtiges Sentiment.

Der wesentliche Punkt ist, dass während des Wahrnehmungsprozesses Sentimente zwischen dem Wahrnehmenden und den Ousia, den Formationen der reinen Energie, ausgetauscht werden. Egal, welches Selbst-Gefühl du in einem bestimmten Moment hast, sobald du etwas wahrnimmst, überträgst du das dem Selbst-Gefühl entsprechende Sentiment an die Ousia. Dadurch werden die Ousia mit diesem Sentiment aufgeladen. Es wird dort sozusagen gespeichert. Und wenn du Ousia wahrnimmst, vermitteln sie dir ebenfalls all die Sentimente, die sie bis dahin in sich gespeichert haben. Es ist also ein Geben und Nehmen, ein Hin und Her zwischen Wahrnehmer und Ousia. Es ist eine Rückkopplungsschleife, denn wenn du die Ousia wahrnimmst, belebst du sie in gewisser Weise wieder. Du hast die Intention, wahrzunehmen, und diese Intention belebt die Ousia. Sie verfestigt sie, stabilisiert sie. Wie du siehst, sind die Ousia in einem Zustand der ständigen Veränderung. Nun, wir sind inmitten der Trennung. Nichts inmitten der Trennung ist dauerhaft! Mit jeder Wahrnehmung eines Ousia verändert sich das dort gespeicherte Sentiment. Es gibt also einen ständigen Wandel in den Ousia, eine ständige Veränderung.

Lass uns ein Beispiel durchgehen, mit dem sich jeder von euch identifizieren kann. Erinnert euch an euch selbst als ihr, sagen wir, drei Jahre alt wart. Ich würde wetten, dass jeder von euch damals eine Lieblingspuppe hatte, einen Teddybären oder ein Stofftier.

Sagen wir, es war ein Teddybär. Er war dein Lieblingskumpel, zwar nicht belebt, aber für dich war es, als ob dieser Teddybär lebendig wäre. Er repräsentierte etwas für dich. Er repräsentierte beispielsweise Wärme, Nähe, Freundschaft, Sicherheit, vielleicht sogar Liebe. Also hast du ihn an dich gedrückt oder neben dich gelegt, wenn du abends ins Bett gegangen bist. Er war mit dir im selben Bett und du hast ihn mit deinem Selbst-Gefühl aufgeladen. Daher reflektierte er dein Selbst-Gefühl. Er spiegelte es dir zurück. Sobald er mit Sentimenten aufgeladen war, reichte es aus, ihn in der Nähe zu haben und du fühltest dich sofort besser.

Das ist die Geschichte des Teddybären, und ich würde wetten, dass einige von euch ihren allerersten Lieblingsteddybären oder ihre Puppe aufgehoben haben, vielleicht versteckt in irgendeinem Schrank. Du warst nicht wirklich in der Lage, ihn einfach wegzugeben oder gar auf den Müll zu werfen. Nein, denn er stellt eine wertvolle Erinnerung dar.

Dieses Beispiel macht deutlich, dass ein Kind nicht in den Details lebt, die ihm sein Wahrnehmungsprozess präsentiert, wie z.B. welche Größe hat der Teddybär, welche Farbe, ob er aus Polyester, Baumwolle, Plastik oder was auch immer ist. Nein. Das Kind lebt in seinen Gefühlen und Emotionen, und diese werden durch seinen Teddybären stimuliert und ausgelöst. Das Kind lebt in einer, wie ich es nenne, *Gefühlsrealität*, nicht in einer Realität von Details, Zahlen und Fakten.

Das ist eine allgemeine Beobachtung, denn sie gilt für *jedes* Wesen in der zweiten Runde der Schöpfung.

Für *jedes* Wesen, nicht nur für dich, als du ein kleines Kind warst. Details spielen generell eine sehr, sehr unbedeutende Rolle. Es sind immer, immer die Gefühle, die den aktuellen Seinszustand ausmachen. Das ist der Grund, warum du sagst: „Ich fühle mich heute müde." und nicht: „Ich fühle mich heute, als wäre ich 1,75 Meter groß."

Auch wenn du deinen Teddybären vielleicht nicht mehr in der Nähe hast, so gibt es doch andere Objekte, die den Platz des Teddys eingenommen haben. Vielleicht hast du ein paar Fotos von deiner Familie aufgestellt, von deinem Partner, deiner Partnerin oder von einem schönen Ort, einem Urlaub – all diese Fotos sind mit bestimmten Sentimenten aufgeladen. Sie könnten die entsprechenden Gefühle in dir wieder stimulieren! Das ist der Grund, warum du sie um dich herumhast. Sie verankern dich in deiner Geschichte und an deinem Platz in der Zeit.

Nun, diese Erkenntnisse haben weitreichende Konsequenzen. Denn wenn es wahr ist, dass ein Ousia aus einer Intention heraus erschaffen wird und dann mit Sentimenten aufgeladen wird, bedeutet das letztlich, dass kein Ousia an und für sich irgendeine Bedeutung hat! Kein Ousia!

Es ist immer der Wahrnehmende, der dem Ousia die Bedeutung gibt und ein Gefühl daraus ableitet!

Wenn ein Ousia von vielen wahrgenommen wird, von vielen geteilt wird, nun, dann wird es umso mehr aufgeladen. Beispielsweise könnte man sagen, dass ein bestimmter Ort oder ein Objekt eine heilige Atmosphäre hat. Aber sie sind nicht heilig, weil sie aus den Händen Gottes erschaffen wurden – es sei denn, du nennst dich selbst Gott, was du natürlich bist. Vielmehr wurden sie mit Sentimenten aufgeladen, die ein Gefühl von Heiligkeit hervorrufen, sobald sie wahrgenommen werden.

Somit hat kein Ousia eine Bedeutung an sich!

Das ist wirklich drastisch! Das ist eine Erkenntnis, die das Potenzial hat, dich augenblicklich zu transformieren, denn warum solltest du an etwas in der Trennung festhalten, wenn dort alles nur willkürlich ist? Warum, warum, oh, warum sollte ein Wesen gar versuchen, etwas aus der Trennung mit in die Dritte Runde der Schöpfung zu bringen, wie es so viele probieren? Aber wozu mit der Trennung feilschen? Für deine ach-so-besondere Geschichte? Für deine besonderen Fähigkeiten? Es macht einfach keinen Sinn! Es macht einfach keinen Sinn.

Diesem falschen Verständnis liegt die Idee zugrunde, dass es ein Opfer wäre, wenn du etwas loslassen würdest. Aber nichts könnte weiter von der Wahrheit entfernt sein. Denn wie könntest du irgendetwas opfern, wenn du lediglich Begrenzungen loslässt? Wenn du *alles* wirst, was könntest du dann opfern, außer Illusionen, die von vornherein nie real waren?

Es sind also die Gefühlsrealitäten, in denen die Wesen leben.

Lass uns nun einen tieferen Blick auf diese Gefühlsrealitäten werfen, speziell auf die Rolle, die Raum und Körperlichkeit darin spielen. Lass uns dazu einen Blick auf das Spiel Schach werfen. Schach ist natürlich fast jedem Menschen auf dem Planeten bekannt, und sobald ich das Wort „Schach“ auch nur sage, kommt in dir eine große Anzahl von Sentimenten auf. Nun, was genau ruft es in dir hervor, wenn du das Wort „Schach“ hörst?

Oh, Schach könnte für mental stehen, vielleicht auch analytisch. Diejenigen, die gut im Schach sind, sind klug. Oder du könntest sagen: „Ich war noch nie gut im Schach, genauso, wie ich noch nie gut in Mathematik war.“ Schach könnte mit Langeweile verbunden sein, denn es scheint nichts anderes zu passieren, als dass zwei Menschen auf das Schachbrett starren und sich stundenlang fast nicht bewegen. Das Wort „Schach“ ist also aufgeladen mit deiner persönlichen Geschichte, deinen persönlichen Gefühlen, die aus deiner Vergangenheit kommen und es ist auch aufgeladen mit Gefühlen, die aus dem Massenbewusstsein kommen. Für die Masse ist der Weltmeister im Schach typischerweise eine angesehene Person.

Lass uns einen tieferen Blick auf das Schachspiel werfen. Stelle dir zwei Schachspieler vor, die eine Stellung auf einem Schachbrett betrachten. Sehe sie mit deinem inneren Auge. Sie sitzen dort. Jetzt versuche, durch ihre Augen zu schauen. Wähle einen dieser Spieler und sieh eine Figur durch seine Augen, sagen wir, den König. Er ist eine Figur auf dem Schachbrett. Und das erste, was ein Schachspieler mit dem König assoziiert, ist, nun ja, Angst vor dem Tod. Der König muss sicher sein, denn wenn der König geschlagen wird, ist das Spiel vorbei. Der König ist also stark mit Sentimenten aufgeladen. Er muss am Leben gehalten werden, er muss beschützt werden.

Fühle jetzt in die Königin hinein. Sie ist die mächtigste Figur auf dem Brett. Das ist interessant, oder? Die Königin ist weiblich, aber sie ist die mächtigste Figur auf dem Brett, während der König Schutz braucht. In deinem normalen Leben ist es zumeist umgekehrt. Man hat das Gefühl, dass die Frau beschützt werden muss, und der König zieht für sie in den Krieg, für die Liebe seines Lebens. Aber hier auf dem Schachbrett ist es genau andersherum. Aber dennoch weiß die Königin, dass auch sie nur leben kann, solange der König lebt. Sobald der König tot ist, ist auch die Königin tot. Es gibt also sogar innerhalb der einzelnen Figuren der gleichen Farbe eine Polarität, nicht nur zwischen den entgegengesetzten Farben. Du kannst all die verschiedenen Figuren durchgehen und sie alle haben ihre spezifischen Leben, ihre spezifischen Eigenschaften.

Dann betrachte die Stellung auf dem Brett als Ganzes. Sie erzählt eine Geschichte, eine Geschichte von Fallen, von Hinterhalten, von Dominanz, von Ausstrahlung, von Bedrohungen. Im Kopf der Spieler ist dies eine vollwertige, lebendige Realität. Und sie schauen nicht nur auf diese gegebene Stellung, sondern sie denken drei, vier, fünf, zehn Züge im Voraus, je nachdem, wie gut sie sind. Sie wollen einschätzen, was demnächst passieren könnte. Und mit jedem Zug, den sie in ihrer inneren Welt machen, müssen sie die neue Stellung bewerten.

Und was bedeutet es, eine Stellung zu bewerten? Nun, es ist eine Überprüfung: Ist der König sicher? Habe ich meine Stellung verbessert? Wie kann ich meine einzelnen Figuren so positionieren, dass sie den anderen König angreifen können? Das ist voller Leben. Und weil die Spieler nicht bis zum Ende rechnen können – es gibt einfach zu viele Varianten –, müssen sie sich auf ihre eigene Wissensbasis verlassen, auf ihr Bauchgefühl, auf die Expertise, die sie über die Jahre ihres Spiels entwickelt haben.

Am Ende müssen sie sich nach ihrem Gefühl richten, denn eine objektive Bewertung gibt es fast nie. Die Bewertung ist also sehr, sehr persönlich. Diese beiden Spieler, die auf das Schachbrett starren, leben in einer ganz besonderen Welt voller Leben. Wenn du es so ausdrücken willst, tobt dort ein Kampf um Leben und Tod. Das ist genau wie auch sonst innerhalb der Trennung, denn dein Körper muss bei jedem Schritt, den du machst, sicher sein. Egal wie toll deine Zukunftspläne auch sind, wenn du mit dem nächsten Schritt, den du machst, von einer Klippe stürzt, nun, dann hast du wohl einen großen Fehler gemacht.

Obwohl also beide Spieler die gleiche Stellung betrachten, erleben sie drastisch unterschiedliche Gefühlsrealitäten. Sie sind völlig unterschiedlich, auch wenn sie dem gleichen Satz von Figuren entspringen, die auf dem Schachbrett herumstehen.

Ganz allgemein kann man sagen: Auch wenn zwei Wahrnehmende die gleiche Menge an Ousia wahrnehmen, sind die daraus abgeleiteten Gefühlsrealitäten völlig unterschiedlich.

Das ist ein bisschen seltsam, nicht wahr?

Lass uns nun einen Blick auf die Physikalität werfen. Ich habe dich gebeten, dir zwei Spieler vorzustellen, die an einem Tisch mit einem Schachbrett sitzen und natürlich stellst du dir auch einige Figuren auf dem Brett vor. Nun, die Figuren könnten aus Holz, aus Plastik, aus Stein oder aus Metall sein. Sie könnten mehr oder weniger Standardformen oder seltsame Formen haben, wie sie man sie manchmal sieht. Aber tatsächlich ist die Beschaffenheit der Figuren absolut unwichtig. Sie sind nur Platzhalter im Physischen für eine Stellung im Schach, die im Wesentlichen nichtphysisch ist. Denn letztlich besteht eine Stellung im Schach nur aus ein paar Informationen, die dir sagen, auf welchen Koordinaten sich eine Figur befindet. Es reicht aus, diese Information zu haben. Man braucht keine physischen Figuren.

Die physische Repräsentation der Figuren ist nur für die Menschen, um ihr Denken ein wenig zu erleichtern. Diejenigen, die gut im Schach sind, brauchen sie jedoch nicht. Sie können ohne Schachfiguren spielen. Genauso wie es jeder Computer tut. Es gibt in einem Computer keine physischen Figuren, nein. Die Physikalität der Figuren ist also irrelevant, da die gleiche Gefühlsrealität in einem Spieler auch ohne die physischen Figuren auftaucht – abgesehen von ein paar Gefühlen, die von den physischen Objekten selber kommen.

Und wie sieht es mit dem Raum aus? Es scheint, dass sich die Figuren auf diesem Schachbrett im Raum bewegen, aber tun sie das wirklich? Sicher, die Spieler nehmen, sagen wir, einen Bauern und ziehen ihn ein Feld weiter, okay. Aber das ist mehr oder weniger eine Kommunikation, die sagt: „Ich bewege meinen Bauern von hier nach dort." Der Raum als solcher wird also auch nicht benötigt. Und selbst das

Schachbrett, dieses große Feld mit den vierundsechzig kleinen Feldern, ist nicht erforderlich. Die Felder müssen nicht in einem Quadrat angeordnet sein, du könntest die vierundsechzig Felder irgendwo im Universum verteilen. Es ist nicht wichtig, wo sich diese Quadrate befinden, solange sie die Koordinaten haben, die ihnen zugeordnet sind.

Was ist also eine Schachstellung tatsächlich? Wenn du es genau betrachtest, ist es nur eine kleine Menge an Informationen: Es gibt eine Liste an Koordinaten, an denen eine bestimmte Figur steht. Das ist alles, das beschreibt die Stellung. Und daraus entspringen all die unterschiedlichen Gefühlsrealitäten in den Köpfen der Schachspieler, die diese Stellung zum Leben erwecken.

Somit können wir die Physikalität und den Raum aus dem Schachspiel entfernen. Und tatsächlich gilt das auch für deine Gefühlsrealitäten. Die Physikalität und der Raum sorgen im Grunde nur dafür, dass du als Wahrnehmender glaubst, dass du ein physischer Körper bist. Das ist der Hauptgrund für ihre Existenz. Selbst wenn du ein so abstraktes Spiel wie Schach spielst, wo Körperlichkeit und Raum überhaupt keine Rolle spielen, verfestigt sich dennoch deine Überzeugung, selbst ein physisches Wesen im Raum zu sein, indem du Figuren im Raum bewegst.

Nun stell dir vor, dass diese Schachpartie, die du vor deinem inneren Auge siehst, über das Internet an, sagen wir, tausend Zuschauer übertragen wird. Sie beobachten das Geschehen, und sobald sich eine Figur auf dem Brett bewegt, ändert sich die Gefühlsrealität aller Zuschauer – und zwar augenblicklich. Es ist nur eine einzige Information, die sich ändert: Wo befindet sich eine bestimmte Figur jetzt? Und doch ist die Auswirkung, dass alle Wahrnehmenden sofort davon beeinflusst werden. Ihre Gefühlsrealitäten ändern sich.

Lass mich das alles zusammenfassen. Ousia und Wahrnehmung bringen alle potenziellen Erfahrungen innerhalb der zweiten Runde der Schöpfung hervor. Alle! Es hängt dann von den Kernüberzeugungen ab, die ein Wahrnehmender hat, wie bestimmte Ousia wahrgenommen werden. Und natürlich hängt es von der persönlichen Geschichte eines Wahrnehmenden ab, wie eine Wahrnehmung von Ousia innerlich in eine Gefühlsrealität transformiert wird. Es gibt also nicht so etwas wie eine objektiv vorhandene Realität. Die Details werden immer von den Gefühlen übertrumpft, und die Gefühle ändern sich ständig.

In gewisser Weise haben wir soeben den Raum und die Körperlichkeit aus deiner Erfahrung wegdiskutiert. Das ist ein bisschen seltsam, nicht wahr? Es ist ein Paradoxon, denn du bist scheinbar immer noch in deinem Körper und du willst verkörpert bleiben, als verkörperter Mensch.

Also, was machst du mit diesem Verständnis? Nun, kämpfe nicht gegen deine Erkenntnisse an! Kämpfe auch nicht gegen die Kernüberzeugungen an, die dir erlauben, Erfahrungen in der physischen Realität mit anderen zu teilen. Das ist das Paradoxon! Das bedeutet, das Paradoxon zu leben: Nicht in Konflikt mit diesem Verständnis der wahren Realität, von Lichtwelt, Ousia und Wahrnehmung zu geraten, sondern eine stabile menschliche Fassade und ein stabiles menschliches Bewusstsein aufrechtzuerhalten, ohne in den Glaubenssätzen der Trennung verrückt zu werden.

Ich sage dir etwas: Je mehr du dich dafür öffnest, desto skurriler wird das alles. Du musst also *sehr* stabil sein und wirklich im Physischen bleiben wollen. Ansonsten könnte dich das Surreale überwältigen. Das ist der Grund, warum wir so viel Zeit mit der Kultivierung des Gewahrseins verbringen. Wir haben das getan, um dich zu stabilisieren, damit du durch deine Öffnung nicht zum Prügelknaben der Sentimente wirst und wie eine Kugel in einem Flipperautomaten zwischen den verschiedenen Ousia herumgeschossen wirst, ohne zu wissen, was da eigentlich vor sich geht und wie du dich dem entziehen kannst.

Um das mehr zu verdeutlichen, möchte ich, dass du dich jetzt für deinen Tempel in Grenzland öffnest. Es ist ein Umschalten der Perspektive, nichts weiter. Und wenn du dorthin gehst, dann gehe heute als ein Punkt des Bewusstseins – gehe nicht als Lichtkörper oder als eine Art Mensch dorthin. Geh dorthin, ohne in einem Gefäß enthalten zu sein, sondern sei ein Punkt des Gewahrseins. Und wie wir gelernt haben, ist ein Punkt, nun ja, eigentlich nichts, außer dass er irgendwie existiert.

Nun, in der Vorbereitung auf dieses Segment, während der Kultivierung des Gewahrseins, wurdest du gebeten, zu Raum zu werden, dir des Raumes um dich herum gewahr zu werden und als Raum zu fühlen. Und jetzt bitte ich dich, als Bewusstsein zu fühlen. Öffne dich und sei das Bewusstsein selbst. Sei der Behälter. Sei wie der Himmel, der alle Wolken enthält.

Halte gleichzeitig das Gewahrsein dieses Punktes aufrecht, der sich in deinem Tempel in Grenzland befindet. Jetzt bist du beides. Du bist das ganze Bewusstsein, das alle Ousia und somit die ganze Lichtwelt enthält. Und du bist ein Punkt des Gewahrseins, der die Ousia aus einer bestimmten Perspektive wahrnehmen kann.

Jetzt stell dir Lichtwelt vor. Und wieder haben wir all diese Probleme mit den Worten, denn wenn wir beispielsweise sagen: „Stell dir Lichtwelt als ein riesiges Firmament vor“, dann sind wir wieder im Raum. Okay, so sei es, wir müssen irgendwie kommunizieren. Also, du kannst dir Lichtwelt als ein riesiges, weites Firmament vorstellen. All die Ousia sind wie winzige Pünktchen. Da gibt es so viele! So viele Ousia sind da „draußen“, denn du kannst du sie aus einer bestimmten Perspektive wahrnehmen. Und gleichzeitig sind sie alle in dir, im Bewusstsein.

Finde nun das Ousia am Firmament, das dem Zimmer entspricht, in dem dein physischer Körper gerade sitzt. Dann, sei dort. Ich sage nicht, dass du dich dorthin bewegen sollst, vielmehr sei einfach dort und sieh diesen physischen Raum aus der Vogelperspektive. Sieh die Objekte im Raum als Ousia, als Lichtobjekte. Fühle, oder besser gesagt, spüre die Sentimente, die von ihnen ausgehen, von dem Sessel, in dem du gerade sitzt. Es könnte dein Lieblingssessel sein. Er ist einladend und gemütlich. Vielleicht ist in dem Zimmer ein Schreibtisch – dann spüre den Schreibtisch. Er könnte sich nach Arbeit anfühlen, Arbeit, die du vielleicht magst oder nicht magst. Streife in deinem

Zimmer herum. Vielleicht gibt es Bilder an den Wänden, die dir etwas bedeuten.

All das sind Ousia, die du dort platziert und mit Sentimenten aufgeladen hast. Sie verankern dich in deiner persönlichen Geschichte. Sie erinnern dich daran, wer du bist. Jeden Moment stimulieren sie eine bestimmte Gefühlsrealität in dir und du identifizierst dich mit ihr. Während du dich in deinem Raum als ein Punkt des Gewahrseins bewegst, erkenne, dass es absolut in deiner Macht steht, dich *nicht* von den Sentimenten beeinflussen zu lassen. Du kannst sie wahrnehmen, aber es gibt keine Notwendigkeit für dich, sie in gefühlte Gefühle zu verwandeln. Das ist die zweite segensreiche Wirkung der luziden Wahrnehmung.

Luzide Wahrnehmung bedeutet, sich aller Ousia gewahr zu sein und sie gleichzeitig aus einer bestimmten Perspektive wahrzunehmen. Die erste segensreiche Wirkung ist, dass die Ego-Illusion aufhört. Sie fliegt aus dem Fenster, denn du identifizierst dich nicht mehr mit irgendetwas. Die zweite segensreiche Wirkung ist, dass du dir der Sentimente gewahr wirst, die dich vereinnahmen können. Aber du bist in der Lage zu sagen: „Nein! Nicht mehr! Genug! Ich bin der Herr über meine Gefühle. Kein Objekt, sei es mein Objekt oder das Objekt eines anderen, hat die Macht, mich zu beeinflussen, es sei denn, ich erlaube es."

Das ist der Grund, warum ich Lichtwelt angesprochen habe. Es ist nicht der neue Spielplatz für dich, um erstaunliche neue Dinge zu erschaffen, denn in der Trennung gibt es nichts, das wirklich neu wäre. Ich habe Lichtwelt angesprochen, damit du die Mechanik der Traumwelt der Trennung verstehst und um dich zu befähigen, innerhalb der Trennung zu bleiben, ohne ihr zum Opfer zu fallen.

Um noch einmal auf das Schachspiel zurückzukommen: Als die Schachregeln definiert wurden, entstanden alle potenziellen Partien implizit! Sie waren einfach da! Und jedes gespielte Spiel setzt nur eine dieser bereits existierenden Partien um. Du kannst also keine neue Partie erschaffen, das ist unmöglich. Du kannst nur eine bereits existierende Partie zum ersten Mal spielen.

Und genau das gleiche Prinzip gilt für die Trennung! Man könnte sagen, dass Trennung ein Spiel mit genau einer Regel ist, die da lautet: Du kannst dich nur mit Bausteinen ausdrücken, die auf dem Gedanken der Trennung basieren. Bumm! Mit dem Aufstellen dieser einen Regel entstehen automatisch alle potenziellen Erfahrungen, die innerhalb der Trennung möglich sind. Ja, das sind viele. Ich nenne die Gesamtheit all dieser Möglichkeiten daher einen Ozean aus Ozeanen aus Szenensphären. Das ist riesig, riesig, riesig... und all das existiert bereits! Du durchquerst lediglich einige Szenensphären und erlebst sie als einen Faden aus Zeit, aber du erschaffst nichts Neues! Es gibt keine wahre Schöpfung innerhalb der Trennung.

Schau dir nun das zusammengesetzte Ousia an, aus denen dein menschlicher Körper besteht. Er besteht aus physischen und nicht-physischen Komponenten. Typischerweise stellst du dir die nicht-physischen Komponenten irgendwie um deinen physischen Körper herum vor, wie beispielsweise deinen Emotionalkörper. Wenn du an Erinnerungen denkst, wo sind sie? Sie müssen irgendwo sein, also platzierst du sie in der Nähe deines physischen Körpers, weil du denkst, dass sie mit ihm verbunden sind.

Aber jetzt lass uns ins Surreale gehen. Was, wenn du den Raum entfernst, wie wir es gerade mit dem Schachspiel getan haben? Was wäre, wenn die verschiedenen Komponenten deines physischen Körpers gar nicht so verbunden sind, wie du glaubst, dass sie es sind? Dein Körper ist nur eine Zusammenstellung von Ousia, aber diese Ousia haben keine feste Position im Raum.

Die Überzeugung, dass deine Arme mit deinem Oberkörper verbunden sind, nun, das ist eine Frage der Wahrnehmung! Du könntest über die ganze Welt verstreut sein. Tatsächlich bist du das. Dasselbe gilt für deine Erinnerungen und deinen Emotionalkörper. Du bist es, der das alles durch die Kraft deiner Überzeugungen zusammenhält. Füge etwas Raum hinzu, und du bist in der Lage, die Ousia räumlich anzuordnen. Dann wird die Illusion noch realer. Wenn du dich dann mit diesem im Raum befindlichen physischen Körper identifizierst, dann glaubst du plötzlich, dass du ein Körper bist.

Nun, nicht wirklich, und aus unserer aktuellen Perspektive betrachtet, kannst du erkennen, wie schwierig es ist, diese Überzeugung aufrechtzuerhalten. Als Bewusstsein ist es sehr schwer zu glauben, dass du physisch bist! Deshalb mussten wir diese drastischen Maßnahmen ergreifen. Wir mussten dich hypnotisieren, damit du glaubst, dass du ein physischer Körper bist, denn das ist so dermaßen unnatürlich..., aber es hat funktioniert.

Irgendwann bist du also zu der Überzeugung gelangt, dass du dieses physische Wesen bist, das aus zwei Armen, zwei Beinen, einer Nase und so weiter besteht.

Doch in Wirklichkeit bist du Bewusstsein! Du bist Alles-Was-Ist und nimmst den Inhalt des Bewusstseins aus einer bestimmten Perspektive wahr. Und das Einzige, was passiert ist, ist, dass du dich aufgrund der Wahrnehmung mit einem komplexen Ousia identifiziert hast. Du hast plötzlich geglaubt: „Das bin ich."

Mit dieser Identifikation kam die Angst vor dem Tod. Aber wie es im Intro-Song hieß: „Always look at the bright side of death." Es gibt keinen Tod. Sterben ist der Tod einer Illusion – und das kann man nicht als Tod bezeichnen. Es ist eine Befreiung! Es ist ein Zurückkommen in den natürlichen Zustand. Dieses Verständnis ist wahre Weisheit, die angewandt werden muss.

Die Grundlagen des Bewusstseins sind sehr, sehr einfach zu verstehen. Indem man dieselben fundamentalen Prinzipien immer und immer wieder auf sich selbst anwendet – wie in einem Fraktal oder in einer tiefen Rekursion – erhält man all diese superkomplexen Umgebungen. Aber dann, nein, nein, nein... Es geht nicht darum, diese Strukturen zu entwirren oder aufzulösen, nein! Es geht darum, den Glauben fallen zu lassen, dass sie real sind! Dann bist du raus – und sei es nur für einen Moment.

Sei es nur für einen Moment – einen Moment der Erleuchtung, einen Moment des verkörperten Aufstiegs.

Eine Frage stellt sich: Wenn es mehrere Wesenheiten gibt, haben alle diese Wesen eine vollständige Replikation der Lichtwelt in sich? Und wenn ja, wie sind die Ousia und diese Lichtwelten synchronisiert? Ansonsten könnten die Wesenheiten doch keine gemeinsamen Erfahrungen haben...

Auch hier beruht die Frage bereits auf dem Begriff des Raumes, denn in dem Moment, in dem der Begriff „Wesenheit" verwendet wird, wird normalerweise ein „Gefäß" impliziert, irgendeine Art Gefäß. Und wenn es ein Gefäß gibt, dann muss etwas *in* diesem Gefäß sein.

Aber ich gebe zu, dass es für einen Menschen sehr schwierig ist, das loszulassen. Deshalb habe ich mir die Metapher eines Holofilms ausgedacht, der in allen Wesenheiten spielt. Es ist eine gute Metapher. Ihr wisst alle, was ein Hologramm ist. Es ist eine Art von Foto. Aber wenn es in Teile zerlegt wird, bleiben alle Informationen in jedem Teil enthalten. Wenn man das Foto nun animiert, erhält man einen Holofilm. Der gleiche Holofilm spielt also in allen Wesenheiten. Das ist etwas, das der Mensch gerade so akzeptieren kann. Es ist ein wenig ausgefallen, aber auf eine noch akzeptable Weise.

Heute möchte ich eine andere Metapher vorstellen, die zwar einfacher und, wie ich sagen würde, präziser ist, dafür ist sie aber auch sehr herausfordernd: Ich sage, dass es nur eine Lichtwelt gibt, aber es gibt viele, viele Punkte des Gewahrseins, die Lichtwelt wahrnehmen, und diese Punkte haben eigentlich keine Ausdehnung – sie sind keine Gefäße.

Fühle in das hinein. Es ist ein bisschen unangenehm, aber es macht die Dinge so, so einfach.

*

Egal welche Metapher du bevorzugst, ob du die Metapher des Holofilms bevorzugst, der in jeder Wesenheit gespielt und von jeder Wesenheit wahrgenommen wird, oder die Metapher der Punkte des Gewahrseins, der wesentliche Punkt ist:

*Es ist **ein** Traum der Trennung. Es ist **ein** Nachsinnen über die Trennung.*

Deshalb sage ich: „Alles ist im Inneren. ”

Deshalb sage ich: „Du bist Alles-Was-Ist!“

Das Lustige ist, dass diese Aussagen wie ein Traum erscheinen, aber es ist genau das Gegenteil. Du lebst in einem Traum und ich spreche über die wahre Realität. Kannst du dir vorstellen, dass die wahre Realität wahr ist?

Apropos vorstellen – *imagine* –, wenn du „Der luzide Träumer“ gelesen hast, erinnerst du dich vielleicht daran, dass ich den Song „Imagine“ als Beispiel für ein Ousia verwendet habe, das hochgradig mit Sentimenten von Menschen aus aller Welt aufgeladen ist. Und natürlich kam die Idee auf, „Imagine“ heute als Eingangsmusik zu spielen. Aber da John Lennon mehr oder weniger heute auf den Tag vor genau vierzig Jahren ermordet wurde, hatten wir das Gefühl, dass dies keine gute Wahl wäre. John Lennon und dieses Lied wurden in der letzten Woche überall in den Medien gespielt, und das ganze Mitleid im Massenbewusstsein wurde so drückend, dass wir uns entschieden haben, es nicht als Intro-Musik zu spielen. Aber wir werden es als „Extro“ hören. Wir werden es jetzt spielen, aber ich möchte den Text ein wenig umformulieren, und zwar wie folgt:

You might say I'm a lucid dreamer

But I'm not the only one

I hope someday you'll join us

And separation will be as one

Ich bin Althar der Kristall-Drache. Ich war schon immer auf der „bright side of life“ und ich besuche euch auf der lichten Seite des Lebens. Ich hoffe, euch dort so oft wie möglich zu sehen! Und jetzt genießt bitte noch einmal John Lennon. Auf Wiedersehen und bis zur nächsten Woche.

(*Lied spielt*)

*

Joachim: Willkommen zurück nach einer intensiven Session. Oh, das war lang!

Also fühlt euch frei, etwas zu fragen oder anzumerken.

Teilnehmer 1: Ja, eine ganz kurze Frage. Die Ousia sind in allem, auch in diesen schrecklichen, sehr traurigen Erinnerungen an die geliebten Menschen, die wir verloren haben, wie meine Mutter zum Beispiel. Sie ist da als Bild, auch hier, in meinem Kopf, überall, und all die Dinge, die wir getan haben, sind alle in mir, sozusagen... und wenn ich ein Bild oder ein Foto von ihr sehe, dieses Bild, das ich habe, ... hier, ich glaube, du kannst es sehen. *(Er zeigt das Bild in die Kamera.*)

Joachim: Ja.

Teilnehmer 1: Na ja, das ist alles so sinnlos! Und das ist sehr schwer für mich... Ein Teil von mir ist einfach nicht bereit... Ich weiß es nicht. Er ist bereit, gleichzeitig ist da etwas, das wirklich sagt: „Das ist viel zu viel."

Gleichzeitig sehe und fühle ich die Ousia in allem, in Dingen, die sehr schön sind, wie das Spielen der Gitarre oder des Klaviers, das Hören von Musik. Und auch in den Dingen, die sehr lästig sind oder die man eigentlich hassen möchte, wie Menschen, die sich unterhalten, Geräusche, was auch immer – unfreundliche Menschen. Und all das, diese Reaktionen, nehme ich wahr und ich spüre die Ousia sozusagen, ich fühle sie. Es gibt all diese Ousia, auf eine gewisse Art und Weise geschichtet, es gibt viele Schichten. Und wenn ich es fühle und sehe, dann kann ich all diese Dinge, die mich stören oder die mich auch sehr glücklich machen, loslassen. Ich bin frei von dieser Art von Ablenkung.

Aber sind wirklich alle Ousia bedeutungslos? Auch wenn es..., naja... Es ist bedeutungslos... Ist es wirklich so? Auch mit unseren Liebsten, denn ich verstehe es, das Beispiel mit dem Teddybären auch, ich verstehe es...

Joachim: Ja, aber die Aussage ist: Du bist derjenige, der dem Ganzen die Bedeutung gibt.

Teilnehmer 1: Ich weiß...

Joachim: Und das ist der Punkt, den es zu verstehen gilt. Du bist frei, einem Beziehungs-Ousia eine Bedeutung zu geben, und dann, je mehr du dich damit identifizierst, desto näher seid ihr euch, desto spezieller ist eure Beziehung. Und damit entstehen dann die guten Aspekte, aber auch die schlechten Aspekte einer Beziehung. Das ist keine Bewertung, es ist nur eine Beobachtung. So funktionieren die Dinge halt innerhalb einer Trennung. Und ich denke, es ist ziemlich einfach, das zu erkennen.

Aber das bedeutet nicht, irgendetwas zurückzuweisen – das bedeutet es ganz und gar nicht. Es bedeutet nicht, die Mutter zurückzuweisen, sondern das größere Bild zu sehen. Gleichzeitig solltest du ehrlich zu dir selbst sein. Wenn du z.B. die Trauer spürst und wenn der Tod deiner Mutter noch nicht so lange her ist, dann ist dir das alles noch sehr nah. Wenn es eine enge Beziehung war, dann ist das eben so. Also kämpfe nicht dagegen an. Versuche dir nicht einzureden, dass alles sinnlos ist. Ganz und gar nicht! Das

„an sich bedeutungslos“ beschreibt nur, wie es ist. Es ist so, als ob du mit Farbe eine weiße Wand anmalst. Was du malst, liegt an dir, was du daraus machst, liegt an dir, das ist gemeint.

Aber du könntest jede Art von Bild malen und daher ist jedes Bild in gewisser Weise bedeutungslos außer der Bedeutung, die du selbst ihm gibst.

Dieses Verständnis ist befreiend! In einer gegebenen Situation mit einer persönlichen Beziehung, die endet, nun ja, das mag schwierig sein, aber dann schau noch einmal genau hin. Schau dir alle Beziehungen an, die du hast, mit wem auch immer, und dann schau dir alle Probleme an, die du hast, und du wirst sie meistens auf deine Beziehungen zurückführen, denn die sind ach-so-besonders.

In dem Moment, in dem du das erkennst, kannst du dich fragen: „Gut, ich kann in einer Beziehung sein, aber muss es eine ‚Sentiment-geladene‘ Beziehung sein? Oder kann es eine freie Beziehung sein, auf Augenhöhe, in Soheit vereint, offen?“

Ich stimme dir zu, mit der eigenen Mutter oder einem geliebten Menschen ist das nicht einfach und niemand sagt, dass es das wäre. Aber das ändert nichts daran, wie diese Dinge funktionieren. Es ist wie mit der Schwerkraft... Nun, die Schwerkraft ist einfach die Schwerkraft. Sie ist nicht schlecht oder gut, sie ist einfach so, wie sie ist, auch wenn jemand aus dem Fenster fällt.

Das befreiende Verständnis hier ist, den Mechanismus zu durchschauen, sich ihm zunehmend gewahr zu sein und diesem Verständnis zu erlauben, in dir zu wachsen ohne dabei kaltherzig zu werden oder sich zurückzuziehen. Wenn du das erkennst, kannst du mit jedem mitfühlend umgehen – denn die Sentimente, die sie ausstrahlen, sind bedeutungslos. Was bedeutungsvoll ist, ist das Bewusstsein dahinter, das jenseits der Trennung ist, aber immer noch glaubt, in irgendetwas eingekapselt zu sein – in einem Körper, einer Seele oder einem Ousia. Aber du weißt um die Zusammenhänge, und deshalb kannst du ganz anders handeln. Ganz anders als jemand, der in seinem eigenen Gefäß festhängt, mit den eigenen Gedanken über sich selbst, und ständig mit anderen in Konflikt gerät, weil sie nicht mit ihm übereinstimmen.

Teilnehmer 1: Okay, vielen, vielen Dank.

Joachim: Gern geschehen.

Okay, das war es dann für heute. Wenn ich mich nicht irre, haben wir in zehn Tagen Weihnachten, also sehen wir uns noch einmal vor Weihnachten.

Bis nächste Woche!

9. Das Christus-Bewusstsein einbringen

Hallo alle zusammen! Schön, euch wieder zu sehen! Eine weitere Woche ist vergangen und wir stehen nun kurz vor Weihnachten, daher wird eines der Themen des heutigen Tages sein: das *Einbringen des Christusbewusstseins*.

Wir beginnen wie üblich mit der Kultivierung des Gewahrseins. Dazu nimmst du die Haltung eines Meisters ein. Strecke deine Wirbelsäule, drücke deinen Kopf gegen den Himmel, ziehe das Kinn ein wenig zurück, lasse die Schultern etwas nach hinten fallen und entspanne den ganzen Rest deines Körpers.

Bilde das kosmische Mudra, indem du die linke Hand in die rechte legst, die Daumen sind waagerecht und du legst die Hände in deinen Schoß, so dass die kleinen Finger deinen Bauch berühren.

Schließe deine Augen zu drei Vierteln und atme nur durch die Nase ein und aus. Der Mund ist geschlossen. Die Zungenspitze berührt den Gaumen und die Rückseite der oberen Schneidezähne.

Wie immer betone ich, dass die Kultivierung des Gewahrseins ein Nicht-Tun ist. Es ist ein Zurückkommen zum natürlichen Zustand. Es ist kein Kampf. Es ist kein Kampf mit dir selbst, deinen Gefühlen oder Emotionen. Es ist einfach ein Zurückkommen in den natürlichen Zustand, indem du aufhörst zu tun, indem du dir deines Körpers gewahr wirst, indem du dir des Inhalts deines Geistes gewahr wirst und nicht mehr darauf reagierst.

Also, atme ruhig durch die Nase. Und selbst wenn ich „ruhig“ sage, nun, der Atem beruhigt sich von ganz allein. Es ist nicht so, dass du dafür irgendetwas mit deinem Atem tust. Du wirst dir seiner lediglich gewahr.

Werde dir beim Atmen gewahr, wie sich dein Bauch langsam ein- und ausbewegt.

Jetzt möchte ich, dass du dir deiner Füße gewahr wirst, insbesondere der Knochen deiner Füße. Es klingt ein wenig seltsam, aber platziere dein Gewahrsein einfach dort, genau in den Knochen deiner Füße, in beide Füßen gleichzeitig.

Beziehe nun die Knochen deiner Unterschenkel mit ein.

Beziehe die Knochen deiner Knie mit ein, jetzt die Knochen deiner Oberschenkel.

Es ist sehr interessant, sich seiner Knochen gewahr zu sein, denn normalerweise bist du das nie, außer, wenn sie schmerzen. Wann immer du gebeten wirst, in deinen Arm oder deinen Finger zu fühlen, spürst du meistens die Haut, die Empfindungen auf der Haut und im Gewebe, aber die Knochen, nun, die sind irgendwie versteckt. Sie scheinen nicht lebendig zu sein. Und doch geben sie deinem physischen Körper Stabilität. Sie tragen dich durch dein Leben, und natürlich gibt es eine Menge Aktivität im Inneren der Knochen, im Knochenmark – eine Menge Aktivität. Das Knochenmark ist in gewisser Weise wie eine Schatztruhe. Es ist in deinem Körper versteckt. Du denkst nie daran, es sei denn, du bist krank, aber ansonsten bemerkst du es nicht. Aber du kannst dir des Knochenmarks gewahr werden. Du kannst es spüren.

Werde dir jetzt deines Rückgrats gewahr... dein komplettes Rückgrat... es ist ein komplexes Konstrukt.

Beziehe die Knochen deiner Hände und deiner Finger mit ein.

Nun schließe die Knochen deiner Arme... deiner Schultern... und deines Brustkorbs ein.

Zum Schluss schließe deinen Schädel mit in dein Gewahrsein ein.

Nun stelle dir dein ganzes Skelett vor, wie es auf dem Stuhl oder Sessel sitzt. Nur das Skelett, entferne das Fleisch und das Blut und das Gewebe und alles andere – stelle dir nur dein Skelett vor. Du hast schon oft Skelette in allen möglichen Filmen oder in der Realität gesehen. Dein Skelett ist ein wichtiger Teil von dir. Wenn du sterben würdest und dein Körper einfach beiseite gelegt werden würde, nun, das ist es, was übrigbliebe.

Tatsächlich mussten früher angehende Schüler, die der Gemeinschaft des Buddha beitreten wollten, zunächst für drei Monate auf einem Friedhof leben, einem Friedhof, auf den die Armen ihre Toten brachten. Diese Leute hatten kein Geld, um ein Feuer zu bezahlen, also wurden die Körper ihrer Verstorbenen auf diesen Friedhöfen deponiert und der Verwesung überlassen. Es war die Aufgabe der angehenden Schüler, sich dem zu stellen und den Verfall von allem zu sehen, denn, auch wenn sie noch lebten, der Tod ist immer ganz nahe. Und das war es, was mit einem verwesenden Körper passierte. Am Ende war er nur noch ein Skelett.

Das war in keinster Weise morbide. Es war nur eine Art, darauf hinzuweisen, wie die Dinge wirklich sind. Und du kannst dir deines Skeletts auf die gleiche Weise gewahr werden. Es steckt kein Todeswunsch dahinter. Du siehst das Skelett einfach so, wie es ist. Solange du lebst, ist es für deinen Körper essenziell und selbst wenn du stirbst, scheint es sich nicht allzu sehr zu verändern, obwohl es dann absolut leblos ist. Etwas ist weg: Das Bewusstsein, das es lebendig gemacht hat, ist weg.

Fühle jetzt direkt in deine Knochen, in das Knochenmark. Die großen Knochen haben das Knochenmark in ihrem Inneren.

Während du das tust, kannst du spüren, wie du wirklich vertraut mit deinem physischen Körper wirst.

Nun, während du dir der Gesamtheit deines Skeletts gewahr bist, werde dir zusätzlich all deines Gewebes und deiner inneren Organe gewahr.

Es ist ein bisschen schockierend, oder? All das ist wie ein Universum in sich selbst. Aber wo bist du in diesem Universum?

Gut, jetzt lass diese Bilder und das Ganzkörpergewahrsein los und wechsle zur reinen Beobachtung. Sei dir einfach gewahr, was passiert. Wenn du das tust, kannst du dein Gewahrsein über deinen physischen Körper hinaus ausdehnen. Sei dir einfach gewahr, was um dich herum geschieht.

Wenn du dich dabei erwischst, wie du in deine Tagträume, Gedanken oder Erinnerungen abgedriftet bist, dann komm einfach zurück in deinen Körper, streck deine Wirbelsäule, zieh das Kinn ein wenig ein. Nimm eine Haltung der Klarheit ein und geh dann zurück zur Beobachtung.

Man könnte sagen, dass dies der Weg des Drachen ist. Der Drache wird nicht von äußeren Reizen beeinflusst. Der Drache nimmt die Reize wahr, aber er beugt sich ihnen nicht.

Wir nähern uns dem Ende unseres zehnwöchigen Programms, daher nutze ich diese Gelegenheit, um noch einmal die Wichtigkeit dieser sehr einfachen Nicht-Praxis zu betonen. Durch sie kannst du zum Meister in deinem eigenen Haus werden, zum Meister deines physischen Tempels. Sie erlaubt dir, wirklich ein verkörperter Meister zu werden, ein Meister deiner Gedanken, Gefühle und Emotionen.

Im Grunde kannst du diese Nicht-Praxis während des ganzen Tags ausüben. Natürlich ist es ratsam, dein Gewahrsein hin und wieder zu kultivieren, vielleicht sogar täglich, in einer sicheren Umgebung, wie wir sie jetzt gerade haben, in einer Umgebung, in der du nicht gestört wirst. Aber natürlich gibt es keine Trennung zwischen dieser sicheren Umgebung und deinem täglichen Leben. Du kannst in totalem Gewahrsein sein, was auch immer du tust! Und wenn du das bist, dann werden die Dinge normalerweise viel einfacher, gradliniger, angenehmer. Warum? Weil du deine falschen Identitäten außen vorlässt! Du bleibst der Meister in der gegenwärtigen Situation.

Wenn jemand daherkommt und dich triggert, merkst du das sehr schnell und du kannst deine Reaktionen loslassen, wenn du es willst. Das ist die Frucht dieser Nicht-Praxis. Sie macht dein Leben so einfach.

Nun lass uns zu den Klängen zurückkehren, die von dcincm Hara, deinem Brustkorb, deinem Scheitel und dem Punkt über deinem Scheitel ausgehen. Werde dir dieser Klänge jetzt gleichzeitig gewahr und spüre, wie die Klänge in alle Richtungen ausstrahlen. Das ist wie bei einem Chor. Und du kannst diesen kombinierten Klang auch in deinem Skelett, in deinem Gewebe spüren. Gehe damit in Resonanz – das ist dein Klang.

Gut... Wir spielen etwas Musik und schauen, wer sich heute zu uns gesellen wird.

*

(*Musik spielt*: „The Long and Winding Road“, *The Beatles*)

Text des Liedes:

The long and winding road
That leads to your door
Will never disappear
I've seen that road before
It always leads me here
Lead me to your door

The wild and windy night
That the rain washed away
Has left a pool of tears
Crying for the day
Why leave me standing here?
Let me know the way

Many times I’ve been alone
And many times I've cried
Anyway, you'll never know
The many ways I've tried

And still they lead me back
To the long winding road
You left me standing here
A long, long time ago
Don't leave me waiting here
Lead me to your door

But still they lead me back
To the long winding road
You left me standing here
A long, long time ago
Don't keep me waiting here
Lead me to your door

Yeah, yeah, yeah, yeah

*

Ich bin Aouwa, ein wahres Selbst in Ausdruck.

Es ist für mich eine besondere Ehre, heute bei euch zu sein, nur ein paar Tage vor Weihnachten.

Wir hatten eine kleine Diskussion unter uns. Wer würde heute kommen, um diese Zusammenkunft zu präsentieren? Erst vor wenigen Augenblicken haben wir entschieden, dass ich es sein werde, damit ich als wahres Selbst zu deinem wahren Selbst sprechen kann.

In diesem Moment magst du hier sein und dich als der menschliche Aspekt deines wahren Selbst fühlen. Aber du bist auch dein wahres Selbst, denn der Schleier wird umso dünner, je schwächer der Glaube an die Trennung wird. Eigentlich gab es nie eine Trennung zwischen dir und deinem wahren Selbst, so, wie es auch nie eine Trennung zwischen deinem wahren Selbst und dem reinen Bewusstsein gab. All das sind nur Symptome der Illusion der Trennung.

Du bist also als dein wahres Selbst hier sowie als der Bewusstseinsanteil deines wahren Selbstes, der als Mensch inkarniert ist und versucht, stellvertretend für sein wahres Selbst über die Trennung hinauszugehen.

Das heutige Thema ist das Hereinbringen des Christusbewusstseins. Doch bevor ich zu diesem Thema kommen kann, müssen wir noch einmal wiederholen, warum das überhaupt notwendig war. Der primäre und weit zurückliegende Grund war natürlich die Entdeckung des Stillstandes. Um diese höchst wichtige Einsicht und Weisheit zu rekapitulieren, werden wir heute einen langen Spaziergang machen – einen langen Spaziergang entlang des langen und gewundenen Weges, den du durch die Welt der Trennung genommen hast.

Damit wir beginnen können, komme bitte zu mir als ein Punkt des Gewahrseins, von dem aus du die Erde als im Raum schwebend sehen kannst. Komm einfach zu mir. Es ist nur ein Umschalten der Perspektive. Ein Umschalten der Perspektive und wir sehen die Erde, den blauen Planeten, wie er sich ruhig dreht. Es sieht so friedlich aus von hier draußen.

Jetzt lass uns rauszoomen, uns weiter von der Erde entfernen. Wir können jetzt die Sonne sehen, die riesige Sonne deines Sonnensystems. Wir können all die anderen Planeten sehen. Wenn du mehr und mehr herauszoomst und dein Gewahrsein erweiterst, siehst du plötzlich die ganze Galaxie, in der sich dein Sonnensystem befindet, die Milchstraße!

Wir bewegen uns immer weiter in eine Richtung – und plötzlich gibt es nicht nur eine Galaxie zu sehen, sondern viele Galaxien. Jede Galaxie sieht ihrerseits aus wie ein winziger Punkt. Es gibt so viele, so viele von ihnen. Und auch sie bilden Strukturen, Nebel aus Galaxien, riesige Spiralen aus Galaxien.

Und immer noch zoomen wir hinaus – und zoomen hinaus, und zoomen hinaus bis zum Rand deiner physischen Realität, wo auch immer das sein mag, und dann gehen wir einfach auch darüber hinaus. Es ist wieder nur ein Umschalten der Perspektive. Wenn wir das tun, können wir erkennen, dass es viele, viele Universen gibt. Jedes von ihnen sieht aus wie eine Blase, riesig im Inneren, aber in unserem erweiterten Gewahrsein sind sie winzig. Und wir gehen weiter und weiter, bis wir in dem ankommen, was Althar Grenzland nennt.

Nun stell dir vor, dass all diese physischen Universen wiederum in einer einzigen Blase enthalten sind, die im reinen Bewusstsein schwebt, so, wie die Erde im Weltraum schwebt. Das Innere dieser Blase ist riesig – es ist gigantisch – und doch repräsentiert sie nur die physischen und räumlichen Aspekte der Trennung.

Man könnte fragen, ob dieses Bild real ist. Nun, nicht wirklich, denn natürlich gibt es im reinen Bewusstsein keinen Raum. Aber es ist real genug, um dir ein Verständnis dafür zu geben, was Trennung ist. Dieses Bild ist real genug für uns, um als Basis für die Kommunikation dienen zu können.

Ersetzen wir nun diese bildliche Repräsentation der physikalischen Aspekte der Trennung durch die Trennung selbst. Wir haben oft über Szenensphären gesprochen. Eine Szenensphäre ist die Summe aller Wahrnehmungen, Gefühle und Gedanken, die ein

Wesen in einem bestimmten Moment hat. Wir könnten auch sagen, eine Szenensphäre ist ein Schnappschuss seiner Gefühlsrealität in einem bestimmten Moment.

Wenn du in menschlichen Begriffen denkst, könntest du dir eine solche Szenensphäre tatsächlich als Sphäre vorstellen, denn der Mensch hat das Gefühl, in einer Kugel zu leben. Alles um dich herum ist in gewisser Weise „rund“. Der Horizont ist rund, der Himmel über dir ist gewölbt. Du lebst in einer Kugel, also stellen wir uns eine Szenensphäre als Kugel vor.

Verbildliche dir nun aus unserer Perspektive all die Szenensphären, die du allein heute durchlebt hast. Das sind Milliarden und Abermilliarden – und das sind nur die, die du tatsächlich erlebt hast! Aber du hattest heute du viele, viele Wahlmöglichkeiten. Als du aufgewacht bist, hast du wählen können, ob du mit dem linken oder dem rechten Fuß aus dem Bett steigst, ob du Kaffee oder Tee trinken willst, ob du dieses oder jenes essen möchtest. Es gab so viele Wahlmöglichkeiten, aber du hast nur eine Szenensphäre pro Moment erlebt. All die anderen Szenensphären existierten jedoch bereits. Du hättest sie ebenfalls wählen und erleben können!

Also, die Menge der Szenensphären ist riesig. Sie ist gigantisch. Deshalb spreche ich auch von einem Ozean aus Ozeanen aus Szenensphären. Was soll das bedeuten? Nun, du weißt, was ein Ozean ist. Stell dir vor, jeder Tropfen dieses Ozeans wäre ebenfalls ein Ozean. Und eigentlich reicht das noch nicht, wir müssten sagen: „Ein Ozean aus Ozeanen aus Ozeanen aus Ozeanen aus Szenensphären". Das bezeichnet all die Potentiale, die die Trennung in sich birgt.

Diese Szenensphären repräsentieren alles, was jemals erlebt wurde, erlebt wird und jemals erlebt werden kann.

Es ist genau wie beim Schachspiel: Mit dem Festlegen der Regeln waren alle Spiele sofort da, implizit. Sie brauchten keine Repräsentation, keiner musste sie alle aufschreiben. Genau dasselbe gilt für die Trennung! Ein Gedanke an Trennung und – Bumm – alle Szenensphären sind da, implizit.

Nun stelle dir all diese Szenensphären von unserer Perspektive aus vor. Stell dir diesen Ozean aus Ozeanen vor. Stell dir vor, dass auch er in einer Kugel enthalten ist.

Das ist der Moment des ewigen Jetzt.

Er ist riesig! Kein Gehirn – und vor allem kein lineares Gehirn – könnte das jemals erfassen.

Es gibt einen Grund, warum wir immer alles in einen linearen Modus herunterbrechen müssen, lineare Worte, lineares Denken, lineare Bilder – und auch heute werden wir das tun. Wir müssen das machen, weil wir sonst nicht kommunizieren könnten. Natürlich gibt es nicht-lineare Wege, das zu erfahren und zu beschreiben, worüber wir gleich sprechen werden, aber da du durch dein menschliches Bewusstsein auf Linearität ausgerichtet bist, gehen wir den linearen Weg.

Lass uns also zuerst überlegen, woher dieser ewige Jetzt-Moment der Trennung kommt. Dazu betrachten wir das Gottesbewusstsein, die Einheit, das Sosein. An einem Punkt könnte dieses Gottesbewusstsein überlegt haben: „Nun, es wäre toll, wenn ich meine Erfahrung mit einigen anderen teilen könnte, mit meinesgleichen, so dass ich meine Freude teilen kann. Aber wie könnte ich das tun? Wie könnte das möglich sein? Wenn ich das tun wollte, müsste ich ein Stück aus mir extrahieren. Ich müsste etwas von mir abtrennen, damit es andere geben kann, die wie ich sind."

Und als dieser Gedanke aufkam, entstand eine monumentale Reflexion: der Ozean aus Ozeanen aus Szenensphären – das ist die Reflexion des Gedankens der Trennung. Und noch bevor dieses Gottesbewusstsein die Unmöglichkeit seines Gedankens verstehen konnte, wurde es neugierig und trat in diesen riesigen Ozean ein. Bildlich gesprochen, trat es am Rande des Ozeans in mehrere dieser Szenensphären ein. Und plötzlich befand sich das Gottesbewusstsein – oder Teile davon –, in der Trennung, nicht als eins, sondern scheinbar als viele!

Dann begann die Reise. Und hier werden wir heute unsere Reise beginnen, denn das war letztlich der Ausgangspunkt der Reise der wahren Selbste.

Nun, hat das tatsächlich so stattgefunden?

Niemand weiß es genau – und niemand kann es wissen. Aber laut mir und laut anderen ist dies eine Geschichte, die ziemlich gut zu unseren Erfahrungen passt. Sie passt auch zum linearen Verstand – was ein Beweis dafür sein könnte, dass es so *nicht* vonstattenging –, aber für unser Vorhaben ist diese Beschreibung gut genug! Warum? Weil die eigentliche Frage nicht so sehr lautet: „Wie ist das alles zustande gekommen?“ Sondern: „Was ist der Ausweg? Was ist der Weg aus der Trennung heraus?“

Wir werden heute einen Spaziergang entlang der „long and winding road“ machen, die das wahre Selbst durch die Welten der Trennung genommen hat. Und dafür haben wir extra einen Themenpark eingerichtet. Entlang unseres Weges gibt es links und rechts Bühnen, auf denen Holofilme spielen. Sie strahlen Sentimente aus, so dass du leicht fühlen und nacherleben kannst, was damals passiert ist. Und ich möchte wirklich, dass du das so gut wie möglich nacherlebst. Wir machen einen Schnelldurchlauf durch die Trennung. Natürlich gibt einen sehr wichtigen Grund, warum ich möchte, dass wir diese Reise heute machen. Du wirst ihn am Ende – oder vielleicht auch schon in der Mitte unserer Reise – erkennen.

Wir beginnen also mit dem Holofilm der ersten Etappe.

Eigentlich gibt es da nichts zu sehen.

Trotzdem starte ich die Musik, obwohl es noch nichts gibt. Ich werde unsere Reise mit etwas Musik begleiten, damit du leichter in den Gefühlsmodus wechseln kannst.

(Musik spielt)

Stell dir vor, wie das wohl war... Du betrittst die Welten der Trennung. Du kommst aus dem Gottesbewusstsein und betrittst, bildlich gesprochen, am Rande dieses riesigen, weiten Ozeans eine Szenensphäre, wo es noch nicht viel zu erleben gibt. Du befindest dich also in einer Sphäre, die mehr oder weniger leer ist.

Auf der Bühne, die du hier siehst, gibt es zunächst nicht allzu viel zu sehen – nur so etwas wie eine Art Fragezeichen. Ein richtiges Fragezeichen wäre zu viel, denn du kennst noch keinerlei Symbole. Du weißt nicht, wer du bist. Du weißt nicht, woher du kommst. Du weißt nicht, was du tun könntest. Das war die erste Erfahrung des wahren Selbst, als es in die Trennung eintrat.

Dann plötzlich änderte sich etwas drastisch, aber du hattest keine Ahnung, was es war. Nicht die geringste Ahnung. Weil es keine Zeit und keinen Bezugspunkt gab, können wir nicht einmal eine Zeitangabe machen, wie lange der Nichts-Zustand dauerte, ob er, sagen wir, eine Sekunde oder fünfundzwanzig Äonen dauerte. Man kann es nicht sagen.

Irgendwann gab es dann aber doch eine *Intention.* Sie kam in dir auf. Und warum? Nun, das ist die Natur des Bewusstseins. Es kann Intentionen haben und es kann sich seiner selbst gewahr sein. Das gilt sogar in der Trennung. Der einzige Unterschied in der Trennung ist, dass alle Intentionen und alles Gewahrsein ebenfalls auf Trennung basieren!

So kam also eine Intention auf und du wurdest dir ihrer Reflexion durch die reine Energie gewahr, die du auch bist. Das war die erste Veränderung! Plötzlich war da *etwas!* Es gab nicht nur dich und das Nichts, sondern *es gab etwas,* und du hast angefangen, mit Intentionen zu spielen. Du hast deine neue Umgebung erforscht. Welche Intentionen könntest du haben? Nebenbei bemerkt weiß bis heute niemand wirklich, warum eine Intention entsteht. Es ist ein kreativer Impuls, der plötzlich da ist. Es ist ein Mysterium. Es ist die „Schöpferfähigkeit“ schlechthin.

Du hast also die Reflexionen deiner Intentionen erforscht. Natürlich hast du dich früher oder später mit deinen Reflexionen identifiziert, denn das gab dir etwas, worauf du dich stützen konntest. Du hast wieder und wieder die gleichen Intentionen hervorgebracht, um die gleichen Reflexionen zu erhalten. Dadurch hattest du eine gewisse Stabilität in deinem Sein. Wiederum kann niemand wirklich sagen, wie lange das gedauert hat, aber du hast gespielt und gespielt, bis du irgendwann etwas gespürt hast, das nicht ganz so war wie du. Es war irgendwie *anders*. Du hast eine Reflexion wahrgenommen, die nicht durch eine deiner Intentionen ausgelöst wurde.

Das war, als du „ein anderes Wesen“ getroffen hast. „Und was für eine große Freude das war. *Ein anderes Wesen!* Du warst nicht allein in dieser riesigen Leere, dieser Weite, oder wie auch immer du es nennen magst. Da war ein anderes Wesen, und dieses Wesen hatte auch Intentionen. So konntet ihr beide zusammen agieren, zusammen erkunden. Nicht nur das, dieses andere Wesen hatte Intentionen, die du selber nie gehabt hättest! Das war sehr bereichernd. Außerdem konntest du dich in dem anderen spiegeln! Das waren völlig neue Erfahrungen.

Dann kamen natürlich weitere Wesenheiten hinzu und so haben sich Gruppen gebildet. Die Gruppen haben sich damals nach ganz ähnlichen Mustern gebildet, wie heutzutage menschliche Kinder Gruppen bilden. Natürlich bilden Kinder Gruppen in dem Viertel, in dem sie geboren wurden. Hier leben die potenziellen Mitglieder ihrer Gruppe.

So auch damals! Wann immer dir jemand „nahe“ war – nahe in ihrer Energie, denn es gab keinen Raum –, fand eine Verbindung statt, speziell, wenn du zufällig die gleichen ursprünglichen Intentionen hattest wie die andere Wesenheit. Wenn ihr sehr ähnliche Glaubenssätze über euch selbst erschaffen hattet, dann fühltet ihr euch natürlich zueinander hingezogen. Das ist es, was Gruppenmitglieder verbindet. Sie teilen die gleichen Überzeugungen – um nicht zu sagen die gleichen Illusionen – über sich selbst. Und indem sie das tun, verfestigen sie die Überzeugungen, die sie bezogen auf sich selbst haben.

So sind die spirituellen Familien entstanden. Wesenheiten, die die gleichen Überzeugungen über ihre Existenz, über ihre Umgebung teilten, sie kamen zusammen. Und als sie das taten, als sie ihre Intentionen immer und immer wieder wiederholten, wurden die Blaupausen geschaffen. Weil die Wesen einer Gruppe an denselben Intentionen und Wiederholungen und Rückkopplungsschleifen festhielten, wurden die Ousia, die diesen Intentionen zugrunde lagen, so sehr verfestigt, dass sie zu dem wurden, was wir jetzt die Blaupausen nennen. Und wenn ein Ousia erst einmal die Grundlage für ein gelebtes Leben ist, dann verfestigt es sich immer mehr und mehr und mehr. Natürlich ist es dann schwierig, über diese Baupläne hinauszugehen, nicht wahr?

So fuhren die wahren Selbste mit ihren Erfahrungen fort. Kein wahres Selbst wusste, woher es kam, aber in diesen Welten der Trennung gab es ja so viel zu entdecken – auch wenn bis zu diesem Zeitpunkt noch niemand die Vorstellung von „Trennung“ hatte. Es ging nur darum, sich selbst zu entdecken und die Reflexionen zu erkunden, die man erschaffen konnte.

Natürlich gab es eine Menge Austausch, nicht nur im Positiven, sondern auch im Negativen. Spannungen kamen auf und die ersten falschen Identitäten entstanden. Alles, was falsche Identitäten in einem Menschen auslösen, wurde auch hier ausgelöst. Es gab Vorlieben und Abneigungen. Andere Gruppen, andere Familien mit völlig anderen Glaubenssystemen, nun, sie wurden als eine Art „Feind“ betrachtet. Manchmal war es interessant, sich auszutauschen, und das geschah auch. Aber manche Familien waren einander so fremd, dass Kämpfe ausbrachen. Kriege brachen im Nicht-Physischen aus.

Kannst du dir einen Krieg im Nicht-Physischen vorstellen? Ohne einen physischen Körper zu haben, wo nichts, was du tust, eine wirkliche Konsequenz hat? Nun, ihr habt mit anderen Mitteln Krieg geführt, als es Menschen tun. Ihr habt versucht, die Wesenheiten in irgendwelchen Spiegelkabinetten zu fangen – so etwas in der Art –, aber es ist nicht so, dass dabei wirklich Schmerz empfunden wurde, wie ihr es als Mensch kennt. Also waren alle Kämpfe sehr schnell, sehr intensiv und augenblicklich. Das ging über Äonen und Äonen und Äonen. Niemand kann sagen, wie lange es wirklich gedauert hat. Wie auch immer, irgendwann erkannten die ersten Wesenheiten: „Moment mal! Wir tun immer dieselben Dinge. Wir wiederholen immer die gleichen Handlungsstränge und machen immer wieder die gleichen Erfahrungen. Ja, wir mögen unsere Gefäße wechseln, wir mögen unsere Glaubenssysteme ändern, aber am Ende sind es immer die gleichen Handlungen, die wir ausagieren."

Es gab eine Gruppe namens Uru, die man als „Die Meister-Wissenschaftler" beschreiben könnte – oder als eine Mischung aus Mystikern und Ingenieuren, das wäre wohl die beste Beschreibung für sie. Sie erkannten sehr bald: „Moment mal, hier stimmt etwas nicht!" Sie gingen nicht so tief in die Trennung hinein, wie andere es taten. Sie türmten in sich nicht so viele Glaubenssätze auf. Stattdessen begannen sie gewissermaßen mit dem Versuch, die Mechanik der Trennung zu erforschen. Oh, anfangs hatten sie nicht den Begriff „Trennung", aber irgendwann war es Uru, die mit diesem Konzept aufkam, mit dieser Art, zu beschreiben, was wirklich passiert.

Die Mitglieder von Uru erkannten, dass es etwas gibt, das man „nach innen gehen" nennen könnte. Sie erforschten, was es bedeutet, auf Reflexionen zu reagieren. Und das war ein großer Durchbruch. Sie experimentierten mit der expliziten Veränderung dessen, was wir heute als Kernüberzeugungen bezeichnen. Sie taten dies, indem sie sich selbst komprimierten, indem sie sich einer Kompression aussetzten, so dass sie neue Glaubenssätze annehmen mussten. Und als sie das taten, stellten sie fest, dass sich ihre gesamte Daseinserfahrung veränderte! Das war sehr interessant!

Gleichzeitig erkannten sie, dass es keinen Weg gibt, jemals aus dieser verrückten Welt der Trennung herauszukommen, indem man diese Art von Kompression anwendet und neue Glaubenssätze annimmt.

Ganz im Gegenteil! Man musste sie loslassen! Das war ihre Hypothese: Das Loslassen aller Glaubenssätze wird der Ausweg sein!

Also forschten sie in diese Richtung – Loslassen von Glaubensätzen – und fuhren dazu mit ihren Kompressionsexperimenten fort. Sie komprimierten sich gegenseitig und stellten fest, dass sie dadurch ganz neue Daseinserfahrungen machten. Nach gewisser Zeit in diesen neuen Umständen erkannten sie dann wieder, dass sie immer noch lediglich die gleichen Handlungsstränge wiederholten. Dann fingen sie wieder an, die Glaubenssätze, die in sie hineinkomprimiert waren, loszulassen. Aber als ihnen das Loslassen schließlich gelang, waren sie wieder da, wo sie herkamen! Es war kein letztes Loslassen. Ihr Loslassen reichte nicht bis zum Kern der Trennung. Auf diese Art hat Uru für eine lange, lange Zeit experimentiert.

Je länger die wahren Selbste mit all ihren Erfahrungen fortfuhren, desto mehr von ihnen erkannten, dass Trennung wirklich nur einen Geschmack hat, nämlich den Geschmack der Wiederholung.

Versetze dich in ein solches Wesen. Wir kommen jetzt zur nächsten Bühne in unserem Themenpark. Hier siehst du einen Holofilm, der ein wahres Selbst zeigt, das die ewige Wiederholung erkannt hat, aber keinen Ausweg kennt. Ein Wesen, das seit Äonen existiert, das in vielen, vielen Kriegen gekämpft hat, das alle Arten von Beziehungen hatte und dann erkannte: „Es ist alles nur ständige Wiederholung! Wieder und wieder und wieder!“ Das Wesen ist kollabiert! Es hat jede äußere Aktivität gestoppt, aber nicht in dem Sinne, dass es nach innen ging, um zu sehen, was dort ist. Nein! Es hat sich in sich selbst zurückgezogen und spielt dort die gleichen Filme immer wieder und wieder ab. Es hängt in seinen Erinnerungen und Ängsten fest. Es ist kollabiert. Es war wie ein schwarzes Loch. Nichts kam mehr aus ihm heraus. Und als andere Wesen das sahen, als immer mehr Wesen ebenfalls erkannten, was es bedeutete, in der Trennung und in den immer gleichen Aktivitäten gefangen zu sein, sagten sie: „Wir müssen etwas tun!"

Dies wurde der Stillstand genannt. Stillstand bedeutet nicht, dass alles aufhört sich zu bewegen. *Stillstand ist die Erkenntnis, dass sich nichts wirklich verändert!* In der Tiefe gibt es keine Veränderung. An der Oberfläche gibt es eine ständige Veränderung. Aber alles andere, die Erfahrungen an sich, sie sind im Wesentlichen immer, immer gleich.

Für einen Menschen klingt das ein bisschen seltsam. Denn wenn du diesen Ozean der Szenensphären aus der Perspektive einer menschlichen Lebensspanne betrachtest, dann kannst du offensichtlich nur eine kleine Anzahl an Erfahrungen in deinem Leben machen und dann magst du einwenden: „Wo ist das Problem? Da draußen gibt es noch *so* viel zu erleben."

Aber stell dir vor, du müsstest jeden Morgen zu deiner Arbeit gehen, dort tun, was auch immer du dort tust, beispielsweise irgendein Formular nehmen und ausfüllen, mit einem Kunden reden – oder was auch immer es ist. Stell dir vor, du tust das nicht nur, bis du in einigen Jahren oder Jahrzehnten in Rente gehst, nein, nein. Du tust es Äonen über Äonen über Äonen über Äonen. Wenn dir das blühen würde, naja, dann würde dir vielleicht auch etwas mulmig werden und du könntest denken: „Vielleicht sollte ich versuchen, da rauszukommen, denn sonst werde ich einfach nur verrückt."

Mit anderen Worten, die Wesen kamen zu dem Verständnis, dass der Stillstand überall ist! Er ist überall in der Trennung. Das ist der wesentliche Punkt, den ich heute herausstellen möchte und ich unterstreiche ihn dreihunderttausend Mal! *Vergiss das niemals!* Versuche *nicht*, der Supermeister der Trennung zu werden. Das hast du schon seit Äonen versucht. *Es geht nicht darum, das Gottesbewusstsein innerhalb der Trennung zu replizieren.* Das funktioniert einfach nicht. Es ist zwecklos. *Der Stillstand ist überall in der Trennung, und das kannst du fühlen.*

Dieses Wissen um den Stillstand verbreitete sich allmählich unter den wahren Selbsten und den spirituellen Familien, bis irgendwann eine große Versammlung zu diesem Thema abgehalten wurde. In der Versammlung beklagten sich alle über den Stillstand und wir erörterten, was wir tun könnten, um den Stillstand zu überwinden. Ein Plan wurde von der Gruppe Uru vorgebracht. Auf der Bühne zu meiner Rechten siehst du in einem Holofilm, was damals passiert ist. Vielleicht warst auch du bei dieser Versammlung dabei. Es war einer der großen Meilensteine auf der Reise durch die Trennung.

Vertreter von Uru traten also vor und erklärten, was sie durch ihre Forschung erkannt hatten. Sie sprachen über die Kompression, das Prinzip des Loslassens und des Nach-innen-Gehens. Sie sagten auch, dass sie das selbst erlebt hätten und dadurch dem letzten Loslassen sehr nahegekommen wären. Dieses „sehr Nahekommen“ bezeichneten sie als *das Prinzip des Aufstiegs.* Es war *fast* real, aber nicht *wirklich* real. Sie wussten, dass es „im Prinzip“ real war, aber dennoch blieb ein gewisser Zweifel in ihnen.

Deshalb stellten sie die Idee vor, ihren Ansatz in einem viel größeren Maßstab in der inzwischen entdeckten physischen Realität auszuprobieren. Sie sagten: „Wenn wir Bewusstseinsanteile bis in die Physikalität komprimieren können, so dass diese glauben, selbst Teil des Physischen zu sein und diesen Daseinsbereich dann in der dort üblichen Ultrazeitlupe erleben, dann besteht die Chance, dass diese Wesen schließlich auch zu dem Schluss kommen, dass es einen Stillstand gibt, nichts als ewige Wiederholung. Früher oder später werden sie dann das Loslassen entdecken und tatsächlich könnten sie von dort aus wirklich alles loslassen. Auch den Glauben an die Trennung selbst.“

Das war die Hoffnung. Und Uru sagte auch: „Wir müssen sehr sicher sein, dass das funktioniert. Wir haben festgestellt, dass Kompression allein dafür nicht ausreicht. Wir benötigen auch eine Hypnose, die nichts anderes ist als eine sehr tief eingepflanzte Kernüberzeugung, die man als 'Ich bin aus Materie' oder 'Ich bin ein physischer Körper' bezeichnen könnte.”

So wurde vereinbart, diesen Plan umzusetzen. Viele, viele Familien und wahre Selbste nahmen an diesem gemeinsamen Unternehmen teil. Die Erde wurde dafür ausgewählt und sie wurde entsprechend vorbereitet. Es dauerte eine lange Zeit. Die biologischen Lebensformen kamen ins Dasein… Die Vorbereitung benötigte sehr, sehr viel Zeit. Dann, irgendwann, war die Zeit reif, die ersten Bewusstseinsanteile der wahren Selbste dort hinunter zu schicken. Hier auf der Bühne zu meiner Linken kannst du diese Szene sehen. Es wird gezeigt, wie eine Reihe von wahren Selbsten, oder besser gesagt, Emanationen von wahren Selbsten, sich versammeln. Sie wissen, dass sie durch eine gewaltige Kompression und Hypnose gehen werden.

Ihre wahren Selbste wussten nicht, ob der Plan aufgehen würde. Sie gingen das Risiko ein, für den Rest der Ewigkeit „verkrüppelt" zu sein. Also versprachen sie sich etwas, sie legten ein großes Gelöbnis untereinander ab: *Wer es auf die andere Seite schafft, der kommt zurück und hilft den anderen.*

Dann gingen sie in die Kompressionskammer, die ich an anderer Stelle als Anwendung einer Reihe umgekehrter Atomexplosionen veranschaulicht habe, denn, wie ihr wisst, sind die Energien auf der physischen Ebene sehr grob. Wenn du ein paar Atome auseinanderreißt, bekommst du eine Atomexplosion. Wenn du nun auf dieser Bühne agieren willst, musst du in gewisser Weise das Gegenteil tun! Du wirst mit der gleichen Kraft komprimiert. Allerdings war das nicht sehr angenehm und es hat eine Reihe von Traumata hinterlassen. Nun, so war es eben. Allerdings wurdest du nicht direkt in eine biologische Lebensform gepresst, ganz und gar nicht, denn du warst nach der Kompression noch immer nicht dicht genug.

Ihr habt eure Reise um den Planeten Erde als ätherische Körper begonnen. Du hast dich mit einigen biologischen Lebensformen verbunden und bist langsam in sie hineingeglitten. Ihr habt durch ihre Augen geschaut und gefühlt, wie es ist, wie sie zu sein, ohne wirklich sie zu sein. Es ist wie auf einem Pferd zu reiten. Du sitzt auf dem Rücken des Pferdes. Du bist zwar kein Pferd, aber du kannst dich irgendwie ähnlich fühlen. Aber dann gehst du einen Schritt weiter und projizierst dich in den Körper und siehst durch die Augen des Pferdes. Nun, dann ist es viel realer, aber immer noch nicht wirklich real, denn du weißt, dass du jederzeit wieder das Pferd verlassen könntest.

Wie auch immer, nachdem du dich immer wieder in biologische Körper projiziert hattest, warst du irgendwann im Prozess der biologischen Geburt gefangen, und das war der Augenblick, als die Hypnose aktiv wurde. Du warst in diesem Ei... und das Sperma kam... und als beide aufeinandertrafen, da schlug die Hypnose zu. Sie hat dafür gesorgt, dass du dich speziell mit den Atomen der DNS des befruchteten Eies verbunden hast. Du hast auf dieser Ebene von dir selbst geglaubt: „Ich selbst bin Materie!“ Als sich die Eizelle samt ihrer DNS in immer mehr Zellen teilte, um den biologischen Körper aufzubauen, tatest du das auch. Du warst in der DNS jeder einzelnen Zelle und hast dich so mit dieser physischen Einheit verwoben.

Wir von der anderen Seite, wir haben gejubelt! Wir haben gejubelt, denn Bewusstsein und Materie hatten sich verbunden. Und das war etwas, das man nicht vorhersehen konnte. Es war nicht klar, ob das überhaupt möglich ist, denn Bewusstsein und Materie sind wie Feuer und Wasser. Aber es hat geklappt! Ja, mittels Hypnose und Kompression – und um einen hohen, hohen Preis, denn nun waren die Wesenheiten völlig auf sich allein gestellt. Sie hatten keine Erinnerung mehr daran, woher sie kamen, an ihr wahres Selbst oder an ihre gemeinsame Geschichte. Nicht einmal an den Stillstand konnten sie sich erinnern! In gewisser Weise begannen sie genauso wie wir wahren Selbste, als wir die ersten leeren Sphären der Trennung betraten.

Es dauerte nicht allzu lange, bis die ersten unter ihnen das Prinzip der Trennung und das Prinzip der Wiederholung verstanden. Allerdings war das noch sehr selten. Es waren nur wenige. In der Zwischenzeit entstanden die ersten Kulturen: Lemuria, Atlantis. Gerade Atlantis machte große, große Fortschritte in der Wissenschaft, denn die Atlanter waren nicht durch seltsame Glaubensvorstellungen eines strafenden Gottes eingeengt. Aus reiner Neugier spielten sie mit Bewusstsein, spielten mit Energien, spielten mit Kristallen. Und ja, damals gab es die ersten Aufstiege. Also wussten wir, dass es funktionieren würde.

Aber das Massenbewusstsein kann nur bis zu einem gewissen Punkt gedehnt werden, dann schnappt es gewissermaßen zurück. Genau das geschah in Atlantis. Atlantis fiel – und bis heute ist das der Archetyp einer sich selbst zerstörenden Kultur. Die Auswirkungen der Vorkommnisse während des Zerfalls waren für alle Beteiligten enorm. Die Machtspiele, die gespielt wurden, waren furchtbar. Sie hinterließen tiefe, tiefe Spuren in den Seelen all derer, die inkarniert waren. In dieser Zeit haben sehr viele ein Gelübde des „Nie wieder!“ abgelegt. „Nie wieder werde ich mich Technologien nähern, denn sieh, was passiert! Nie wieder werde ich versuchen, andere davon zu überzeugen, sich zu inkarnieren, denn sieh, was dann passiert. Nie wieder werde ich mich der Erleuchtung nähern!“ Denn auch das Erreichen der Erleuchtung war eine der Bestrebungen. Ganze Gruppen hatten begonnen, nach innen zu gehen. Und sie kamen dabei recht weit, denn das Massenbewusstsein war noch nicht so stark, es war damals nicht allzu schwierig.

Lass uns unseren Spaziergang fortsetzen. Atlantis ist gefallen. Aber natürlich ging die Geschichte weiter. Es dauerte eine Weile, man ging unter die Erdoberfläche. Neue Wesen kamen herein – neue Wesen, die nicht die Last des gefallenen Atlantis mit sich herumtrugen. Irgendwann kam man zurück an die Erdoberfläche und neue Kulturen wurden aufgebaut, wie Ägypten.

Ägypten war sehr interessant, weil man in Ägypten einige der Erkenntnisse replizierte, die man in Atlantis gelernt hatte. Wir hatten große Mysterienschulen in Ägypten. Man spielte buchstäblich Szenen durch, um die Adepten mit ihren größten Ängsten zu konfrontieren, damit sie vorbereitet waren, wenn sie dem Jenseits gegenüberstanden. Das war tiefgründig. Und natürlich ist das größte Mysterium und die größte Angst aller Lebewesen, speziell der Menschen, die Angst vor dem Tod. In Ägypten gab es Wege, den Tod zu simulieren und über ihn hinauszugehen. Man wollte den Schüler erkennen lassen, dass es so etwas wie den Tod nicht gibt.

Wir auf der anderen Seite fanden aber, dass es viel zu lange dauerte. Und natürlich fingen die Ägypter auch wieder an, die alten Spiele zu spielen, diese Priesterschaft gegen jene Priesterschaft und all der Rest, das Übliche halt. Wir waren also der Meinung, dass ein Beispiel gebraucht würde. Ein Beispiel wäre nötig, um für alle deutlich zu machen, was es bedeutet, aufgestiegen, erleuchtet zu sein. Das war die Geburt der Idee, kollektiv das Christusbewusstsein einzubringen. Und so wurde beschlossen, genau das zu tun.

Das war nicht einfach zu realisieren. Auch das erforderte eine lange Vorbereitung. Das Wesen, das für diese Rolle bestimmt war, musste vorbereitet werden. Seine Eltern mussten auf die hohen Energien vorbereitet werden. Seine kommende Dorfgemeinschaft und die kommenden Jünger mussten auf dieses Ereignis vorbereitet werden.

Als es dann schließlich so weit war, es war der Vorabend von Weihnachten, was ihr in ein paar Tagen feiert, war auch das ein großartiger Meilenstein auf unserer gemeinsamen Reise durch die Trennung.

Es war bekannt, dass das Einbringen der Christusenergie durch ein Lebewesen nicht zu einer, sagen wir, „Erleuchtungsinfektion“ führen würde, die sich spontan über alle Menschen ausbreitet. Nein, es war als Musterbeispiel gedacht, als ein Leuchtturm, um zu zeigen, dass es möglich ist.

Was ist Christus? Was bedeutet es, das Christusbewusstsein einzubringen? Es bedeutet, das Wissen von „Ich bin, was ich bin“ einzubringen, das Wissen von „Alles ist im Inneren. Ich bin das lebendige Licht, was auch passieren mag. Ich bin nicht von der Trennung abhängig. Nun, mein Körper mag es sein, aber das, was ich bin, ist es nicht!" Das ist es, was das Einbringen des Christusbewusstseins bedeutet und dabei haben wir auf der anderen Seite assistiert. Fühle in das hinein, in das, was es bedeutet..., das Christus-Bewusstsein einzubringen, um ein Beispiel zu setzen.

Yeshua inkarnierte also. Er lebte nicht allzu lange, er lehrte nicht allzu lange. Er hätte der Kreuzigung leicht entkommen können, aber es gab einen Grund, das nicht zu tun. Der Grund war, der Welt und auch der zukünftigen Welt zu demonstrieren, dass es keinen Grund gibt, den Tod zu fürchten. Er ist nicht davor geflohen. Er nahm sozusagen sein Kreuz auf sich und er starb am Kreuz. Aber starb er wirklich? Nein! *Er hat demonstriert, dass der Tod eine Illusion ist!* Er ist aufgestiegen! Und die, die Augen hatten zu sehen, die sahen ihn danach. Das war der Wegweiser. Das war das Beispiel. Wir hatten es geschafft, du hattest es geschafft. Wir alle waren auf die eine oder andere Weise ein Teil davon.

Nun, ihr wisst, was von da an geschah. Einige nahmen sich die Botschaften von Yeshua zu Herzen, aber viele taten es nicht. Sie bildeten Kirchen, und wieder begannen die Machtspiele, wie immer, aber wenigstens gab es das Wissen um den Aufstieg und es gab Zeugen, dass es möglich ist.

Du hast dich also den Kirchen angeschlossen. Du hast sie mitgegründet und hast sie wieder verlassen oder wurdest hinausgeworfen. Dann hast du mit Mysterienschulen in Europa weitergemacht. „The many ways you've tried", so hieß es in dem Eingangssong.

„The many ways you've tried."

Dann kam der Zweite Weltkrieg. Und als die Atomwaffen schließlich abgeworfen wurden und explodierten, war es ein bisschen wie damals in Atlantis. Es gab eine große, große Angst auf der anderen Seite, dass dieses ganze Experiment einfach kollabieren würde. Es hatte schon sehr lange gedauert, und wir hatten die ersten positiven Ergebnisse. Aber natürlich wussten wir auch, dass es viele, viele nicht so gute Ergebnisse in Form von Leid, Schmerz und Tod gab.

Als die Atomexplosionen stattfanden, war es für viele, die gerade nicht inkarniert waren, klar, dass sie zurückkehren würden. Insbesondere diejenigen, die auf ihrem Weg bereits fortgeschritten waren, beschlossen, auf die Erde zurückzukehren, um, sagen wir, eine ganz Welle der Einbringung des Christusbewusstseins einzuleiten. Und natürlich bist du unter ihnen gewesen.

So sind wir also bis hierher gelangt und unser langer, gewundener Weg teilt sich auf. Von hier aus gibt es einen Weg für jeden einzelnen von euch, den ihr alleine gehen werdet. Ich werde meine Erzählung fortsetzen, aber jeder von euch ist jetzt auf sich allein gestellt. Geht einfach alleine weiter. Ihr werdet euren Weg finden.

Es ist ein bisschen neblig hier, man sieht nicht so deutlich, aber geh einfach weiter.

In der Ferne vor dir kannst du eine Art Gestalt ausmachen. Du kommst ihr näher und erkennst, oh mein Gott, das ist der wichtigste Lehrer, den ich je in meinem Leben hatte. Er steht genau da. Du weißt, wer es ist. Also gehe weiter auf diesen Lehrer zu. Du magst ihn oder sie in diesem Leben getroffen haben oder es mag jemand aus einem Buch sein. Es könnte ein Heiliger aus der Vergangenheit sein, ein aufgestiegener Meister. Du kennst die einflussreichste Figur in deinem spirituellen Leben. Er oder sie oder es steht hier und wartet auf dich, wartet darauf, dich zu begrüßen.

Also nähere dich deinem Lehrer, sieh ihm in die Augen, sieh ihm ins Herz. Verbinde dich mit ihm in Soheit.

Spüre die Freude in deinem Lehrer, denn es gibt nichts Schöneres für einen Lehrer, als zu sehen, wie sich der Samen öffnet. Es mag lange dauern, aber wenn es soweit ist, dann ist es überaus schön für den Lehrer. Das ist die größte Freude eines Lehrers. Und wenn der Schüler sogar über die Fähigkeiten des Lehrers hinausgeht, dann ist das umso besser.

Mache nun ein *Namaste* oder eine *Gassho* Geste zu deinem Lehrer und gehe weiter auf deinem langen, gewundenen Weg.

Plötzlich erkennst du, oh, da ist noch ein weiterer Lehrer, den du hattest. Und nicht nur einer, da sind viele! Sie stehen in einer Reihe, sie erwarten dich. Du weißt, dass du nicht nur einen Lehrer hattest. Du hattest viele, viele, viele. Einige stachen heraus, aber andere waren irgendwie im Hintergrund, du hast sie nicht wirklich bemerkt. Es könnte sogar ein Lehrer in der Schule gewesen sein oder jemand, der einfach nur einen Satz gesagt hat, der dich berührt hat, oder jemand, der dir noch nicht einmal richtig aufgefallen war, aber jetzt erkennst du ihn als das, was er war. Da sind sie. Geh einfach weiter und begrüße sie, jeden einzelnen – diese lange, lange Reihe von Lehrern und Inspiratoren, die du nicht nur in diesem Leben hattest, sondern in all deinen Leben.

Sie sind gekommen, um dich zu begrüßen. Sie sind wegen dem gekommen, was du gerade tust. Auch sie wissen von der Geschichte, die wir alle gemeinsam teilen. Nimm dir Zeit und grüße sie. Einige von ihnen hast du vielleicht schon lange nicht mehr gesehen. Einige von ihnen siehst oder fühlst du vielleicht zum ersten Mal in einer solchen Echtheit.

Gut, jetzt geh weiter. Und während du weitergehst, wirst du vielleicht erkennen, dass du diese Umgebung wiedererkennst. Du warst schon einmal hier. Der Weg, den du genommen hast, hat dich direkt zu deinem Tempel in Grenzland geführt.

Also, betrete deinen Tempel, den Tempel, der dir gehört und nur dir. Du bist hier willkommen. Du trittst ein durch die Tür, die aus der Richtung der Trennung kommt, und jetzt siehst du die andere Tür. Die andere Tür, die direkt in die Dritte Runde der Schöpfung führt. Es war ein langer und gewundener Weg, der dich hierher zu dieser Tür geführt hat – und er wird niemals verschwinden, es sei denn, du lässt die Trennung völlig los.

Nun öffne diese zweite Tür, aber tritt nicht hinaus. Dort ist die Dritte Runde der Schöpfung, wahre Schöpfung, unverzerrte Schöpfung. Das Wissen darum wird das Christus-Bewusstsein genannt. Du kannst jederzeit hierherkommen und du kannst durch diese Tür schreiten, wann immer du willst. Das wird das letzte Loslassen sein. Niemand weiß, ob du nach dem letzten Loslassen in der Lage sein wirst, wieder zurückzukommen. Dein Lichtkörper könnte bereit sein. Du könntest innerlich bereit sein, als bewusste Projektion in die Daseinsbereiche der Trennung zurückzukommen, aber, ob das so kommen wird, weiß niemand. Das ist etwas, das du entscheiden musst, wenn die Zeit gekommen ist.

Jetzt erinnere dich an das Treffen, das die wahren Selbste hatten, bevor die Kompression einsetzte. Du warst unter ihnen und hast geschworen: „Wer zuerst kommt, hilft den anderen.“ *Jetzt möchte ich, dass du dieses Gelübde loslässt!* Denn damals, als du dieses Gelübde abgelegt hast, wusstest du nicht, was du damit versprochen hast. Es ist an der Zeit, das loszulassen.

Wenn du aus deinem Tempel in dein Menschsein zurückgehst, dann geh zurück, ohne jegliche Verpflichtung. Geh als freies Wesen, als souveränes Wesen, als jemand, der weiß, als jemand, der sich seiner Momente der Erleuchtung und der Momente des verkörperten Aufstiegs gewahr ist, als jemand, der um die Wege des Bewusstseins weiß, die ihn vielleicht noch einmal für eine Weile gefangen halten werden – aber wissend, dass es für ihn immer einfacher sein wird, darüber hinaus zu gehen und sich erneut zu befreien.

Warum also nicht noch einmal wählen, das Christus-Bewusstsein einzubringen? Es wird auf einer persönlichen Ebene eingebracht. Du kannst es nicht für jemand anderen einbringen, aber du kannst andere inspirieren. Du kannst mit gutem Beispiel vorangehen, so, wie Yeshua es getan hat. Es ist nicht nötig, dass du dich kreuzigen lässt. Dieses Stück wurde bereits aufgeführt.

Ich habe gesagt, dass du jederzeit hierher zurückkommen kannst, und wann immer du in Richtung der Dritten Runde der Schöpfung schreiten möchtest, tue es – in einem stillen Moment. Heute lade ich dich ein, zu deinem Körper zurückzukehren, denn es ist keine Eile geboten. Halte also die Intention, einen Lichtkörper zu haben und fühle den Lichtkörper um deinen physischen Körper.

Was für eine Reise! Was für eine Reise! Es ist das Verständnis, dass Trennung letztlich statisch ist. Es gibt in der Trennung keine wahre Schöpfung, egal, wohin man schaut und egal, wie lange man schaut. *Es gibt keine Möglichkeit, den Himmel in der Trennung zu replizieren.* Es ist *unmöglich*, und es gibt auch keine Notwendigkeit dafür, denn die Trennung ist nur ein Traum. Sie ist ein Gedanke, der eigentlich schon vorbei ist, denn er ist von vornherein unmöglich.

Spüre wieder dein Skelett. Erde dich in deinem physischen Körper. Spüre dein Gewebe, spüre deine Knochen und spüre deinen Lichtkörper. Erlaube deinem physischen Körper, deinen Lichtkörper zu imitieren.

Althar hat mir gerade ein Blatt Papier gereicht, das mit „Die Hausaufgaben-Herausforderung" betitelt ist. Darauf steht, dass du für die nächste Zusammenkunft, die unsere letzte Zusammenkunft dieses 10-Wochen-Programms sein wird, ein Glas Sekt oder Wein mitbringen sollst – ganz gleich, zu welcher Zeit in deiner Zeitzone unser Treffen stattfindet. Es ist eine gute Gelegenheit, gemeinsam ein Glas Sekt oder Wein zu trinken, wenn Weihnachten gerade vorbei ist und das neue Jahr vor der Tür steht. Und wir werden den Abschluss dieses zehnwöchigen Programms feiern. So, das ist deine Herausforderung für die nächste Woche. Ich denke, das ist nicht allzu schwer. Aber trinke den Sekt nicht vorher, vielleicht ist das die eigentliche Herausforderung.

Ich bin Aouwa. Ich bin der Anfang, das Ende und das Darüberhinaus von Allem-Was-Ist, und du bist es auch. Ich danke dir.

*

Joachim: Ich sehe, dass die meisten zurück sind. Einige haben ihre Augen noch geschlossen.

Ich denke, die Hausaufgabe ist klar, oder?

Wie immer, wenn jemand eine Bemerkung hat, bitte zögert nicht, etwas zu sagen oder zu fragen.

Teilnehmer 1: Einfach unglaublich, danke, danke, danke. Und frohe Weihnachten!

Joachim: Ja – und euch allen auch! Fröhliches Christusbewusstsein!

Teilnehmer 2: Frohes Christusbewusstsein an alle und danke.

Ich habe auch eine Frage. Es ist einfach wunderbar, all die Lehrer in unserem Leben zu sehen, die zu dem Tor führen, von dem Aouwa gesprochen hat. Aber wenn ich versuche, das mit dem letzten Loslassen zu integrieren, scheint es mir, dass ich all diese Lehrer loslassen muss. Und in deinen Kernbüchern wird über das Loslassen von allem gesprochen, Überzeugungen, Leidenschaften, alles, all diese Ideen. Ich schätze, ich sehe das als überwältigend an, es ist so ein gigantisches Projekt, dieses letzte Loslassen, auch wenn ich es intellektuell verstehen kann.

Es gibt einen Teil von mir, der sich an den Lehrern festhält, wie Jesus. Ich bin in einer Jesusgemeinde aufgewachsen, und ich habe viele Jahre lang den „Kurs in Wundern“ gemacht, und das ist ein Teil von mir geworden, Bereitschaft, Christusbewusstsein. Dann klingt es, wenn ich die Bücher lese oder höre... Althar sagte vor ein paar Wochen, dass wir das Vertrauen loslassen müssen... Wenn ich auf Jesus vertraue oder auf dich oder auf Althar oder auf Joachim… Ist das Loslassen von Vertrauen das Loslassen von allem? Willst du dazu etwas sagen? Will jemand von euch Wesen zu diesem letzten Loslassen sprechen?

Joachim: Es ist gigantisch, es ist wirklich gigantisch, und das ist der Grund, warum Aouwa über das Prinzip des Aufstiegs gesprochen hat, im Sinne von: „Du *siehst* es, du *weißt* es, aber es ist noch nicht real für dich." Du klammerst dich immer noch ein wenig an die Trennung. Es gibt etwas, das will, dass du in der Trennung bleibst und weiter an ihre Echtheit glaubst.

In dem Moment, in dem du wirklich verstehst, dass es keine Trennung gibt, wirst du auch nicht von dem getrennt sein, was du als deine Lehrer wahrgenommen hast. Stattdessen kannst du dich ohne die äußere Fassade mit diesen Wesen in Soheit verbinden. Aber noch einmal, das ist etwas, das wirklich riesig ist. Es ist *so* riesig! Das ist der Grund, warum es nicht sehr oft gemacht wurde – und besonders dann nicht, wenn man danach noch in einem physischen Körper bleiben wollte. Ich sage gerne – und niemand hört es gerne –, aber ich bin überzeugt, dass du in dem Moment, in dem du stirbst, eine supergroße Chance hast, die illusionäre Natur der Trennung wirklich zu begreifen, denn dann bist du jenseits deines Körpers und weißt *wirklich*, dass die Dinge weitergehen. Und idealerweise hast du dich mit der Kultivierung deines Gewahrseins und deines Lichtkörpers vorbereitet. Der Tod ist also eine enorme Chance.

Der Trick ist zu erkennen, dass es keinen wahren Tod gibt. Wenn du trotzdem von Tod sprechen willst, dann musst du ihn eher als Geburt sehen. Es ist deine eigene wahre Geburt. Du gebärst dich selbst, indem du die falsche Annahme loslässt, dass du ein physischer Körper bist. Wenn du das tust, verschwinden all diese Vorstellungen von Vertrauen und Lehrern und Trennung und all die Worte, die ich gerade benutzt habe, werden überflüssig. Denn in einem Moment der Erleuchtung, den ihr alle erlebt habt, so nehme ich an, sind diese Fragen einfach irrelevant.

Erst wenn du die Erinnerungen an die Trennung einbringst und den Wunsch hast, etwas Besonderes zu sein oder etwas zu retten oder mit der Trennung über deine Geschichte zu feilschen, dann entsteht die Melancholie und das Gefühl von Opferbringen. „Oh, ich opfere meine Lehrer, wenn ich loslasse“. Nein, du ehrst sie, indem du ihrem Beispiel folgst.

Das ist es, was Yeshua von dir verlangen würde. „Häng nicht an mir, Kerl!”

Das ist dasselbe wie der Spruch: „Wenn du Buddha auf der Straße triffst, töte ihn!“

Nicht im wörtlichen Sinne, sondern im Sinne von häng dich nicht an ihn! Sei nicht der ewige Schüler. Auf der anderen Seite ist es sehr, sehr schwierig, sich nicht selbst zu verwirren, indem man vorgibt, erleuchtet zu sein, nach dem Motto: Ich tue so, als ob ich verwirklicht wäre. Ja klar, jeder will das. Aber dieses Vorhaben ist wirklich gigantisch, also begnüge dich mit Momenten der Erleuchtung und gehe von dort aus weiter. Sei ehrlich mit deinen Gefühlen und deiner Wertschätzung für die Lehrer, die du hattest und mit der Tatsache, dass du sie nicht gehen lassen möchtest. Sei ehrlich damit. Trotzdem, öffne dich. Öffne dich immer wieder und sieh mit dem Auge der Soheit. Sieh die Dinge, wie sie wirklich sind.

Die Lehrer sind auch nur Wesenheiten, die durch all diese Szenensphären laufen, und ihr habt euch getroffen, was großartig ist, aber abgesehen davon gibt es keinen wirklichen Unterschied zwischen jedem von uns. Unsere Geschichten sind unterschiedlich, aber woher wir kommen, ist identisch, und wohin wir gehen, auch. Das bedeutet nicht, dass es langweilig ist oder dass wir alle gleich sind. Es geht darum, über die Trennung hinauszugehen und schließlich wahre Schöpfung zu erfahren.

Ah, Aouwa ist immer noch hier! *(gluckst)*

Teilnehmer 2: Danke, dass ihr alle hier seid. Ich danke euch allen.

Teilnehmer 3: Ein Lehrer von mir bezeichnet unsere Lehrer als „The Royal Entourage". Das gefällt mir.

Joachim: Ja.

Teilnehmer 3: Ich gebe meine Dankbarkeit an The Royal Entourage weiter. Das teilen wir mit allen.

Joachim: Ja... Und es ist ein Geben und Nehmen, oder? Und es wird nicht mehr so lange dauern, bis du als Lehrer auf dieser langen und gewundenen Straße stehst und einige deiner Freunde auf dem Weg begrüßt, die endlich verstanden haben, was du gesagt hast!

Teilnehmer 3: Ich bekomme eine Gänsehaut!

Joachim: So, ich denke, das ist genug für heute. Genießt Weihnachten, genießt euer Christusbewusstsein, lasst es nach außen strahlen oder lasst es nur für euch selbst strahlen, ganz wie ihr möchtet. Aber bringt nächste Woche Sekt oder Wein mit, das ist wichtig!

Also, wir sehen uns nächste Woche!

10. Der Gesang des Drachen

Willkommen! Willkommen zu dieser letzten Zusammenkunft unseres zehnwöchigen Programms! Ich hoffe, ihr hattet alle ein schönes Weihnachtsfest und seid voller Christusbewusstsein, so dass wir dies in unsere letzte Zusammenkunft einbringen können.

Wie immer beginnen wir damit, das Gewahrsein zu kultivieren. Du weißt also, was zu tun ist. Nimm eine königliche Haltung ein, die Haltung des Meisters, indem du die Wirbelsäule aufrichtest, den Kopf gegen den Himmel drückst und das Kinn ein wenig zurückziehst.

Lege deine linke Hand in deine rechte, die Daumen sind horizontal und berühren sich gegenseitig. Lege dann die Hände in deinen Schoß, so dass die kleinen Finger deinen Unterbauch berühren. Die Augen sind zu drei Vierteln geschlossen, der Mund ist geschlossen. Du atmest durch die Nase ein und aus.

Lass die Atmung kommen und gehen, ohne in irgendeiner Weise einzugreifen.

Werde dir nun deiner beiden Füße gewahr.

Beziehe deine Unterschenkel in dein Gewahrsein ein, deine Knie, deine Oberschenkel und dein Gesäß.

Erweitere nun dein Gewahrsein um deine Hände, deine Unterarme, deinen Bauch, deine Oberarme, deine Schultern und deinen Brustkorb.

Spüre, wie sich der Körper beruhigt, wie sich der Geist beruhigt.

Schließe deinen Hals und deinen Nacken in dein Gewahrsein ein.

Nun schließe deinen gesamten Kopf in dein Gewahrsein ein.

Dehne dein Gewahrsein etwa zwanzig Zentimeter um deinen physischen Körper herum aus. Sei dir gewahr, was in der Nähe deines physischen Körpers vor sich geht. Behalte gleichzeitig das Gewahrsein deines physischen Körpers bei.

Wenn du dir deines ganzen Körpers und des Raumes um ihn herum gewahr wirst, verschwindet die Vorstellung von einem Zentrum in deinem Körper.

Sobald du etwas wahrnimmst, nimmst du typischerweise an, dass du ein Zentrum hast. Ein Zentrum, das vermutlich irgendwo in deinem Kopf liegt, weil sich dort deine physischen Sinnesorgane befinden. Oder vielleicht befindet es sich für dich in der Nähe deines Herzens oder deines Bauches – aber normalerweise hast du das Gefühl, ein Zentrum zu haben. Wenn du jedoch dein Bewusstsein öffnest, kannst du dir deiner Wahrnehmungen gewahr werden, ohne automatisch ein Zentrum ins Spiel zu bringen. Erkenne, dass das Festhalten an einem Zentrum die Illusion der Trennung stark verfestigt! Wenn du also in der Lage bist, die Idee eines Körperzentrums loszulassen, dann entschärft das all deine Erfahrungen in der Trennung.

Lass nun dein ganzes Körperbewusstsein los und beobachte einfach, was vor sich geht. Beobachte, welche Phänomene auf deinem inneren Bildschirm auftauchen, egal woher sie kommen, sei es von deinem

Körper oder von außen oder von anderen Sternensystemen. Gehe einfach ins Gewahrsein. Sobald ein Phänomen auftaucht, beobachte es lediglich, ohne es mit irgendetwas zu assoziieren, ohne es zu weiterzuspinnen. Nimm einfach wahr, was geschieht, ohne zu urteilen.

Komme hin und wieder zurück zu deiner Körperhaltung. Streck deine Wirbelsäule. Achte darauf, dass dein Kopf nicht zur Seite oder nach vorne fällt. Wenn du sehr gerade sitzt, benötigst du fast keine Muskelkraft, um die Haltung beizubehalten. Du kannst also sehr entspannt sitzen, ohne Verspannungen zu erzeugen. Dann gehst du zurück zur reinen Beobachtung.

Wir haben über die Lichtwelt und die Ousia, Formationen im Bewusstsein, gesprochen. Sie sind die Basis für jede Wahrnehmung. Wir haben besprochen, wie Ousia mit Sentimenten aufgeladen sind und vom Wahrnehmenden zu wahrgenommenen Phänomenen gewandelt werden.

Das Sentiment kann als eine Art „Vibration" aufgefasst werden. Man könnte es auch als „Klang" bezeichnen, obwohl du ihn mit deinen physischen Ohren nicht hören kannst. Dennoch kannst du mit dem Sentiment in Resonanz gehen und es wahrnehmen. Auch dein physischer Körper besteht aus vielen, vielen Ousia. Er ist ein hochkomplexes, zusammengesetztes Ousia, welches ebenfalls eine bestimmte Schwingung ausstrahlt.

Spüre jetzt in dein Skelett, in deine Knochen.

Wie fühlt es sich an, ein Mensch zu sein? Wie fühlt es sich an, ein solches Skelett zu haben?

Du weißt, wie sich das anfühlt, und diesem Gefühl entspricht ein Sentiment mit einer bestimmten Schwingung. Also, wie fühlt es sich an, körperlich zu sein? Spüre es, du kannst dabei nichts falsch machen.

Zu deinem menschlichen Körper gehören auch viele nicht-physische Anteile, einschließlich all der Weisheit, die du in diesem Leben erkannt oder aus früheren Leben mitgebracht hast. All diese sind ebenfalls Ousia und sie strahlen eine bestimmte Schwingung aus. Das gilt für alles, was du jemals erfahren hast. Es gibt viele, viele Schichten in dieser Gesamtheit von Klängen, von Schwingungen, die von dem Körper-Ousia ausgehen, das du bist.

Werde jetzt ganz unkompliziert und spüre in dich hinein. Wie fühlt es sich in diesem Moment an, ein Mensch zu sein? Wie fühlt es sich in diesem Moment an, dein Leben gelebt zu haben?

Du kannst es zu einem einzigen Klang destillieren.

Dieser Klang hat viele, viele Ebenen. Er ist reich, er hat Tiefe. Das ist der Klang deines Menschseins. Das ist der Klang deiner Geschichte als Mensch.

Auch wenn sich dieser Klang stets ein wenig ändert, so hat er doch eine gewisse Stabilität in sich, eine Konstante. Die Weisheit, die du erkannt hast, ändert sich nicht allzu sehr. Die Physikalität, deine Körperlichkeit, nun, die ändert sich zwar, aber das Gefühl, im Physischen zu sein, ändert sich nicht allzu sehr.

Es gibt in diesem Klang auch eine Komponente, die einem Gefühl entspricht, das sich überhaupt nicht verändert: Es ist das Gefühl, von „Ich existiere“.

Ich existiere! Auch das hat auch einen Klang, den du hier in der Trennung spürst.

Jetzt fühle all das gleichzeitig: Ich existiere, die Körperlichkeit deines physischen Körpers, deine Lebensgeschichte, die Weisheit, die du erkannt hast.

Das ist der Klang von dir als Mensch.

Gut. Lass diesen Klang und diese Gefühle für einen Moment los und komm zurück zur reinen Beobachtung.

*

So viel kann in der Stille vermittelt werden. Das ist schön. Das ist die Schönheit des Zusammenseins in der Stille. Man ist verbunden jenseits aller Worte.

Also, wir werden etwas Musik spielen und Althar wird sich zu uns gesellen.

*

(*Musik spielt*)

Ich bin Althar, der Kristall-Drache.

Ein herzliches Willkommen an jeden einzelnen von euch. Bitte, tretet ein in unsere Versammlungsdimension. Sie ist wie ein Ballsaal dekoriert, mit einigen, nun ja, nicht weihnachtlichen Dekorationen, sondern Dekorationen des Christus-Bewusstseins. Wir haben heute viel vor und das Christus-Bewusstsein wird dabei noch einmal eine wichtige Rolle spielen.

Bitte setzt euch in einen Kreis, denn ich möchte eine Runde machen und euch persönlich begrüßen – von Auge zu Auge und Herz zu Herz.

Wir hatten eine intensive Reise durch die letzten zehn Wochen, um nicht zu sagen, die letzten zehn Äonen. Heute sind wir hier zum Finale unseres zehnwöchigen Programms und ich möchte euch gratulieren, dass ihr dabei wart, dass ihr den Ruf gehört habt und mutig genug wart, ihm zu folgen.

Während ich meine Runde mache, um euch zu begrüßen, könnt ihr andere Präsenzen durch mich hindurch spüren, denn heute komme ich als viele. Mit mir hier ist Yeshua und all das Christus-Bewusstsein, das er jemals hatte. Mit mir ist Shakyamuni sowie eine ganze Reihe von aufgestiegenen Meistern – man könnte sagen, die üblichen Verdächtigen.

Sie sind heute bei mir, denn wir alle sind in gewisser Weise Botschafter der Schöpfung und so können wir uns untereinander in Soheit verbinden. Genau das tun wir heute! Und warum? Weil viele von euch Beziehungen zu einigen von ihnen haben. Deshalb sind sie heute hierhergekommen. Sie möchten euch und mich unterstützen und sie möchten mit uns das Erreichen eines wunderbaren, nun ja, nicht Endpunkts, sondern Meilensteins auf eurem Weg zum verkörperten Aufstieg feiern.

Also, lasst mich noch meine Runde beenden.

Gut.

Bevor wir mit dem heutigen Hauptthema beginnen, fasse ich kurz die drei Säulen meiner Botschaften zusammen. Die erste Säule ist wahre Weisheit. Was ist wahre Weisheit? Wahre Weisheit ermöglicht es dir, über die Trennung hinauszugehen. Sie kommt aus der Klarheit. Sie kommt aus der Gewissheit. Sie erhellt die Illusionen. Sie liefert die Mittel und die Einsichten, um deinen zweifelnden Geist zu besänftigen und schließlich die Dinge so zu sehen, wie sie wirklich sind. Das ist wahre Weisheit. Außerdem muss wahre Weisheit pragmatisch sein. Daher ist ein Zeichen von wahrer Weisheit ihre Einfachheit. Wahre Weisheit ist die erste der drei Hauptsäulen meiner Botschaften.

Zweitens, wir haben wahres Mitgefühl. Mitgefühl vor allem für dich, denn mit der wahren Weisheit hast du erkannt, dass es etwas schwierig ist, über die Trennung hinauszugehen. Du machst es nicht einfach so von heute auf morgen. Nein, es dauert eine Weile – um nicht zu sagen, mehre Leben, sogar viele Leben. Aber das wahre Mitgefühl erlaubt dir, dies zu sehen, ohne dich dafür zu verurteilen. Mehr als alles andere sieht wahres Mitgefühl, dass die Trennung nie wirklich so stattgefunden hat, wie du gedacht hast, dass sie stattgefunden hätte. Deine Geschichte, die du in diesem Leben und in den vorherigen Leben durchlebt hast, war nur ein Weg durch die Szenensphären des Ozeans aus Szenensphären. Du hast keine von ihnen erschaffen! Du hast sie nur erlebt. Deshalb kannst du dir in gewisser Weise selbst vergeben, wenn du das Gefühl hast, dass einige Dinge, die du getan hast, nicht so toll waren. Es waren nur Erfahrungen, die bereits existierten.

Das ist das größte Mitgefühl. Nun, genauer gesagt ist das größte Mitgefühl Vergebung für dich und für alle anderen, denn alle anderen sind auf dem gleichen Weg wie du. Nichts, was dir jemals widerfahren ist und nichts, was du jemals getan hast, ist in der Realität passiert! Es waren nur erlebte Potentiale, die nicht von dir erschaffen wurden! Das ist wahres Mitgefühl. Es erlaubt dir, alles zu ignorieren, was du sonst als Fehler oder Versagen bei dir oder anderen sehen könntest.

Das ist tiefgründig. Gleichzeitig ist es aber auch sehr einfach. Es ist befreiend.

Die dritte Säule ist natürlich wahre Praxis, denn die wahre Weisheit und das wahre Mitgefühl wären nur geistige Akrobatik, wenn sie in deinem wirklichen Leben nicht angewandt würden. Also, wahre Praxis ist der Eckpfeiler! Ohne sie, nun ja, wären all unsere Diskussionen ziemlich bedeutungslos. Sie würden nur zu einem weiteren Buch in deinem Regal, einer weiteren wunderbaren Idee – aber wozu das alles?

Wahre Praxis liegt im Verantwortungsbereich des Menschen. Das ist es, was der Mensch tun kann und tun sollte.

Welche wahren Praktiken haben wir?

Als erstes haben wir natürlich die Wahl des Auges der Soheit. Wann immer du spürst, dass du wieder einmal im Traum der Trennung gefangen bist und du dich an die wahre Realität erinnerst, wählst du das Auge der Soheit. Du hörst auf, die Dinge, die du wahrnimmst, real zu machen. Du hörst auf, an ihre Realität zu glauben. Das ist die größtmögliche Klarheit. Das ist das Schwingen des Schwertes der Klarheit. Das Auge der Soheit wählen – ein wunderbares Werkzeug. Aber es muss angewandt werden!

Dann das Kultivieren des Gewahrseins. Werde Meister in deinem eigenen Haus. Werde der Meister deiner Emotionen, Gefühle und Gedanken. Das ist an sich schon befreiend. Das an sich erlaubt dir zu agieren, anstatt ständig zu reagieren, auf äußere Reize zu reagieren, auf äußere Stimuli oder was auch immer auf dich einwirkt und dich herumschubst. Du kannst sagen: „Nie wieder!" Nicht nur als ein Gedanke, nein, sondern als eine Aktion des Loslassens. Du bist nicht länger den äußeren Stimuli ausgeliefert. Das ist die Frucht der Kultivierung deines Gewahrseins.

Schließlich haben wir natürlich die Kultivierung des Lichtkörpers. Es ist eine Erweiterung der Kultivierung des Gewahrseins und ich würde sagen, es ist der direkteste Weg zur Erleuchtung. Die Kultivierung des Lichtkörpers kombiniert alle meine Botschaften. Insbesondere spricht es die Hauptantriebskraft an, die den Menschen ständig durch die Trennung treibt: den Wunsch, Gefühle zu fühlen. Wenn du dieses Prinzip verstanden hast und wenn du verstanden hast, dass du jedes Gefühl aus dir selbst heraus hervorbringen kannst, dann erkennst du, dass du keine äußeren Umstände benötigst, um irgendein Gefühl in dir zu wecken! Dieses Verständnis zu haben und es zu praktizieren, nun, das ist der direkte Weg zur Befreiung.

Aber das Kultivieren des Lichtkörpers hat noch eine weitere Ebene, auf die wir heute tief eingehen werden.

Wir haben über die Kompression und Hypnose gesprochen, die die Gruppe namens Uru an den Wesen durchgeführt hat, die die Inkarnationserfahrung gewählt haben. Die Hypnose war speziell erforderlich, um dich schließlich glauben zu lassen, dass du aus Materie bestehst. So kamst du schließlich zu der Überzeugung, dass du ein physischer Körper bist.

Als Ergebnis dieser Hypnose wurde ein Teil deines Bewusstseins, der bereits komprimiert war, abgespalten. Dieser abgespaltene Teil verband sich mit der atomaren Struktur der physischen Materie deiner biologischen Lebensform – speziell mit der DNS. Natürlich wusste Uru, dass es einen Mechanismus zum Aufheben der Hypnose geben musste, denn sonst wärst du für alle Ewigkeit an die Materie gebunden. Das ist einfach die Natur der Hypnose. Es musste ein Aufhebungs-Mechanismus geschaffen werden. Aber dieser, nennen wir es „Schlüssel", konnte nicht öffentlich sein. Wenn andere Wesen hätten herausfinden können, welcher Schlüssel dich von deiner Hypnose befreit, nun, dann hätten sie sich eingemischt – so, wie es in der Geschichte der Trennung immer geschehen ist.

Also musste es einen geheimen und spezifischen Schlüssel für jedes einzelne Wesen geben. Und jetzt rate, was dieser besondere Schlüssel ist?

Nun, ich nenne ihn *die Signatur deines wahren Selbst*. Was ist die Signatur deines wahren Selbst? Erstens basiert sie auf dem Gefühl von „Ich existiere", so, wie du es im ersten Abschnitt dieser Zusammenkunft erfahren hast. Das Gefühl „Ich existiere" ist in der Glückseligkeit des reinen Bewusstseins verankert, aber es enthält auch eine singuläre Komponente des Gewahrseins seiner selbst, die für alle Wesen verschieden ist. Deshalb ist „Ich existiere" ein absolut persönliches Gefühl. Es gehört nur zu dir. Wenn du ein anderes Wesen triffst und du versuchst, an seiner statt zu sagen oder zu fühlen „Ich existiere", dann funktioniert das einfach nicht. Du weißt, dass es nur vorgetäuscht ist, es geht nicht. Du kannst nicht zu einer anderen Entität werden. Du existierst und das andere Wesen existiert auch, aber ihr könnt die Rollen nicht tauschen. Es funktioniert einfach nicht.

Abgesehen von der Glückseligkeit und dem singulären Gewahrsein deiner selbst enthält die Signatur aber noch mehr. Sie enthält die realisierte Weisheit des wahren Selbst, die Weisheit aus all seinen Erfahrungen. All dies verbindet sich zu einem multidimensionalen, sagen wir, „summenden Klang". Das ist die Signatur deines wahren Selbst.

Eine entscheidende Tatsache bezüglich des Gefühls „Ich existiere" ist, dass es für das wahre Selbst und für alle seine Emanationen identisch ist oder, besser gesagt, es ist „identisch genug", damit das wahre

Selbst und seine Emanationen sich gegenseitig als eins erkennen. Wie erkennen Wesen, von welchem wahren Selbst sie kommen? Durch die Resonanz des Gefühls von „Ich existiere."

Das ist die Schönheit der Signatur eines wahren Selbst. Das ist die Schönheit des Schlüssels, den Uru gewählt hat, um ihn in dich zu implantieren. Aber natürlich hattest du als menschliches Wesen die Aufgabe, zu der Entscheidung zu kommen, über die Trennung als inkarniertes Wesen hinausgehen zu wollen. Du musstest die Tapferkeit haben, dich völlig zu öffnen. Du musstest die Ausdauer haben, dich dem Drachen zu stellen, um schließlich dein wahres Selbst zu finden – ohne vor der Intensität der dadurch hervorgerufenen Gefühle zurückzuschrecken.

Gut. Nun wollen wir sehen, wie wir diesen Schlüssel prinzipiell anwenden können. Aber bevor wir das tun, bitte ich dich, die Wahl zu treffen, dass du verkörpert bleiben möchtest – sollte das dein Wunsch sein. Wähle, verkörpert zu bleiben, auch wenn du die Hypnose beendest oder nur teilweise auflöst. Triff die Wahl, die tiefe Wahl, dass du bleiben möchtest.

*

Gut.

Jetzt werden wir ein bisschen Musik spielen.

(*Musik spielt*)

Wieder einmal gehen wir in die Lichtkörperübung. Ich habe euch in den letzten Wochen herausgefordert, dies jeden Morgen zu tun. Ich bin sicher, dass das jeder von euch gemacht hat, also seid ihr alle tief damit vertraut. In dieser Zusammenkunft können wir also ein bisschen schneller durch die ersten Schritte gehen.

Werde dir zuerst deines wahren Selbst gewahr. Es ist heute sehr nah. Ja, das ist es.

Halte nun die Intention, einen Lichtkörper zu haben – und dein wahres Selbst schließt sich dieser Intention an.

Spüre das Licht des Lichtkörpers rund um und in deinem physischen Körper. Die Signatur deines wahren Selbst ist in diesem Licht enthalten, genauso, wie die Glückseligkeit in diesem Licht enthalten ist.

Werde dir des Gefühls der Sicherheit gewahr. In diesem Moment bist du vollkommen sicher. Ich würde sagen, du warst noch nie sicherer. Spüre dieses Gefühl in deinem physischen Körper, deinem Geist, deinem emotionalen Körper. Du bist sicher.

Füge nun das Gefühl der Liebe hinzu. Atme es ein. Liebe ist in dem Licht um dich herum enthalten, werde dir ihrer einfach gewahr. Sie ist bereits da für dich und wartet darauf, angenommen und gefühlt zu werden. Spüre die Liebe auf jeder Ebene deines physischen Seins.

Jetzt füge das Gefühl der Klarheit hinzu. Du weißt, dass du weißt.

Verbinde nun all dies zu dem Gefühl der Glückseligkeit. In diesem Jetzt-Moment fehlt nichts, alles ist perfekt und in Erfüllung. Ich nenne das: Glückseligkeit.

Nimm nun den Dimmer und erhöhe die Glückseligkeit um das Zehnfache, drehe den Dimmer um eine Stufe.

Noch einmal, dreh den Dimmer um eine Stufe. Jetzt haben wir Glückseligkeit mal hundert. Wenn du dieser Art von Glückseligkeit ausgesetzt bist, wird alles Menschliche, an dem du hängst, in gewisser Weise bedeutungslos.

Und zum dritten Mal drehst du den Dimmer um eine weitere Stufe.

Wir haben Glückseligkeit mal tausend.

Atme sie ein.

Sei sie.

In gewisser Weise haben wir euch in all diesen Wochen auf diese letzte Zusammenkunft vorbereitet. Einige von euch haben es bereits geahnt, und heute werden die Puzzleteile an ihren Platz fallen. Während du in dieser wunderbaren Glückseligkeit bist, werde dir des Skeletts deines physischen Körpers gewahr. Lass es in Resonanz mit der Signatur deines wahren Selbst kommen. Deine Signatur ist überall um dich herum. Sie ist in deinem Körper. Sie ist sogar in deinen Knochen. Erlaube deinem Skelett, in Resonanz mit der Signatur deines wahren Selbst zu kommen.

Wenn dein Skelett diese Schwingung aufnimmt, kann man sagen, dass die Schwingung sehr lange bei dir bleibt, selbst dann, wenn du wieder in deinen normalen Alltag zurückkehrst. Das liegt daran, dass die Skelettknochen so dicht sind, dass sie, wenn sie einmal die Resonanz aufgenommen haben, für eine lange

Zeit „schwingen“. Und die Knochen schwingen die wunderschöne Erinnerung an die Signatur deines wahren Selbst durch deinen ganzen Körper.

Jetzt möchte ich, dass du dir der untersten Rippe auf der linken Seite deines Brustkorbs gewahr wirst. Du kannst sie dazu auch kurz berühren. Platziere dein Gewahrsein im Inneren dieser Rippe, im Knochenmark.

Wir gehen jetzt auf eine Reise. Spüre die Signatur deines wahren Selbst in dieser Rippe. Wie gesagt, die Signatur ist im Licht enthalten. Sie ist überall um dich herum und strahlt durch deinen physischen Körper.

Im Knochenmark befinden sich Stammzellen. Sie produzieren die roten Blutkörperchen. Wähle eine solche Stammzelle aus. Stelle sie dir vor. Sie wird von der Rippe geschützt. Sieh diese Zelle und platziere dein Gewahrsein direkt in sie.

Die Zelle ist eine wunderbare Welt für sich, aber wir werden sie jetzt nicht erkunden. Vielmehr gehen wir direkt auf den Zellkern zu und in den Zellkern hinein. Hier hast du all die Stränge der DNS, diese langen, langen Stränge. Wähle einen von ihnen aus. Wähle einen von ihnen aus, gleite an diesem Strang entlang und wähle dann eines seiner Atome.

Die Hypnose, die Uru auf dich angewandt hatte, war stark, ebenso stark wie die Kompression. Ich verwende immer die Analogie einer Atomexplosion, um das zu verdeutlichen. Auch die Hypnose war von einer solchen Intensität, denn hier, tief unten auf der atomaren Ebene, sind die Energien enorm. Du reißt ein paar Atome auseinander und du hast eine Atomexplosion. Nun, wenn du willst, dass das Bewusstsein glaubt, es sei aus Materie, dann muss die Hypnose eine ähnliche starke Bindung erzeugen.

Wenn du einen Blick auf das Atom wirfst, das du ausgewählt hast, spürst du vielleicht eine Schicht um es herum, die dein hypnotisiertes Bewusstsein ist. Natürlich spreche ich in Bildern, aber es hilft dir zu verstehen, was vor sich ging.

Dieses hypnotisierte Bewusstsein ist wie in einem tiefen, tiefen, tiefen Traum, in dem es ständig zu sich selbst sagt: „Ich bin so, wie meine Umgebung ist. Ich bin wie dieses Atom, ich bin aus Materie." Das ist es, was dich an die Körperlichkeit bindet. Hier ist der Punkt, an dem das Gummiband befestigt ist, das dich zurückzieht, wann immer du über das normale menschliche Bewusstsein hinausgehst. Früher oder später zieht es dich zurück, denn es ist immer noch dein Bewusstsein. Es ist aus einem bestimmten Grund hier verankert.

Der Grund dafür ist natürlich folgender: Du sollst dich auf der tiefsten Ebene deines Seins dafür entscheiden, den Glauben an die Trennung vollständig loszulassen. Das ist das letzte Loslassen.

Aber da du auch den verkörperten Aufstieg wählst, geht es nicht nur darum, dieses hypnotisierte Bewusstsein durch die Magie des Schlüssels, den du bereits hast, loszulassen! Es geht darum, es langsam, langsam, langsam loszulassen, damit du eine physische Erscheinung in den Welten der Trennung beibehalten kannst!

Lass nun das Licht deines wahren Selbst und seine Signatur den Teil deines Bewusstseins berühren, der in den Glauben „Ich bin aus Materie“ hypnotisiert ist. Während du das tust, kann dieser Bewusstseinsteil langsam, langsam aufwachen, wie ein Kind, das einen langen Traum hatte. Es weiß nicht, was ihm widerfährt, aber das Schöne ist: Es erkennt seine Signatur – das „Ich existiere!“ Und während es das tut, fühlt es sich sicher, es fühlt Liebe, es fühlt die Klarheit und es weiß, was zu tun ist. In gewisser Weise verbindet es sich wieder mit deinem Gesamtbewusstsein. Tatsächlich wird es zur Verbindung zwischen dem Lichtkörper und der Materie des physischen Körpers. Aber jetzt ist es eine Verbindung, die dein Bewusstsein nicht an ein physisches Gefäß kettet. Ganz im Gegenteil! Diese neue Verbindung erlaubt deinem physischen Gefäß, auf alle deine Intentionen zu reagieren. Das ist die Magie des Lichtkörpers. Auf diese Weise wird dein Lichtkörper teils Licht, teils Materie.

All dies geschieht auf natürliche Weise. Bitte, mische dich hier in keiner Weise ein, außer dass du dir der Signatur deines wahren Selbst gewahr bist!

Ausgehend von diesem einen Atom, um das herum dein Bewusstsein aufgewacht ist, breitet sich die Resonanz deiner Signatur aus. Wir sind hier in einer Stammzelle deines Knochenmarks und du magst dir vorstellen, was es bedeutet, wenn diese Stammzelle neue Blutzellen erschafft, die überall in deinem physischen Körper kreisen werden. Dabei summen sie immer die Signatur deines wahren Selbst und wecken so langsam, langsam den ganzen Rest des Körpers auf. Ist das nicht wunderschön?

Komme nun zurück in das Gewahrsein deines gesamten physischen Körpers. All das, was ich gerade beschrieben habe, spielt sich hinter den Kulissen ab, während du dich dieser einfachen Lichtkörperübung hingibst. Es ist ein Nicht-Tun. Es ist pure Erfüllung, es ist einfach das Gewahrwerden dessen, was bereits ist.

Noch einmal, spüre die Glückseligkeit in deinem physischen Körper. Fühle, wie die Signatur dich berührt, dich überall liebkost.

*

In „Der Luzide Träumer“ habe ich über den „Gesang des Drachen“ gesprochen. Oder besser gesagt, ich habe begonnen, den Boden zu bereiten, um darüber sprechen zu können. Und natürlich haben wir in den letzten neun Wochen den Boden weiter vorbereitet, so dass du jetzt die Bedeutung davon erfassen kannst. Was ist der Gesang des Drachen? Nun, eigentlich ist es jenseits von Worten. Er muss erlebt werden, aber ich werde mein Bestes versuchen, dir ein wenig davon zu vermitteln.

Der erste Aspekt ist, dass der Begriff *Gesang des Drachen* selbst ein Trigger ist. Deshalb bitte ich dich jetzt, dich in den Begriff Gesang des Drachen hineinzufühlen. Fühle in ihn hinein.

Vielleicht erscheint in dir ein Bild. Ein Bild einer mächtigen Kreatur, die ein Lied, einen Klang, von Liebe und Schönheit anstimmt.

Vielleicht ist der Gesang des Drachen eine Botschaft von deinem zukünftigen Du, das bereits aufgestiegen ist und in der scheinbaren Zeit zurückreist, um dir zu sagen: „Fürchte dich nicht, alles ist gut."

Ein weiterer Aspekt des Gesangs des Drachen ist die Tatsache, dass er, genau wie der Drache selbst, ebenfalls eine Brücke im Bewusstsein ist.

Wir haben eben erlebt, was passiert, wenn das wahre Selbst dem Menschen seine Signatur zusummt oder -singt. Das tut es auch jetzt noch und du kannst die Signatur deines wahren Selbst überall in deinem Körper spüren. Aber das ist keine Einbahnstraße. Du als Mensch hast so viel Weisheit zu teilen! Tatsächlich ist es eine Weisheit, die die Weisheit des wahren Selbst *übersteigt*. Warum?

Du bist zum Verständnis des letzten Loslassens gekommen.

Du bist zu dem Verständnis gekommen, was es bedeutet, dass alles im Inneren ist.

Du hast erkannt, was es bedeutet, jenseits jeder Identifikation zu existieren, sei es eine Identifikation als Mensch oder sogar als wahres Selbst.

Das ist eine wahre Weisheit.

Das ist monumental!

Und diese Weisheit hat eine Schwingung, die du singen oder summen könntest.

Der Klang von dir, kombiniert mit dem Klang deiner Körperlichkeit, deiner Geschichte als Mensch und deiner Weisheit – all das könntest du zu deinem wahren Selbst zurücksingen.

Und wenn du das tust, wenn sich die Signatur deines wahren Selbst mit deinem Klang des Menschen verbindet, dann entsteht der wahre Gesang des Drachen und erklingt in der gesamten Schöpfung.

Nun, warum machen wir das nicht gleich jetzt?

Fühle wieder in den Klang deiner menschlichen Weisheit, deines menschlichen Seins, so wie du es im ersten Segment dieser Zusammenkunft getan hast. Fühle sie, die Essenz deiner menschlichen Geschichte, die Essenz deines physischen Körpers. Fühle die Essenz all der Weisheit, die du verwirklicht hast. Es ist wie ein Lied – und du singst es zu deinem wahren Selbst. Und es ist wie ein Klang, den du in Richtung deines wahren Selbst ausstrahlst. Während du das tust, könntest du sagen, dass beide Enden der Brücke gemeinsam summen oder gemeinsam singen. Sie vereinen ihr Lied. Die Signatur des wahren Selbst und die Weisheit des Menschen, sie treffen sich, sie vereinen sich und tanzen zusammen. Sie werden ganz.

Das ist der Gesang des Drachen. Es ist ein sehr persönlicher Gesang. Fühle das.

Dein Gesang, dein Lied des Drachen ist persönlich, denn es trägt den Duft der spezifischen Reise, die du und dein wahres Selbst unternommen haben. Aber gleichzeitig ist es universell, denn die höchste Weisheit wird von niemandes Reise beeinflusst.

Spüre diesen Tanz, die Schwingungen. Sie erkennen sich gegenseitig. Du kannst all das in deinem gesamten physischen Körper fühlen, und das ist ein wunderbares Gefühl, ein wunderbares Gefühl. Du kannst es in allen physischen und nicht-physischen Komponenten deiner menschlichen Inkarnation fühlen.

Wenn du dich dem Gesang des Drachen immer mehr hingibst, nun, dann wird dieses Gefühl wie ein sanfter – ein sehr sanfter – Ganzkörperorgasmus. Und das ist wunderschön. Es ist so anders als ein normaler physischer Orgasmus. Ein physischer Orgasmus dauert ein paar Momente, ein paar Sekunden, vielleicht ein paar Minuten. Aber dann bist du erschöpft und willst schlafen. Manchmal gibt es sogar eine Art Kater. Du kannst diese Art von Orgasmus nicht lange aushalten.

Aber dies – der Gesang des Drachen, die entsprechende Empfindung in deinem Körper – das ist die totale Erfüllung! Es ist nicht-erschöpfend, du könntest also so lange darin verweilen, wie du möchtest. Und wenn das dein innerer Seinszustand ist, warum solltest du ihn wieder verlassen wollen? Um einem Stimulus für ein Gefühl nachzujagen?

Es ist immer ein bisschen heikel, über solche Dinge zu sprechen, denn dann könnte diese Ganzkörperorgasmus-Sache zu einem Ziel werden, zu einem Objekt, das du erreichen oder besitzen willst. Bitte, lass das nicht zu. Gib dich stattdessen dem Gesang des Drachen hin und erlaube, dass diese Dinge auf natürliche Weise geschehen.

Der Gesang des Drachen ist pure Magie. Er entzieht sich den Worten, also hänge nicht an meinen Beschreibungen. Gehe in ihn hinein. Finde für dich selbst heraus, was er für dich bedeutet.

Das ist so schön.

Das ist der Friede im Inneren, der Friede mit dir selbst, der Friede mit Allem-Was-Ist als Alles-Was-Ist.

Dies ist dein Gesang der totalen Befreiung, des Nachhausekommens, des Über-alles-Hinausgehens

Dies ist dein Gesang der äußersten Klarheit. Einer Klarheit, die alle Reste von Zweifeln transmutiert. Sie überstrahlt jeden Zweifel, jeden Gedanken und jedes Konzept.

Dies ist dein Gesang als souveränes Wesen, und du lässt die ganze Existenz wissen, dass es geschehen ist!

*

Im Moment sind viele, viele Paradoxa am Werk. Ist das nicht seltsam? Lass mich auf ein paar von ihnen hinweisen.

Du hast immer noch einen physischen Körper, doch du weißt, dass es keine Materie und keinen Raum gibt.

Du weißt, dass du auf einigen Ebenen noch an die Trennung und die Hypnose gebunden bist, aber dennoch bist du in diesem Moment ein freies und souveränes Wesen.

Du tust nichts aktiv, doch mit jedem Atemzug, den du nimmst, formst du die Blaupausen, um den Weg in den verkörperten Aufstieg und die Erleuchtung zu erleichtern.

Du weißt, dass es keine Trennung gibt, dennoch gibt es andere souveräne Wesen, mit denen du dich in Soheit verbinden kannst.

So viele Paradoxa... Man könnte sogar sagen, dass du gerade jetzt das Paradoxon lebst.

Dankenswerterweise bist du damit nicht allein, also warum solltest du dir nicht anderer Wesenheiten gewahr werden? Zwei Dutzend von ihnen sitzen mit dir in diesem Kreis zusammen. In den letzten zehn Wochen waren sie deine Gleichgesinnten. Ihr habt nicht viel miteinander geredet und doch habt ihr euch auf Ebenen kennengelernt, die alle Worte übersteigen.

Also, streife umher. Begrüße die anderen. Danke den anderen für die Reise, die wir gemeinsam erlebt haben. Vielleicht begegnest du auch Yeshua oder Shakyamuni oder einem der anderen, die gerade bei uns sind.

Sich in Soheit verbinden, souverän sein, unbegrenzt sein, ohne irgendeine Identität oder Reflexion zu benötigen oder zu ersehnen, das ist das größte Paradoxon von allen.

Wir kommen jetzt zum Ende dieses zehnwöchigen Programms, aber ich möchte nicht, dass du es als ein lineares, endliches zehnwöchiges Ereignis siehst.

Sieh es stattdessen eher als eine Spirale. Wenn du zum Ende dieses Programms kommst, fängst du vielleicht wieder von vorne an, aber dann mit so viel mehr Erfahrung und so viel mehr Weisheit.

Somit kann deine nächste Runde durch dieses Material sehr viel tiefer gehen. Jedes Mal, wenn du zu diesem Material zurückkehrst, wirst du neue Ebenen von Informationen und Erfahrungen finden, die dir vorher entgangen sind. Du wirst mit einer immer größeren Einfachheit zurückkommen. Die Dinge werden einfacher und einfacher und einfacher. Du erkennst, wann ich in Metaphern gesprochen habe. Du hörst auf, in Linearität und Ursache und Wirkung zu denken. Du beginnst in Bildern, Gefühlen und Ganzheiten zu denken.

Also, selbst wenn dieses zehnwöchige Programm nun zu Ende geht, ist es auch ein Beginn. Der Kreis schließt sich.

Für mich, Althar, waren diese zehn Wochen von herausragender Schönheit. Wir sind so weit gekommen. Ich habe so viele Öffnungen des Bewusstseins in euch erlebt! Deshalb war es auch heute wieder eine große Ehre für mich, bei euch zu sein, meinen Gesang des Drachen mit eurem zu teilen und mich mit euch in Soheit zu verbinden.

Jetzt ist es Zeit für die Feier. Ich hoffe, ihr habt alle eure Hausaufgaben gemacht und etwas Sekt oder Wein mitgebracht, oder was auch immer ihr bevorzugt. Ich habe etwas sprudelndes, flüssiges Licht mitgebracht und natürlich meine ultracoole Kristall-

Sonnenbrille. Also, genießt die Party! Kommt zurück in eure physischen Körper. Nehmt einen tiefen Atemzug und sendet ein großes Dankeschön an uns alle. Ich bin sicher, wir werden uns wiedersehen.

Ich bin Althar, der Kristall-Drache. Prost! Ich danke euch.

*

Printed in Poland
by Amazon Fulfillment
Poland Sp. z o.o., Wrocław

85555708R00197